ATHLONE RENAISSANCE LIBRARY

JEAN DE LA TAILLE
Dramatic Works

ATHLONE RENAISSANCE LIBRARY

General Editors: G. BULLOUGH and C. A. MAYER

JEAN DE LA TAILLE

Dramatic Works

edited by

KATHLEEN M. HALL

and

C. N. SMITH

UNIVERSITY OF LONDON
THE ATHLONE PRESS
1972

Published by
THE ATHLONE PRESS
UNIVERSITY OF LONDON
at 4 Gower Street, London WC1

Distributed by
Tiptree Book Services Ltd
Tiptree, Essex

U.S.A.
Oxford University Press Inc
New York

0 485 13804 2 *cloth*
0 485 12804 7 *paperback*

Printed in Great Britain by
WESTERN PRINTING SERVICES LTD
BRISTOL

PREFACE

Among Renaissance playwrights, Jean de la Taille has been called by Gustave Lanson 'le plus homme de théâtre de tous'.[1] His two tragedies and his one original comedy show mastery of the newly revived conventions and a real flair for stagecraft; his skill in prose dialogue is revealed in his *Negromant*, the first known French translation of Ariosto's *Il Negromante*. Yet this is the first complete edition of all his four plays to be published since the early seventeenth century.[2]

Much of the introduction and some of the notes have recently been submitted in a rather different form in a doctoral dissertation.[3] It is a pleasure to acknowledge generous help received during the preparation of the present volume, from Professor H. W. Lawton, Professor C. A. Mayer, Mr C. S. Cairns, Mr Brian Jeffery and the University of Southampton.

[1] G. Lanson, *Esquisse d'une histoire de la tragédie française* (Paris, 1927), p. 13.

[2] The manuscript of this volume was nearly complete when the publication was announced of Professor Elliott Forsyth's distinguished edition of the two tragedies, *Jean de la Taille: Saül le Furieux; La Famine, ou les Gabeonites* (Paris, 1968). The two comedies have been edited only by R. de Maulde, *Œuvres de Jehan de la Taille* (Paris, 1878–82), without notes and without the tragedies.

[3] C. N. Smith, *The Tragedies of Jean and Jacques de la Taille*, unpublished Ph.D. thesis (Cambridge, 1969). The author gratefully acknowledges the help given by his supervisor, Dr R. M. Griffiths, and the financial support provided by Pembroke College, Cambridge.

CONTENTS

INTRODUCTION

Little is known of La Taille's life. He was born about 1533; his family belonged to the minor Beauceron nobility, but was not rich. We cannot therefore take too seriously La Taille's boast in the preface to his brother's *Recueil des inscriptions* (1572) that his father sent his sons to university purely from love of culture, with no intention of making them 'gens d'Eglise, ou de Justice'. The family's Calvinist sympathies ruled out the possibility of a career in the Church; but, after studies at Paris, La Taille read Civil Law at Orleans, so perhaps the idea was to qualify him for the purchase of an office which would yield financial security in an age of acute inflation.[1]

Returning to Paris, La Taille offended his father by neglecting his legal studies for writing. He was inspired, he says, by Ronsard, Du Bellay and Marc-Antoine Muret, who wrote a Latin tragedy, *Julius Cæsar*, and was leading a campaign at the Collège de Boncourt to create classical drama in French. Probably La Taille was a non-resident member of the Collège, working privately, like his brother Jacques later,[2] under a preceptor. This would explain why he failed to make friendly contact with the Boncourt playwrights, despite his sympathy with their endeavours. Renaissance poets habitually lauded one another, but no contemporary allusion to La Taille has come to light, whilst he never mentions any plays of the 1550s and 1560s. The only evidence of personal contact is a sonnet by Du Bellay praising Jacques' tragedy *La Mort d'Alexandre*; but Du Bellay may have been less interested in the play than in advertising his own return from Italy. The failure of the La Taille brothers to make friends at the Collège de Boncourt helps to explain why their plays, when finally published, were not greeted with enthusiasm, despite their affinities with the tragedies and comedies of Jodelle, Bounin, La Péruse and Grévin.

[1] See G. Gadoffre, *Ronsard par lui-même* (Paris, 1960), pp. 10–16.
[2] See a forthcoming article in *Forum* (1971–2): C. N. Smith, 'The Tragedies of Jacques de la Taille'.

La Taille's four plays were probably written by 1562, though perhaps revised later. Jacques, who died that year, had composed a sonnet on *Les Corrivaus*. *Le Negromant* is likely to be earlier,[3] since La Taille may well have translated a comedy before writing an original one. In 1562 he stated in the preface to *La Remonstrance pour le Roy* that *Saül le furieux* and 'une mienne comedie' were completed. *De l'Art de la tragédie* was, however, either written or revised later, for it alludes to the wound the author received at the Battle of Arnay-le-Duc (25 June 1570), and echoes Castelvetro's commentary (1570) on Aristotle's *Poetics*. But there is insufficient evidence for Forsyth's view[4] that *La Famine* was written to comment on the Massacre of St Bartholomew (August 1572). Certain features could have particular relevance in France at that time, but this does not mean that the tragedy was topical in intention; similarly, the fact that Saul's career was often invoked in current debates about the nature of monarchy does not imply that La Taille could not dramatise the story without desiring to contribute to them. *La Famine* cannot be seen as an allegory, for we cannot recognise Catherine de Médicis in Merobe or Rezefe, or Henri II's dispirited sons in Armon and Mifibozet. Saül and his family are, moreover, not portrayed as monsters, and our sympathy goes out to the unfortunate, even if we admit that the children's suffering too could be regarded as not wholly unmerited, since it was thought just that the parent's sins should be visited on the next generation. A stern and just Providence is shown in La Taille's tragedies, but there is none of that grim jubilation which is normal in polemical religious plays of the period. *De l'Art de la tragédie* reaffirms the orthodox opinion that topical matters, however sad, have no place in regular tragedy except in so far as the hero's misfortunes and his responses to them offer lessons in humility and stoic resignation. Since La Taille combines Scriptural and classical elements in *La Famine* just as in *Saül*, shows the same desire to create dramatic tension and invites similar responses, it appears likely that this play too was written around 1562.

Before the plays were published the Wars of Religion broke out.

---

[3] We therefore print it before *Les Corrivaus*.

[4] E. Forsyth, *Jean de la Taille: Saül le Furieux; La Famine, ou les Gabeonites* (Paris, 1968), pp. lix–lxvii.

Although his family was Calvinist, La Taille fought at first for the Catholics out of loyalty to the Bourbons, changing sides only later through sectarian allegiance. While no fanatic, he campaigned for eight years until wounded; after this, not even the Massacre prompted him to take the field again. His sonnets complain so bitterly of the discomforts of a soldier's life that it is hard to understand why he is sometimes presented as a man who made it his vocation. We see his responses to the spectacle of war-ravaged France in many lyrics and especially in two long poems, *Le Courtisan retiré*, a commonplace dispraise of the courtier's lot given relevance by topical comments, and *Le Prince nécessaire*, a versified treatise on government and military matters left unpublished until 1882. La Taille rarely touches on doctrinal issues, but his Christianity was sincere. This is evident in *Le Prince nécessaire*, where close imitation of texts by Machiavelli, above all *The Prince*, accompanies radical modifications of the Florentine's thought.[5] La Taille argues that a multiplicity of sects need not undermine a state, and suggests means by which people with differing beliefs can live together amicably. If these should fail, draconian measures are indicated, and to ensure peace the king should order the slaughter of whichever faction is the weaker. In what amounts to a justification of the Massacre of St Bartholomew—though it was probably written a little before—La Taille offers no indication that he cares which sect will suffer if his policy is adopted. In advising the monarch to be guided by expediency he seems to be a whole-hearted disciple of Machiavelli. But the appearance is deceptive. Everywhere else *Le Prince nécessaire* links Machiavellian concepts of the prince who rules by astutely but unscrupulously exercising power with Christian ideals of the monarch as God's vice-regent, charged with furthering the divine desire for peaceable government. La Taille is impatient about sectarian disputes, not because he is a fundamentally un-religious man, but because he is convinced that God is ill-served by plunging France into civil war.

La Taille obtained a privilege for his works in 1571, the year his father, who had never approved of his literary aspirations, died. *Saül le furieux* appeared in 1572, with some poems and

---

[5] See R. Pintard, 'Une adaptation de Machiavel au XVIe siècle: *Le Prince nécessaire* de Jean de La Taille', *Revue de littérature comparée*, xiii (1933), 385-402.

Jacques de la Taille's *Recueil des inscriptions*. In 1573 a stout volume came out containing *La Famine*, *Les Corrivaus* and *Le Negromant* and many of La Taille's poems. Jacques' two tragedies, *Daïre* and *La Mort d'Alexandre*, and his *L'Art de faire des vers en françois, comme en grec et en latin*, which is about quantitative versification, were all printed separately the same year. The five books constituting the first edition of most of the brothers' work are presentable examples of sixteenth-century printing, but the view that contemporaries may have been impressed by them is unjustified. It used to be thought that La Taille's plays reached, in print if not in performance, a wide audience, although it was difficult to reconcile this with their lack of influence on other Renaissance dramatists. In fact the comedies were never reprinted until the late nineteenth century. The only genuine new editions of *Saül* and *La Famine* were those issued in 1601 and 1602 by the Rouen publisher, Raphaël du Petit Val, who reprinted many old plays. In these texts there is little sign of revision; it concerns only minor details and is probably due to the printer. Some copies of *La Famine* are dated 1574, but are otherwise identical with the first edition. Of the 1598 edition credited to Morel *fils* only two parts, *Saül* and *Daïre*, have come to light. They are made up almost entirely of sheets of the first edition, the corrected *Saül* being used, like the texts included in La Taille's *Œuvres poetiques* ostensibly printed in Paris in 1602 by Robert Foüet, where, however, the uncorrected *Saül* is found. Evidently La Taille's plays, in common with those by most regular dramatists of his day, made little general appeal. But unlike them, La Taille had not established contact with the connoisseurs, and so lost even the *succès d'estime* which was all the reward these playwrights admitted to desiring.

After this La Taille abandoned drama. One of his later prose works, however, *La Geomance abregée* (1574), casts light both on his personal interests and indirectly on his dramatic practice. It is, he admits, an abridgment of the Genoese soldier Cattaneo's handbook on a method of fortune-telling, and he expresses the scepticism expected of an orthodox Christian; but it reveals an interest in occultism that is reflected in the poems, *Le Negromant* and, most significantly, *Saül*. There, regular dramatists would have consigned the raising of Samuel's spirit to a messenger-speech; La Taille treats it with outstanding boldness. He thus creates an opportunity for imitating Lucan's *Pharsalia* while closely following his Biblical source, but this is not his sole motive. When we read the discussion in *De l'Art de la tragédie* of the feasibility of the spirit-raising, not of the dramaturgical propriety of portraying it, we see that La Taille was interested in it for its own sake. His works as a whole show an abiding fascination by divination and astrology, and its reflection in *Saül* contributes to one of the finest scenes in French Renaissance tragedy.

In the preface to *Saül* and in the prologue to *Les Corrivaus*, La Taille proclaims his concern to introduce classical tragedy and comedy into France, for the enjoyment of an élite, unlike the indigenous forms and the Calvinist plays which catered for the lower classes and whose style, for all their dramatic vigour, dissatisfied him. French Renaissance poets aspired to show that their native tongue was capable of extensive stylistic development on classical lines. The terms in which early regular tragedies were praised confirm that the genre appealed because it offered opportunities to employ the *style grave*, the most elaborate and impressive of the three categories of style, whilst the other two, the *style moyen* and the *style bas*, might fittingly be used in comedy for masters and servants respectively. In tragedy there was also the possibility of gratifying the contemporary taste for grandiloquence. Although he takes unusual pains to make them relevant, ensuring that they lead finally to action, speeches much longer than playgoers expect nowadays occur even in La Taille's comedy. But in the Renaissance oratory was enjoyed. These plays were intended for audiences who, like Grandgousier in chapter xv of *Gargantua*, were capable of savouring well-constructed speeches elegantly expressed, embellished with apt figures and *sententiae*, and reinforced by the employment of fitting intonation and gestures.

To re-create the classical genres, the French regular dramatists used two main methods: verbal imitation of Sophocles, Euripides, Terence and, above all, Seneca, the ancient playwrights whom they knew best; and the effort to discover and observe the rules and conventions shaping the works they admired. *De l'Art de la tragédie* is one among many writings, some aspiring to completeness, others treating a single problem of dramaturgy, which attest the passionate Renaissance interest in prescriptive criticism. La Taille's avowed aim is to provide an elementary exposition of the conventions of a genre which already exists, though he ungraciously denies that it has yet been cultivated in France. Thus he has little scope for originality, and false impressions can arise from concentration on his few innovations. Unlike his plays, *De l'Art de la tragédie* is poorly planned and often cryptically expressed; it is not by a systematic scholar, but by an educated gentleman with a keen interest in his art. La Taille is slighting about Horace, but the *Ars poetica*, well known during the Renaissance, is the ultimate source of many points, although he cites Aristotle and is indebted to Castelvetro. His distaste for contemporary religious drama is also reflected, for example in his discussion of suitable plots and in his attempt to rationalize the Horatian prohibition of on-stage violence.

De l'Art de la tragédie refers to the specific pleasures gained from tragedy, as well as the moral profit; but, like his French contemporaries, La Taille does not understand catharsis. In tragedy he insists that the story of a great person's downfall must end so calamitously as to evoke tears of sorrow and pity. The audience's pleasure derives from appreciation of the classical form, and the final scenes contribute to this only in so far as they too are determined by the conventions of the genre. He advances the concept of the hero of moderate guilt, but his incomplete explanation of its effect lessens the impact of what might have been an important innovation in French drama. There is also no useful account of religious tragedy. The death of Saül and his family is sad, yet La Taille sees here proof of Divine providence. Such themes elicit solemn satisfaction in Calvinist plays, but for him this is an improper response to tragedy. In I Samuel he found a story where, although the destruction of the hero is interpreted as the work of providence, his death is lamented in human terms. The Song of the Bow (2 Samuel i. 17–27), like the eulogy of Saul in Josephus's *Antiquities* (VI. xiv. §4), provides justification for such an attitude. La Taille does not re-interpret classical tragedy in order to integrate Judæo–Christian concepts; he is content to demonstrate that Old Testament stories fulfil all the demands of tragedy. *Saül le furieux* and *La Famine* are not religious tragedies, but classical ones with Scriptural plots.

La Taille makes important points about the progression of the plot. The *in medias res* technique which he recommends was familiar, but in *Saül* he shows how effective it can be. He notes that the tragic hero is normally shown first in prosperity and then in adversity, whereas in comedy the movement is reversed. It is not clear why he writes that this is not invariably the case; he may be concerned with the fact that David is seen in the ascendant in both his tragedies. But he carefully explains that a plot is something more than the provision of opportunities for oratory. He insists on a good exposition, demands that every detail be relevant to the conclusion, and attacks the homiletic digressions of Protestant drama. Each of the five acts must mark a step towards the catastrophe. His tragedies reveal that he envisages, not a steady increase of tension, rather a maintenance of tension from act to act as decisions to take action are witnessed and the outcome is awaited in suspense. La Taille's characters possess more energy than most Renaissance tragic heroes, and he ensures that in each act they do not merely realize their predicament and respond to it emotionally; they also try to discover what will befall them and to avoid the disaster, until finally they resolve to endure it with stoic fortitude.

De l'Art de la tragédie naturally includes little explicit treatment of comedy, but La Taille observes that it resembles tragedy 'quant à l'art et disposition'. So, presumably, it too is 'une espece, et un genre de Poësie non vulgaire' which will turn 'l'esprit des escoutans de çà de là, et faire qu'ils voyent maintenant une joye tournee tout soudain en tristesse, et maintenant au rebours, à l'exemple des choses humaines', finally to afford 'le plaisir et la douceur', as the Prologue to *Les Corrivaus* claims. This comedy is 'bien entre-lassee, meslee, entrecouppee, reprise' with more variation of tone and tempo than La Taille's tragedies, and the parts are no less relevant to the subject. It too begins *in medias res*, and in its five-act structure tension is not only maintained but continually increased. 'Sens [et] raison', 'art [et] science', and stylistic 'bonne grace' are guiding principles, and the *bienséances* and unities, as La Taille understands them, are observed.

The words 'il fault tousjours representer l'histoire ou le jeu en un mesme jour, en un mesme temps, et en un mesme lieu' have provoked controversy, but there is no reason to hail them as the first statement in French of the three unities. It is in another context that La Taille enjoins the unity of action, though he does not use the term. *Jour* probably refers to a time-limit of twenty-four hours, observed in the earliest regular tragedies, and in *Les Corrivaus*. *En un mesme temps* might mean that the performance should occupy the same time as the events portrayed, but nothing in La Taille's works supports this. Most likely he wishes to distinguish between tragedy, where dialogue and chorus alternate without intermission, and the irregular plays whose action is interrupted by 'pauses' and which sometimes go on for more than one session. He can hardly be presenting what would be an epoch-making doctrine of strict unity of place by the words *en un mesme lieu*; it is probably just a question of confining the action to a single locality such as a city, in order not to infringe the unity of time. La Taille claimed that he could design a theatre suitable for his plays; he scorned make-shift college-performances and disliked irregular drama, so he doubtless envisaged something grandiose, on classical lines. Nothing is known about the staging of *Saül* at Amiens (1584) and Pont-à-Mousson (1599) and of *La Famine* at Béthune (1601); La Taille was probably not consulted. In his discussion of on-stage violence and his motivation of comings and goings he shows concern with keeping up the illusion of reality; for this, multiple or neutral settings would be needed. There would have to be an opening, in addition to the normal exits, to serve as the entrance to the tomb in *La Famine* and to the place where the Phytonisse mutters her incantations in *Saül*. The comedies are not known to have been performed; but again a single, perhaps multiple set would suffice, with practical doors to two houses.

La Taille says little about the chorus in tragedy—(Latin comedy of course had none)—giving it primarily the function of commenting on situations. He integrates the chorus into the action of *Saül*, though in *La Famine* he has difficulty in making it sympathise with Rezefe while remaining orthodox and loyal to David. He does not discuss suitable dialogue-metres or the possibility of prose, although a prefatory note to *La Famine* reveals that he saw no need to alternate masculine and feminine rhymes, a view which was rather old-fashioned in the 1570s, but which would have passed unnoticed a decade earlier. He has been rebuked for using both decasyllables and alexandrines in dialogues, but like his contemporaries he recognises that the high themes of tragedy require heroic metres, and in the mid-sixteenth century both the ten- and the twelve-syllable line came into this category. Until Garnier, Renaissance dramatists saw no reason against using both in a tragedy, and possibly they thought that this variety would add beauty, especially as classical playwrights occasionally employ more than one metre for dialogues between the characters.

Though incomplete and sometimes enigmatic, *De l'Art de la tragédie* is generally praised. But there has been much criticism of La Taille's textual imitations, although these form really just the other half of his effort to make his plays French counterparts of ancient drama. For Renaissance authors, as for all classical writers, imitation of another work of literature is a legitimate mode of original composition, almost as important as the imitation of reality. Imitation and plagiarism are two quite different things. All Renaissance writers indulge in countless brief reminiscences of the classics, and Du Bellay and Montaigne express what was doubtless true of many of their contemporaries when they admit that often the source of their quotation has escaped them. Whether their origin was obvious or less than half-remembered, these echoes of the classics impart a tone to Renaissance texts which was plainly found attractive.

La Taille also practises what may be called large-scale imitation, and it is primarily for this that Professors Lebègue and Forsyth[6] attack him. But he does not simply plunder Seneca and Euripides; no one classical play determines the shape of his tragedy. Imitated episodes are judiciously inserted only where the historical narratives are silent or where the models satisfactorily coincide with them; La Taille tolerates no clash between *Troades* or *Trojan Women* and the Scriptural accounts of the fall of Saul and his house. Whatever is imitated is modified to give greater liveliness to individual scenes and to produce an integrated plot, so that Seneca's episodic *Troades* appears grossly deficient by comparison with *La Famine*. La Taille also transforms the style. In his day, local and historical colour were rudimentary concepts,

---

[6] R. Lebègue, *La Tragédie religieuse en France: Les Débuts* (Paris, 1929), pp. 430–5; E. Forsyth, *op. cit.*, pp. lvi–lvii.

but if, for example, the latter half of *La Famine* is compared with its analogue in *Troades* we can appreciate La Taille's achievement in pruning verbal extravagance and intensifying dramatic vigour. Nearly every classical allusion is suppressed or at least made less obtrusive. Instead, Biblical names and references to Scriptural history increase the impact of the fundamental change: Judæo–Christian ideas of a just, if stern God, sometimes even of a merciful Redeemer, replace ancient notions of anthropomorphic deities.

La Taille naturally composed his original comedy, *Les Corrivaus*, in much the same way as his tragedies. (*Le Negromant*, of course, is neither plagiarism nor imitation, but a plain translation with the source acknowledged.) Renaissance comedy was ruled by as strict conventions as Renaissance tragedy, perhaps stricter, since the theory had to be deduced from the practice of Terence and Plautus alone (Aristophanes being virtually unread) and theorists and playwrights wished to distinguish comedy sharply both from tragedy and from popular farce. Where tragedy was based on history, comic plots had to be 'fiction'; but as even here reliance on good authority counted for more than originality, novels, tales and earlier plays often served as sources. *Les Corrivaus* treats a story by Boccaccio in the light of Terence's and Ariosto's adaptation of their own subject-matter for the theatre.

Farce aimed simply to provoke laughter; but Renaissance theorists were loath to admit that this could be a respectable or chief aim for comedy. Ostensibly, as Badius said, comedy portrayed 'the life of people of middle station...and how families should live together';[7] any satire had to be counterbalanced by pictures of the ideal. Characters must be variations on stock types; young men were always foolish, excitable and rash, but capable of generous conduct; parents, whether tyrannical or distressed, were still dignified; servants displayed only grotesque cunning and debauchery. The action was to be motivated chiefly by love, to keep it below tragic intensity, and preferably by two love-affairs interwoven, as was the practice of Terence. A detached Prologue, explanatory and colloquial, introduced five acts; the first, or the first two, expounded a situation unsatisfactory to the hero or

[7] Translated by H. W. Lawton, *Handbook of French Renaissance Dramatic Theory* (Manchester, 1949), p. 29.

heroes; the pursuit of his or their aims then met with 'complications and obstacles', but, often through the surprise 'intervention' of another character in Act IV, reached an unexpected happy end in Act V. The ban on representing a virgin on the comic stage ruled out subtleties in the progress of a love-relationship; but off stage a heroine could run through a set gamut of forcible or accidental separation from her family, seduction or abduction, deception or disguise, before final recognition led to general reconciliation. On stage, incidents assisting or thwarting the lover provided suspense and surprise, and any high comic element lay in his psychology and that of his opponents, and in passing gibes at learned or pseudo-learned professions, customs of the day and universal foibles. Lower-class characters, while still farcical, showed up by contrast or comparison the behaviour of their supposed betters.

La Taille does not go beyond the conventions; he is content to obey them with such skill that his audience will think them natural. He picks plots which develop logically, if not out of the personalities of his characters, at least out of their machinations, and the development of *Les Corrivaus* and the language of both comedies gives an impression of normal people moving among just-credible events. If coincidence plays its part in *nœud* and *dénouement*, that, as frequent apostrophes to Fortune remind us, was one more convention of comedy. Like *Saül*, *Les Corrivaus* shows La Taille's gift for exposition by a character deeply involved in an affecting situation; and the final confrontation of parents and authorities with erring sons and servants excels the sources' *dénouements* in its truly dramatic nature.

His treatment of his characters and Ariosto's is oddly gentle for his time; Ariosto's subtle malice and rousing exuberance are toned down. No parent in *Les Corrivaus* is especially harsh, miserly or stupid; they are in Brian Jeffery's class of those truly concerned for their children's welfare.[8] If anyone is satirized, it is the lovers; but the heroes in their blundering crimes, like their servants in their dissipation, retain an almost innocent charm. The happy ending of comedy, described by Northrop Frye[9] as 'the incorporation of the hero into the society that he naturally fits', is here

[8] *French Renaissance Comedy, 1552–1630* (Oxford, 1969), p. 152.
[9] *Anatomy of Criticism* (Princeton, 1957), pp. 44, 164 and 210.

achieved through no 'subversive...triumph of youth' but through an 'act of humility' both by the fathers, who plead for the young rebels, and by the latter, who beg for mercy. La Taille's attitude is one of indulgent and forgiving conservatism.

The effect of the here-and-now is strengthened by the use of prose; there were Italian precedents for this, but few of La Taille's countrymen followed them. His dialogue moves fast to the point, with few *sentences*, vivid idioms and images, and natural speech-rhythms and clashes of emotion if not wit. His continual awareness of the audience, shown in prologue and epilogue, aside and monologue, and occasional local reference, is, as Jeffery points out for Renaissance theatre in general, a conventional device by which good actors could win over the house. But La Taille's triumph, as in *Saül*, is in the action; *Les Corrivaus*, which would take barely an hour to perform, gives the impression of a whole crowded night of domestic upheavals.

Apart from Ariosto's *Negromante*, La Taille does not acknowledge his literary models, but this does not mean that he hopes their influence on him will pass unnoticed. Had his aim been deception, he would not have imitated the best-known plays of the most famous classical authors. He wrote for educated people, who would recognise what was being imitated. They would not be shocked; indeed a real part of their pleasure would come from appreciating the skill, even the daring, with which he combined elements of varied provenance. It is by observing the conventions of regular dramaturgy, imitating scenes from tragedies and passages from comedies by authors of unquestioned standing, and creating an organic whole that La Taille reveals his true instinct for drama.

NOTE ON THE TEXT

Ten copies of the 1572 edition of *Saül* have been examined; they fall into two groups, for which we use the symbols 72X and 72Y. ('72' indicates the agreement of both groups.) Group 72X includes Bibliothèque Nationale Rés. Yf. 3964 and Bibliothèque de l'Arsenal Rf. 1354 and GD 8° 1505; from this group stem the 1598 edition (as represented by the British Museum copy), and the Rouen 1601 edition (Bib. Nat. Rés. Yf. 4666). Group 72Y includes Bib. Nat. 8° Yf. 467 and Rés. Ye. 1818–22, Ars. 8° B

12602 (1), two copies at the British Museum, one at the John Rylands Library, Manchester, and one at the Herzog August Bibliothek, Wolfenbüttel; the Wolfenbüttel copy of Foüet's 1602 edition and that at the Bibliothèque Municipale de Versailles are identical with these after f.1. In the first two gatherings Group 72X shows over 120 different readings from Group 72Y, whose version is almost always clearly inferior; witness, for example, 72Y's omission of the comma after 'MADAME' at the beginning of *De l'Art de la tragédie*, or its 'supplier' for 72X's 'suppleer' (1.81). One may conclude that for the first two gatherings of the 72Y copies sheets were used which were later corrected, or more probably entirely reset. In 1598 these two gatherings were set afresh, apparently from 72X (the British Museum copy being not quite identical with that used by Werner); no substantial variants appear after the title-page. In 1601 the whole was reset, with many minor variants; there are no grounds for attributing the few substantial ones to La Taille.

There is no evidence that there was any 1573 edition of *Saül* issued specially to go with *La Famine* and the comedies; it is mere chance whether an owner of these plays bound with them a *Saül* of Group 72X or 72Y, and mere chance that more copies of 72Y than of 72X happen to survive. Previous modern editions of *Saül* or *De l'Art de la tragédie* have been based on 72Y, the evidently uncorrected version, or an artificial combination of both groups. The present edition uses the superior 72X. Where the three copies in this group differ among themselves, we follow Rf. 1354 and Rés. Yf. 3964 at l.635, where GD 8° 1505 contains an apparently uncorrected sheet, and GD 8° 1505 at l.1030, where the other two copies do so.

To establish texts for *La Famine* and the comedies, four copies of the 1573 edition ('73') have been examined, Bib. Nat. Rés. Ye. 1818–22 and 8° Yf. 467, and Ars. Rf. 1354 (2) and 4° B 3426 (which contains *La Famine* alone). All are identical, and the 1574 edition (Ars. 8° B 12602 (2)) and the two Foüet 1602 copies are identical with them after f.1, except that they contain an apparently corrected f.69. The only reset edition was printed at Rouen in 1602; two slightly different copies survive (Bib. Nat. Rés. Yf. 4667 and Ars. Rf. 1356). Since no editions other than 72X and 73 have any independent value, our critical apparatus records only such readings from those two editions as we have emended.[10]

This edition maintains, except as particularized in the next paragraph, the original presentation, orthography and punctuation. It has been suggested that a primary purpose of mediæval and Renaissance punctuation was to indicate the length and weight of pauses in actual or supposed oral delivery, and that some at least of the pointing of Elizabethan and Jacobean plays was intended to be significant, and helpful to the actor.[11] This may be true of French Renaissance drama, and the printing of plays in the original punctuation may serve to facilitate research. Often the practice of 72X and 73 is consistent and illuminating; for instance, in prose dialogue La Taille (or his printer) seems as a rule to indent more measured speeches, but not quick short replies. Elsewhere to try to regularize the original would entail impossible decisions; the same word is spelt in different ways, even in the same line, and even the spelling of the proper names is capricious: Nebbien becomes Nebbie half-way through *Le Negromant*, and there is no telling which is correct. For similar reasons the capitalization of nouns and the occasional use of a capital after a colon have been maintained.

We have departed from the presentation of 72X and 73 only as follows. Considerations of space have necessitated the printing of the verse choruses in smaller type, and the omission of the title-pages and foliation of the tragedies, the dedication of *La Famine*, and five accompanying poems; these, however, can be found in Forsyth's edition, and no cuts have been made in respect of the comedies. The italic type used for speeches has been replaced by roman; the cast-lists and some titles and stage-directions have been reset; La Taille's marginal notes have been transferred to footnotes, and names of speakers to the left margin, in italic upper and lower case; a dash has been prefixed to their longer speeches, inset in the original. Contractions have been expanded, the use of i/j and u/v has been modernized, the modern distinction between a/à, la/là and ou/où has been intro-

---

[10] The entire problem is discussed in C. N. Smith's thesis.

[11] See, e.g., W. J. Ong, 'Historical Backgrounds of Elizabethan and Jacobean Punctuation Theory', *Publications of the Modern Language Association*, lix (1944); A. C. Partridge, *Orthography in Shakespearean and Elizabethan Drama* (London, 1964).

duced, and a few turned letters have been silently rectified. The names Saül, Samuël and Israël with their derivatives are always given with the diæresis which La Taille uses only sometimes. Interrupted speeches in the original are terminated usually by a full stop, occasionally by a comma or exclamation mark; such stops have been replaced by dashes. The sporadic, probably accidental use of a capital after a comma, and omission of one after a full stop, have been eliminated. All other emendations have been noted in the critical apparatus. Asterisks indicate editorial emendations, superior letters indicate the approximate position of the original marginal notes, and superior numbers draw attention to editorial notes. Lines have been numbered; in *De l'Art de la tragédie* ('A') and the verse plays ('S' and 'F') references are to the line-number; in the comedies ('N' and 'C'), references are to the original foliation.

BIBLIOGRAPHY

I. MODERN EDITIONS

MAULDE, R. DE, *Œuvres de Jehan de la Taille*, 4 vols. (Paris, 1878–82).

WERNER, A., *Jean de la Taille und sein Saül le Furieux* (Leipzig, 1908; reprinted Brussels, 1960).

WEST, F., *Jean de la Taille, De l'Art de la Tragédie* (Manchester, 1939).

WEINBERG, B., 'De l'Art de la Tragédie...Dedication to Jacques de La Taille's *Daire*...Prologue to *Les Corrivaux*', *Critical Prefaces of the French Renaissance* (Evanston, 1950).

FORSYTH, E., *Jean de La Taille: Saül le furieux; La Famine, ou les Gabeonites* (Paris, 1968, with full bibliography. A long review by G. Spillebout is in *Bibliothèque d'humanisme et Renaissance*, xxxii (1970), 180–92).

II. SELECTED CRITICAL WORKS

BOTTASSO, E., 'Le commedie di Lodovico Ariosto nel teatro francese del cinquecento', *Giornale storico della letteratura italiana*, cxxviii (1951), 41–80.

CASTOR, G., *Pléiade Poetics* (Cambridge, 1964).

CHARLTON, H. B., *The Senecan Tradition in Renaissance Tragedy* (Manchester, 1946).

DALEY, TATHAM A., *Jean de la Taille (1533–1608), étude historique et littéraire* (Paris, 1934).

FAGUET, E., *La Tragédie française au XVIe siècle*, 2nd edition (Paris, 1912).

FORSYTH, E., *La Tragédie française de Jodelle à Corneille (1553–1640): le thème de la vengeance* (Paris, 1962).

GRIFFITHS, R., 'The influence of Formulary Rhetoric upon French Renaissance tragedy', *Modern Language Review*, lix (1964), 201–8.

HERRICK, MARVIN T., *Comic Theory in the Sixteenth Century* (Urbana, 1950).

JACQUOT, J. (ed.), *Le Lieu théâtral à la Renaissance* (Paris, 1964).

—, *Les Tragédies de Sénèque et le théâtre de la Renaissance* (Paris, 1964).

JEFFERY, B., *French Renaissance Comedy, 1552–1630* (Oxford, 1969).

LANSON, G., 'Etudes sur les origines de la tragédie classique en France', *Revue d'histoire littéraire de la France*, x (1903), 177–231 and 413–36.

LANSON, G., *Esquisse d'une histoire de la tragédie française* (Paris, 1927).

LAWRENSON, T. E., *The French Stage in the Seventeenth Century* (Manchester, 1957).

LAWTON, H. W., *Handbook of French Renaissance Dramatic Theory* (Manchester, 1949).

—, 'Sixteenth-Century French Tragedy and Catharsis', *Essays presented to C. M. Girdlestone* (Durham, 1960).

LEBÈGUE, R., *La Tragédie Religieuse en France: Les Débuts* (Paris, 1929).

—, 'Tableau de la comédie française de la Renaissance', *Bibliothèque d'humanisme et Renaissance*, viii (1946), 278–344.

—, *La Tragédie française de la Renaissance* (Brussels, 1954).

LOUKOVITCH, K., *L'Evolution de la tragédie religieuse classique en France* (Paris, 1933).

RIGAL, E., *De Jodelle à Molière* (Paris, 1911).

TOLDO, P., 'La Comédie française de la Renaissance', *RHLF*, iv–vii (1897–1900).

ZEPPA DE NOLVA, C., 'Jean de la Taille et la règle des unités', *Mélanges offerts à A. Ernout* (Paris, 1940).

SAÜL LE FURIEUX,
Tragedie prise de la Bible,
Faicte selon l'art et à la mode des vieux Autheurs
Tragiques

De l'Art de la Tragedie.

A Treshaulte Princesse Henriette[1]
De Cleves, Duchesse de Nevers,

Jan De la Taille de Bondaroy.

MADAME, combien que les piteux desastres advenus nagueres en la
France par nos Guerres civiles, fussent si grands, et que la mort du Roy
HENRY,[2] du Roy son Fils, et du Roy de Navarre, vostre Oncle,[3] avec
celle de tant d'autres Princes, Seigneurs, Chevaliers et Gentils-hommes,
fust si pitoiable qu'il ne faudroit ja d'autre chose pour faire des Tragedies: 5
ce neantmoins pour n'en estre du tout le propre subject, et pour ne
remuer nos vieilles et nouvelles douleurs, volontiers je m'en deporte,
aimant trop mieux descrire le malheur d'autruy que le nostre: qui m'a
fait non seulement voir les deux rencheutes[4] de nos folles guerres, mais y
combattre, et rudement y estre blessé. Je veux sans plus, icy vous dedier   10
une Tragedie du plus miserable Prince qui porta jamais Couronne, le
premier que jamais DIEU esleut pour commander sur son Peuple, le
premier aussi que j'ay esleu pour escrire, à fin qu'en vous faisant un tel
present, je puisse quant et quant monstrer à l'œil de tous un des plus
merveilleux secrets de toute la Bible, un des plus estranges mysteres de ce   15
grand Seigneur du monde, et une de ses plus terribles providences. Or à
fin que du premier coup vous y rencontriez le plaisir que je desire, j'ay
pensé de vous donner quelque ouverture, et quelque goust d'une
Tragedie, et en dechifrant les principaux poincts, vous en pourtraire
seulement l'ombre, et les premiers traicts.   20

La Tragedie donc est une espece, et un genre de Poësie non vulgaire,
mais autant elegant, beau et excellent qu'il est possible. Son vray subject
ne traicte que de piteuses ruines des grands Seigneurs, que des in-
constances de Fortune, que bannissements, guerres, pestes, famines,
captivitez, execrables cruautez des Tyrans: et bref, que larmes et   25
miseres extremes, et non point de choses qui arrivent tous les jours
naturellement et par raison commune, comme d'un qui mourroit de sa
propre mort, d'un qui seroit tué de son ennemy, ou d'un qui seroit con-
damné à mourir par les loix, et pour ses demerites: car tout cela n'es-

30 mouveroit pas aisément, et à peine m'arracheroit il une larme de l'œil,
veu que la vraye et seule intention d'une Tragedie est d'esmouvoir et de
poindre merveilleusement les affections d'un chascun, car il fault que le
subject en soit si pitoyable et poignant de soy, qu'estant mesmes en bref
et nument dit, engendre en nous quelque passion: comme qui vous
35 conteroit d'un à qui lon fit malheureusement manger ses propres fils, de
sorte que le Pere[5] (sans le sçavoir) servit de sepulchre à ses enfans: et d'un
autre, qui ne pouvant trouver un bourreau pour finir ses jours et ses
maux, fut contraint de faire ce piteux office de sa propre main. Que le
subject aussi ne soit de Seigneurs extrememement meschants, et que pour
40 leurs crimes horribles ils meritassent punition: n'aussi par mesme raison
de ceulx qui sont du tout bons, gens de bien et de saincte vie, comme
d'un Socrates, bien qu'à tort empoisonné. Voyla pourquoy tous subjects
n'estants tels seront tousjours froids et indignes du nom de Tragedie,
comme celuy du sacrifice d'Abraham,[6] où ceste fainte de faire sacrifier
45 Isaac, par laquelle Dieu esprouve Abraham, n'apporte rien de malheur à
la fin: et d'un autre où Goliath ennemy d'Israël et de nostre religion est
tué par David son hayneux, laquelle chose tant s'en faut qu'elle nous
cause quelque compassion, que ce sera plustost un aise et contentement
qu'elle nous baillera. Il fault tousjours representer l'histoire ou le jeu en
50 un mesme jour, en un mesme temps, et en un mesme lieu: aussi se garder
de ne faire chose sur la scene qui ne s'y puisse commodément et honnestement faire, comme de n'y faire executer des meurtres, et autres morts, et
non par fainte ou autrement, car chascun verra bien tousjours que c'est,
et que ce n'est tousjours que faintise, ainsi que fit quelqu'un, qui avec
55 trop peu de reverence, et non selon l'art, fit par fainte crucifier[7] en plein
theatre ce grand Sauveur de nous tous. Quant à ceulx qui disent qu'il
fault qu'une Tragedie soit tousjours joyeuse au commencement et triste à
la fin, et une Comedie (qui luy est semblable quant à l'art et disposition,
et non du subject) soit au rebours, je leur advise que cela n'advient pas
60 tousjours, pour la diversité des subjects et bastiments de chascun de ces
deux poëmes. Or c'est le principal point d'une Tragedie de la sçavoir
bien disposer, bien bastir, et la deduire de sorte, qu'elle change, trans-
forme, manie, et tourne l'esprit des escoutans de çà de là, et faire qu'ils
voyent maintenant une joye tournee tout soudain en tristesse, et main-
65 tenant au rebours, à l'exemple des choses humaines. Qu'elle soit bien
entre-lassee, meslee, entrecouppee, reprise, et sur tout à la fin rapportee à
quelque resolution et but de ce qu'on avoit entrepris d'y traicter. Qu'il
n'y ait rien d'oisif, d'inutil, ny rien qui soit mal à propos. Et si c'est un
subject qui appartienne aux lettres divines, qu'il n'y ait point un tas de
70 discours de Theologie, comme choses qui derogent au vray subject, et qui
seroient mieux seantes à un presche: et pour ceste cause se garder d'y faire
parler des Personnes, qu'on appelle Faintes,[8] et qui ne furent jamais,

comme la Mort, la Verité,* l'Avarice, le Monde, et d'autres ainsi, car il
fauldroit qu'il y eust des personnes ainsi de mesmes contrefaittes qui y
prinssent plaisir. Voila quant au subject: mais quant à l'art qu'il fault   75
pour la disposer et mettre par escript, c'est de la diviser en cinq Actes, et
faire de sorte que la Scene estant vuide de Joueurs un Acte soit finy, et le
sens aucunement parfait. Il fault qu'il y ait un Chœur, c'est à dire, une
assemblee d'hommes ou de femmes, qui à la fin de l'acte discourent sur ce
qui aura esté dit devant: et sur tout d'observer ceste maniere de taire et   80
suppleer ce que facilement sans exprimer se pourroit entendre avoir esté
fait en derriere: et de ne commencer à deduire sa Tragedie par le
commencement de l'histoire ou du subject, ains vers le milieu, ou la fin
(ce qui est un des principaux secrets de l'art dont je vous parle) à la mode
des meilleurs Poëtes vieux, et de ces grands Oeuvres Heroiques,⁹ et ce à   85
fin de ne l'ouir froidement, mais avec ceste attente, et ce plaisir d'en
sçavoir le commencement, et puis la fin apres. Mais je serois trop long à
deduire par le menu ce propos, que ce grand Aristote en ses Poëtiques, et
apres luy Horace (mais non avec telle subtilité) ont continué plus
amplement et mieux que moy, qui ne me suis accommodé qu'à vous, et   90
non aux difficiles et graves oreilles des plus sçavants. Seulement vous
adviseray-je, qu'autant de Tragedies et Comedies, de Farces, et
Moralitez (où bien souvent n'y a sens ny raison, mais des paroles ridicules
avec quelque badinage) et autres jeux qui ne sont faicts selon le vray art,
et au moule des vieux, comme d'un Sophocle, Euripide, et Seneque, ne   95
peuvent estre que choses ignorantes, malfaites, indignes d'en faire cas, et
qui ne deussent servir de passetemps qu'aux vallets et menu populaire,
et non aux personnes graves. Et voudrois bien qu'on eust banny de
France telles ameres espiceries qui gastent le goust de nostre langue, et
qu'au lieu on y eust adopté et naturalisé la vraye Tragedie et Comedie,   100
qui n'y sont point encor à grand' peine parvenues, et qui toutefois
auroient aussi bonne grace en nostre langue Françoise, qu'en la Grecque
et Latine. Pleust à Dieu que les Roys et les grands sçeussent le plaisir que
c'est de voir reciter, et representer au vif une vraye Tragedie ou Comedie
en un theatre tel que je le sçaurois bien deviser, et qui jadis estoit en si   105
grande estime pour le passetemps des Grecs et des Romains, je m'oserois
presque asseurer qu'icelles estans naifvement jouees par des personnes
propres, qui par leurs gestes honestes, par leurs bons termes, non tirez à
force du latin, et par leur brave et hardie prononciation ne sentissent
aucunement ny l'escholier, ny le pedante, ny sur tout le badinage des   110
Farces, que les grands dis-je ne trouveroient passetemps (estans retirez au
paisible repos d'une ville) plus plaisant que cestuy-cy, j'entens apres
l'esbat de leur exercice, apres la chasse, et le plaisir du vol des oiseaux. Au
reste je ne me soucie (en mettant ainsi par escript) d'encourir icy la dent

Verité] 72X Verite

115 outrageuse, et l'opinion encor brutale d'aucuns, qui pour l'effect des
armes desestiment et dedaignent les hommes de lettres, comme si la
science, et la vertu, qui ne gist qu'en l'esprit, affoiblissoit le corps, le
cœur et le bras, et que Noblesse fust deshonoree d'une autre Noblesse, qui
est la Science. Que nos jeunes courtisans en haussent la teste tant qu'ils
120 voudront, lesquels voulants honnestement dire quelqu'un fol, ne le font
qu'appeller Poëte ou Philosophe, soubs ombre qu'ils voient (peut estre)
je ne sçay quelles Tragedies ou Comedies, qui n'ont que le tiltre seulement, sans le subject, ny la disposition, et une infinité de Rymes sans
art ny science, que font un tas d'ignorants, qui se meslants aujourd'huy
125 de mettre en lumiere (à cause de l'impression trop commune, dont je me
plains à bon droit) tout ce qui distille de leur cerveau mal tymbré, font
des choses si fades, et malplaisantes, qu'elles deussent faire rougir de
honte les papiers mesmes, aux cerveaux desquels est entree ceste sotte
opinion de penser qu'on naisse, et qu'on devienne naturellement excellént
130 en cest art, avec une fureur divine sans suer, sans feuilleter, sans choisir
l'invention,[10] sans limer les vers, et sans noter en fin de compte, qu'il y a
beaucoup de Rymeurs et peu de Poëtes. Mais je ne dois non plus avoir de
honte de faire des Tragedies, que ce grand empereur Auguste, lequel
nonobstant qu'il pouvoit tousjours estre empesché aux affaires du
135 monde, a bien pris quelquefois le plaisir de faire une Tragedie nommee
Ajax, qu'il effaça depuis, pour ne luy sembler, peut estre, bien faitte:
mesmes que plusieurs ont pensé que ce vaillant Scipion avec son Lælius
a fait les Comedies que lon attribue à Terence.[11] Non que je face mestier
ny profession de Poësie: car je veux bien qu'on sçache que je ne puis (à
140 mon grand regret) y despendre autre temps (à fin qu'on ne me reproche
que j'en perde de meilleur) que celuy que tels ignorants de Cour employent coustumierement à passer le temps, à jouer et à ne rien faire, leur
donnant congé de n'estimer non plus mes escripts que leurs passetemps,
leurs jeux, et leur faineantise. Mais ce pendant qu'ils pensent, que si lon
145 est fol en Ryme, qu'ils ne le sont pas moins en Prose, comme dit Du-
Bellay.[12] N'est ce pas plus grande mocquerie à eulx d'engager leur
liberté, et la rendre miserablement esclave, de laisser legerement le
paisible repos de leur maison,* de forcer leur naturel, bref de ne sçavoir
faire autre chose que de contrefaire les grands, d'user sans propos de
150 finesses frivoles, de prester des charitez, de faire vertu d'un vice, de
reprendre à la mode des ignorants ce qu'ils n'entendent pas, et de faire en
somme profession de ne sçavoir rien? Pour conclusion, je n'ay des
histoires fabuleuses mendié icy les fureurs d'un Athamant,[13] d'un
Hercules, ny d'un Roland, mais celles que la Verité mesme a dictees, et
155 qui portent assez sur le front leur saufconduit par tout. Et par ce qu'il
m'a esté force de faire revenir Samuël, je ne me suis trop amusé à
maison,] 72 maison

regarder si ce devoit estre ou son esprit mesmes, ou bien quelque fantosme, et corps fantastique, et s'il se peut faire que les esprits des morts reviennent ou non, laissant la curiosité de ceste dispute aux Theologiens. Mais tant y a que j'ay leu quelque Autheur, qui, pensant que ce fust 160 l'ame vraye de Samuël qui revint, ne trouve cela impossible, comme disant qu'on peult bien pour le moins faire revenir l'esprit mesmes d'un trespassé, avant l'an revolu du trespas, et que c'est un secret de Magie. Mais j'auray plustost fait de coucher icy les propres mots latins de cest Autheur nommé Corneille Agrippe,[14] qui sont tels en son livre de la 165 vanité des Sciences, alleguant Sainct Augustin mesmes, [a]*In libris Regum legimus Phytonissam mulierem evocasse animam Samuëlis: licet plerique interpretentur non fuisse animam Prophetae, sed malignum spiritum qui sumpserit illius imaginem: tamen Hebræorum magistri dicunt, quod etiam Augustinus ad Simplicianum fieri potuisse non negat, quia fuerit verus spiritus Samuëlis, qui ante com* 170 *pletum annum à dicessu ex corpore facile evocari potuit, prout docent Goetici.* Combien qu'un autre en ses Annotations Latines sur la Bible, allegue sainct Augustin au contraire: toutefois je trouve qu'Agrippe (homme au reste d'un merveilleux sçavoir) erre grandement (dont je m'esmerveille) de penser que Samuël revint dans l'an de sa mort, veu que Josephe[b] en 175 ses Antiquitez,[15] dit notamment que Saül regna vivant Samuël dixhuit ans, et vingt apres sa mort, au bout desquels on fit revenir par enchantements l'ombre du Prophete. [c]Sainct Paul aux Actes des Apostres, adjoustant encor deux ans au regne de Saül, plus que Josephe, raconte là qu'il regna XL. ans. Je sçay que les Hebrieux, et qu'aujourd'huy les plus sub 180 tils en la Religion tiennent sans doubte, que c'estoit un Diable ou dæmon que fit venir la Phytonisse, et non l'esprit vray de Samuël. Mais d'autre part je voudrois bien qu'ils m'eussent interpreté ou accordé ce que dit Salomon en son Ecclesiastique, qui parlant de Samuël dit[d] ainsi: *Et apres qu'il fut mort il prophetisa, et monstra au Roy la fin de sa vie, et esleva sa* 185 *voix de la terre en prophetie.* Et si ma Muse s'est (comme maugré moy) en s'esgayant quelque peu espaciee hors les bornes estroictes du texte, je prie ceulx là qui le trouveront mauvais, d'abbaisser en cela un peu leur sourcy plus que Stoique, et de penser que je n'ay point tant desguisé l'histoire, qu'on n'y recognoisse pour le moins quelques traicts, ou 190 quelque ombre de la verité, comme vray-semblablement la chose est advenue: m'estant principalement aidé de la Bible, à sçavoir des livres des Roys et des Chroniques d'icelle, et puis de Josephe et de Zonare grec. Or par ce que la France n'a point encor de vrayes Tragedies, sinon possible traduittes, je mets ceste cy en lumiere soubs la faveur du nom de 195 vous, Madame, comme de celle qui presque seule de nostre aage favorisez les arts et les sciences, qui seront tenues aussi pour ceste cause de vous publier à la posterité, pour luy recommander vostre gentil esprit,

[a] Au lieu où il parle de Magie.   [b] Livre, 6.   [c] Chap. 13.   [d] Chap. 46.

sçavoir et courtoisie, à fin qu'elle entende que vous avez quelquefois fait
200 cas de ceulx qui ont quelque chose oultre ce vulgaire ignorant et barbare.
Car j'ay autrefois conclud que vous serez ma seule Muse, mon Phœbus,
mon Parnasse, et le seul but où je rapporteray mes escrits. Mais il
semble qu'il ne me souvienne plus que je fais icy une Epistre et non un
Livre.
205 Pour donc faire fin, je supplie DIEU, Madame, qu'il n'advienne à
vous, ny à vostre excellente maison, chose dont on puisse faire Tragedie.

L'ARGUMENT PRIS DU PREMIER LIVRE DES ROYS

LE Prophete Samuël avoit un jour commandé à Saül (qui est le Roy que
DIEU esleut jadis à la requeste du peuple d'Israël) qu'il eust à mettre à
sac, et à mort, non seulement les personnes, mais tout ce qui respireroit
210 dans une ville nommee Amalec, à cause d'une vieille offense dont la
divine Majesté se vouloit lors resentir. Ce que n'aiant du tout executé
Saül, ains aiant par mesgarde, ou par quelque raison humaine, reservé le
plus beau bestail (comme en intention d'en faire sacrifice à DIEU) et
aiant pour quelque respect sauvé vif d'un tel massacre Agag le Roy de ces
215 Amalechites: il ne cessa depuis d'estre en la male-grace de DIEU,
d'aller en decadence, et de perdre par intervalle son sens (luy qui avoit
eu du commencement tant de triomphes, de biens et d'honneurs) tant
qu'à la fin Dieu luy suscite icy un puissant ennemy, à sçavoir Achis Roy
des Philistins: et luy advindrent les pitoyables choses que facilement (tout
220 cela presupposé) on entendra assez par le discours de la Tragedie.

LES PERSONNAGES

Le Roy Saül
Jonathe,
Abinade, et } *fils de Saül*
Melchis,
Le Premier Escuyer } *de Saül*
Le Second Escuyer
La Phytonisse *Negromantienne*
L'Esprit de Samuël
Un Soldat Amalechite
Un Gendarme
David
Le Chœur, ou l'Assemblee des Presbtres Levites

ACTE PREMIER

Saül tout furieux, *Jonathe, Abinade, et Melchis*

Saül. LAS mon Dieu qu'est-ce cy? que voy-je mes soldarts?
Quell' eclipse obscurcit le ciel de toutes parts?
D'où vient desja la nuict, et ces torches flambantes
Que je voy dans la mer encontre val tombantes? 4
Tu n'as encor, Soleil, parachevé ton tour,
Pourquoy doncques pers tu ta lumiere en plein jour?
Jonathe. —Mais, Sire, qui vous trouble ainsi la fantaisie?
Est-ce doncques l'humeur de ceste frenaisie 8
Qui par fois vous tourmente et vos yeux esblouit?
Saül. —Sus doncques, ce pendant que la Lune reluit,
Chargeons nos ennemis: sus donc, qu'on les saccage,
Qu'on face de leurs corps un horrible carnage, 12
Qu'on aille de leur sang la plaine ensanglanter.
Ne les voy-je pas là parmy l'air volleter?
Allons apres, à fin que de mon cymeterre
Je les face tomber presentement par terre. 16
Mais n'en voy-je pas trois qui me regardent tant?
Ca, que de mon Epieu, puis qu'ils vont m'espiant,
Je les enferre tous.
Jonathe.   —Mais que voulez vous dire,
De vouloir furieux vos trois enfans occire, 20
Et moy vostre Jonathe? Or voila l'insensé
Qui dans son pavillon tout à coup s'est lancé,
Et qui m'eust fait oultrage en sa folle cholere,
Comme s'il n'estoit plus le Roy Saül mon pere. 24

Abinade, Melchis, Jonathe

Abinade. O que ceste Fureur le prend mal à propos,
Tandis que nous avons la guerre sur le dos!
Ah que n'est or icy la puissante harmonie
De ta harpe ô David pour chasser sa manie! 28
Melchis. —Mais David n'est icy, et dit on qu'il s'est mis
Pour servir d'un Chef mesme au camp des Ennemis.[1]
Jonathe. —Non non, toute l'armee à la fin s'est deffaitte

De luy, tenant sa foy et sa loy pour suspecte,   32
Et s'en va[2] maintenant en son bourg Sicelec,
Qu'on dit estre pillé par la gent d'Amalec,
Et s'il en a vengeance il ne tardera gueres
Qu'il ne vienne en ce lieu.

Abinade.   —Mais n'oyez vous mes Freres   36
Le retentissement dont se plaignent les vaux,
Et le hennissement que font tant de chevaux?
N'oyez vous point le cry, le bruit et la tempeste
Du camp des Philistins qui contre nous s'appreste?   40
En voyant de si pres flamboyer l'appareil
D'Achis nostre ennemy, faut il avoir sommeil?

Melchis. Mais las que ferons nous? le Roy ne peut entendre
Au maniment public.

Jonathe.   —C'est à nous à le prendre,   44
En laissant nostre Pere hors de son sens aller,
Et parlant maintenant de ce qu'il faut parler.
Pensons doncques à nous, et avec diligence
Epluchons les moiens pour nous mettre en defense,   48
Ressemblants au pasteur, lequel d'un soing qu'il a,
Sur ses trouppeaux paissants jette l'œil çà et là,
Pour voir si devers luy le loup vient des montaignes,
Ou s'il sort point des bois pour descendre aux campaignes: 52
Que si lon est pesant, nos peuples recevront
Une grande vergongne aujourd'huy sur le front,
Nostre Cité sera pleine de volleries,
Nous serons exposez à mille mocqueries,   56
Nos Femmes aujourd'huy, nos Enfans orphelins
Seront devant nos yeux la proye aux Philistins.

Abinade. —Mais quoy de les combattre aura on le courage,
Veu qu'ils ont par sus nous de gents tel advantage?   60

Jonathe. —N'est ce pas Dieu qui peut en souflant seulement
Mil et mil esquadrons deffaire en un moment?
Voudroit-il bien qu'on veist son Arche venerable
Honorer de Dagon[3] le temple abominable?   64
Nous irons en battaille avec l'aide de DIEU,
Plus seure que le fer, la lance, et que l'epieu:
Fussent ils cent fois plus, s'il prend nostre defense
Contre eux ses ennemis feront ils resistence?   68

Puis nous ne sommes pas aux armes apprentis,
Qui tant de peuples forts avons assubjectis,
Tesmoings ces Philistins, tesmoings sont les Moabes,
Et le cruel Naasés, et la ville de Jabes 72
Delivree par nous,[4] tesmoing le dur courroux
De DIEU contre Amalec executé par nous,
Tesmoings les Roys de Sobe, et la gent Idumee,
Qui de ses palmes vit honorer nostre Armee. 76
Si doncques nous sçavons nos ennemis donter,
Qu'est ce qui nous pourroit ores espouvanter
Aiant de nostre part la querelle equitable?
"De defendre sa vie est il pas raisonnable?[5] 80
Joinct qu'encore la terre où sont nos ennemis,
Et tous les biens qu'ils ont nous sont de DIEU promis.
Ne nous tiennent ils pas l'heritage fertile,
Le terroir dont le miel et dont le laict distille?[6] 84
Abinade. —Mais vous sçavez aussi combien est le hazard
Des batailles douteux pour l'une et l'autre part.
Jonathe. —Nous vainqueurs serions nous vaincus des Infideles,
Vaincus autant de fois qu'ils ont esté rebelles? 88
Ne vit on pas leurs corps infecter les chemins
Jusqu'aux murs d'Ascalon, et jusques dans leurs fins,
Estants suivis de nous quand David fit sus l'herbe
Choir l'orgueil et le tronc du Geant trop superbe? 92
Et de nos mains jadis s'en sauva il aucun,
Quand nous fusmes contraints de les poursuivre à jeun?[7]
Devons nous donc pallir de voir icy l'armee
Qui nous fait enrichir d'or et de renommee? 96
Vit on pas un Sanson apprester aux mastins
Par un seul os fatal mil corps des Philistins?[8]
Donc ne faut que par nous laschement se destruise
La gloire qu'on nous a de si long temps acquise. 100
Melchis. —Quoy? voulez-vous Jonathe, ainsi sans autre esgard
Jouer de nostre reste, et nous mettre au hazard?
Jonathe. —Necessité nous force: et puis qu'il faut qu'on meure,
Vault il pas mieux mourir vaillamment à ceste heure, 104
Qu'attendre les vieux ans pleins d'oisifve langueur,
Ennemis de vertu, de force et de vigueur?
Qu'on loüe qui voudra la vieillesse debile,

Pour son grave conseil, pour son advis utile,   108
"Il n'est que l'ardeur jeune, et d'avoir au menton
"Plustost l'or que l'argent, voire* encore deust on
Esprouver mil hazards, et par mainte adventure
Sacrer son nom heureux à la gloire future.   112
Hastons nous donc, avant que le destin tardif
Nous face languir vieux en un lict maladif,
Et prodiguons disposts ceste mortelle vie,
Qui d'une autre eternelle apres sera suivie.   116
Je me tuerois plustost que de me veoir si vieux
Trainner dessus trois pieds mes jours tant ennuyeux,
Aux hommes desplaisant, fascheux, melancholique,
Et du tout inutile à la chose publique,   120
Puis sans estre à la fin ny honoré, ny plaint,
Devaller aux enfers comme un tison estaint.
Pour doncques n'envieillir, allons nostre jouvence
Et son printemps offrir par le fer de la lance   124
A l'immortalité, recevant mille coups,
Plustost en l'estomac qu'un seul derriere nous,
Allons mourir pour vivre,[9] en faisant une eslite
De mille morts, plustost que de prendre la fuitte: 128
Mordons avant le champ couvert de nostre sang,
Que reculer un pas de nostre premier rang.
Melchis. —Là donc, mes Freres chers, qu'une brave victoire
Face de nostre nom perenniser la gloire,   132
Ou recevons au moins un glorieux trespas,
Dont de mil ans le los deffaict ne sera pas:
Car quand nous serons morts une dolente tourbe,
Tenant sus nostre corps la face long temps courbe,   136
Nous ira regrettant et vantant nos valeurs,
Respandra dessus nous une pluie de fleurs.
Allons doncques, allons, c'est une sainte guerre,
S'armer pour le salut de sa native terre.   140
Aions tous aujourd'huy la victoire ou la mort.
Jonathe. Mais ne sommes nous pas tous d'un semblable accord?
Abinade. Doncques que tardons nous, hé voulons nous attendre
Que ce fier Roy Achis nous vienne icy surprendre?   144

argent, voire] 72X argent. voire

Mais par un contr'assault monstrons luy qu'à son dam
Il assault ses vainqueurs.
Melchis.   Voyons donc nostre Camp,
  Allant de rang en rang, et par un beau langage
  Faisons à nostre peuple enfler tout le courage,   148
  Faisons luy tenir ordre, à fin que le Soldat,
  Et tous nos gents soient prests pour marcher au combat,
  Divisant à nous trois nostre Armee commune,
  Et puis d'une bataille essayons la fortune.   152
Abinade. Tenons les premiers rancs: mais quoy? je sens mes pieds
  Estre, ce m'est advis, à la terre liez.[10]
Jonathe. Ja ja mon cœur bouillant de donner la bataille
  Ne se peut contenir qu'à cest'heure il n'y aille: 156
  Mais mon pied m'a fait presque en chancelant tomber.
Melchis. Ne voy-je pas d'en haut un gauche esclair flamber?
Jonathe. —Ne laissons pas d'aller: est il aucun presage
  Qui puisse abastardir nostre ferme courage?   160
  Non, non, sus donc marchons: et vous, ô sacré Chœur,*
  Priez Dieu ce pendant qu'Israël soit vainqueur.

        Le Chœur des Presbtres Levites
        PUIS que nous prions pour tous,
        D'aller en guerre avec vous   164
        Nous sommes exempts et quittes,[11]
        Nous dis-je Presbtres Levites:
        Allez donc Princes heureux,
        Allez Princes valeureux,   168
        Et par vos vertus guerrieres
        Chassez hors de nos frontieres
        L'outrecuidé Philistin:
        Allez, monstrez le chemin   172
        De combattre à vos Gendarmes:
        Donnez premiers les alarmes:
        Et puis que vostre valeur,
        Vostre sang et vostre cœur   176
        Des le berceau vous incite
        Au salut Israëlite,
        Monstrez qu'à bon droit du Roy,
        Qui premier a par sa loy   180

72X Non, non. sus donc marchons. et vous, ô sacré Chœur,

La Judee assubjectie,[12]
Vostre naissance est sortie.

   Mais, toy Jonathe, sur tous
Le plus beau, gentil et doux,   184
Que le Soleil voye au monde,
Et en qui sur tous abonde
La grace de tant de biens
Que Dieu eslargit aux siens,   188
Toy dis-je vertueux Prince,
A qui le courage grince
De battailler, tu seras
Nostre escu, et chasseras,   192
Esbranslant ton cymeterre,
L'ennemy de nostre terre,
Comme tu feis l'autre fois,
Quand de luy tu triomphois,   196
Et que tu pavois la voye
De son sang et de sa proye.

   Mon Dieu qu'on seroit content
Si tu en faisois autant   200
Comme tu en feis adoncques!
Mais ne te verrons nous oncques
Dessus un char glorieux
Revenir victorieux,   204
Et la gent Israëlite
Triompher soubs ta conduitte,
Enrichie du butin
Du rebelle Palestin?   208
Tous ont desja ceste attente,
De baiser la main vaillante,
Qui nous aura tant occis
De peuples incirconcis: 212
Lors chascun d'un nouveau psalme
Merçira Dieu de ta palme.
O que puisses tu de bref,
Portant sus ton noble chef   216
La couronne paternelle,
Regir ton peuple fidele.
Mais, quoy qu'il en doive eschoir,
O Dieu soit fait ton vouloir.   220

ACTE DEUXIEME

Le Premier Escuyer de Saül

MON Dieu quelle fureur et quelle frenaisie
A n'agueres du Roy la pensee saisie!
O spectacle piteux de voir leans un Roy
Sanglant et furieux forcener hors de soy,   224
De le voir massacrer en son chemin tout homme!
Il detranche les uns, les autres il assomme,
D'autres fuyent l'horreur de son bras assommant:
Mais or je l'ay laissé de sang tout escumant,   228
Cheut dans son pavillon, où sa fureur lassee,
Luy a quelque relasche à la parfin causee,
Et dort aucunement, d'icy je l'oy ronfler,
Je l'oy bien en resvant sa furie souffler.   232
Il repaist maintenant son ame d'un vain songe,
Ores ses bras en l'air et ses pieds il allonge,
Ores en souspirant résve je ne sçay quoy:
Par ainsi son esprit de sa fureur n'est coy.   236
Ores sur un costé, or sur l'autre il se vire,
Pendant que le sommeil luy digere son ire:
Mais comme l'Ocean du vent d'ouest* soufflé
Se tempeste long temps et devient tout enflé,   240
Et jaçoit que du vent cesse la rage horrible,
Son flot n'est pas pourtant si tost calme et paisible,
Ainsi de son esprit la tourmente, et les flots
Qu'esmouvoit sa fureur, ne sont or en repos: 244
Car tantost estendu, gisant comme une beste,
Il regimboit du pied et demenoit la teste.
Mais le voicy levé, voyez comme ces yeux
Estincellent encor' d'un regard furieux!   248

Saül et L'Escuyer

[*Saül.*] VOYLA le jour venu, ja l'aurore vermeille
A bigarré les cieux: ça ça qu'on m'appareille

d'ouest] 72X d'Ou-est

Mon arc, que je decoche à ces monstres cornus
Qui dans ces nues là se combattent tous nus.   252
L'Escuyer. Hé quelle resverie a troublé sa cervelle!
Saül. Je veux monter au ciel, que mon char on attelle,
 Et comme les Geants entassants monts sur monts,[13]
 Je feray trebuscher les Anges et Dæmons,   256
 Et seray Roy des Cieux, puis que j'ay mis en fuite
 Mes ennemis, dont j'ay la semence destruite.
L'Escuyer. —Mais que regarde-il?[14] helas qu'est-ce qu'il fait?
 Je le voy tout tremblant, tout pensif, et deffaict.   260
 O quelle face ardente! ô Dieu je te supplie,
 Qu'avecques son sommeil s'en aille sa follie.
Saül, revenant à soy.
 —Mais quel mont est-ce icy? suis-je soubs le réveil
 Ou bien soubs le coucher du journalier Soleil?   264
 Est-ce mon Escuyer, et la trouppe Levite
 Que je voy? qu'ay-je fait, qu'on prend pour moy la fuite?
 Mais qui m'a tout le corps saigneusement noircy?
 D'où sont ces pavillons? quel pais est-ce icy?   268
 Mais dy moy où je suis, mon Escuyer fidele.
L'Escuyer. —Ne vous souvient il plus, ô Sire, qu'on appelle
 Ce mont cy Gelboé, où vous avez assis
 Vostre Camp d'Israël pour marcher contre Achis,   272
 Qui a campé cy pres sa force Philistine,
 Pour du tout renverser vostre Armee voisine,
 Contre qui ja vos Fils avec une grand'part
 Du peuple sont allez hors de nostre rampart,   276
 Pour donner la battaille? or qu'on se delibere,
 Ou d'y pourvoir bien tost, ou d'avoir mort amere,
 Reprenez vostre force et vostre sens rassis,
 A fin que ne soyons proye aux Incirconcis.   280
 Mais vous estes muet et devenez tout blesme.
Saül. Ha ha je sens, je sens au plus creux de moy mesme
 Ramper le souvenir de mes cuisans ennuis,
 Qui rafreschit les maux où abismé je suis,   284
 Je sens dedans le cueur des pensers qui me rongent,
 Et qui dans une mer de tristesses[15] me plongent:
 Aumoins en sommeillant poussé de ma fureur
 Je trompois mes ennuis par une douce erreur.   288

Mais or' que feray-je![16] une fois DIEU me chasse,
Me bannit et forclost de sa premiere grace.
Helas tousjours le vent la grande mer n'esmeut,
Tousjours l'hyver ne dure, et l'air tousjours ne pleut.   292
Tout prend fin,[17] faut-il* donc que ta longue cholere,
O grand DIEU, dessus moy sans cesse persevere?
Je suis hay de toy, et des hommes aussi:
J'ay cent mille soucis, nul n'a de moy soucy: 296
Mais dy l'occasion d'une si grande haine,
Dy la raison pourquoy j'endure telle peine?
Mais helas qu'ay-je fait, qu'ay-je lás merité,
Que tu doives ainsi tousjours estre irrité?   300
L'Escuyer. —Ne vous souvient il plus que DIEU par son
    prophete
Vous commanda un jour de faire une deffaite
Sur tous ceulx d'Amalec, qui nous feirent arrests
Quand nous veinsmes d'Ægypte, et qu'il voulut expres   304
Qu'on n'espargnast aucun, mais quand vous ruinastes
Ce bourg, vous et vos gents de malheur pardonnastes
Au bestail le plus gras, et contre le vouloir
Que DIEU par Samuël vous fit ainsi sçavoir,   308
Tout ne fut mis à sac, ains par grand courtoisie
Au triste Roy Agag vous laissastes la vie,
Plustost que de souiller dedans son sang vos mains?
Saül. —"O que sa Providence est cachee aux humains!   312
Pour estre donc humain j'esprouve sa cholere,
Et pour estre cruel il m'est donc debonnaire!
Hé Sire, Sire, lás! fault il donc qu'un vainqueur
Plustost que de pitié use fier[18] de rigueur,   316
Et que sans regarder qu'une telle fortune
Est aussi bien à luy qu'à ses vaincus commune,
Egorge tant de gents? vault il pas mieux avoir
Esgard à quelque honneur, qu'à nostre grand pouvoir?[19]   320
L'Escuyer. —Gardez de parler, Sire, ainsi sans reverence
Du destin de là haut, et par inadvertance
Un plus grand chastiment du Seigneur n'accroissez,
Mais plustost sa justice humble recognoissez,   324

fin, faut-il] 72X fin. faut-il

Sans accuser ainsi vostre celeste Maistre.
Ne vous souvient il plus de vostre premier estre?
    Songez en premier lieu que vous estes le fils
D'un simple homme des champs qui estoit nommé Cis,[20]   328
Issu de Benjamin, race la plus petite,
Et la derniere encor du peuple Israëlite,
Dont le moindre il estoit. Songez doncques au temps
Que l'un de ses trouppeaux s'esgara par les champs,   332
En revenant au soir sans aucune conduitte,
Et qu'il vous commanda d'aller à la poursuitte.
    Songez qu'aiant long temps par monts, par bois erré,
Sans pouvoir rencontrer le bestail adiré,   336
En fin il vous advint l'adventure fatalle
Qui vous a fait avoir la dignité Royalle,
Car le grand Samuël Prophete et Gouverneur
D'Israël estoit lors atiltré du Seigneur   340
A espier le temps que vous estiez en questes,
A fin que vous aiant dit nouvelles des bestes,
Il vous sacrast le Roy des hommes Hebrieux,
Le premier, et plus grand qui fut jamais sur eux.   344
    Songez qu'aiant le regne il vous a fait acquerre
La victoire en tout lieu qu'ayez mené la guerre.
    Songez premierement que des le premier an
Entra dans vos pais un merveilleux tyran,   348
C'est à sçavoir Naasés le Roy des Ammonites,
Qui bravant fourrageoit vos bourgs Israëlites.[21]
Il estoit si cruel et fier, qu'aux Hebrieux
Qui se rendoient à luy il crevoit l'un des yeux,   352
Et vouloit tout expres n'arracher que l'œil dextre,
Afin que la rondelle[22] empeschant la senestre,
Ils n'eussent plus d'adresse aux armes, pour servir
A la chose publique: il vous doit souvenir   356
Qu'il veint assiëger la ville renommee
De Jabes, qu'un herault apres l'avoir sommee,
Pressa les Citoiens d'adviser promptement,
Ou de se rendre serfs, perdant l'œil seulement,   360
Ou d'attendre le sac et la mort douloureuse,
Et qu'iceux estonnez d'offre si rigoureuse,
Tost despecherent gents vous requerir secours,

Aiant pour cest effect eu tresves pour sept jours :   364
Vous inspiré de DIEU levastes une Armee
Comme vous de vengeance, et d'ardeur enflammee,
Et vinstes courageux delivrer la Cité
D'un siëge, d'un sac, et d'une cruauté,   368
Vous surpristes Naasés, vous fistes un carnage
De luy, de tout son camp, et de tout son bagage,
Ce qui vous donna lors grand' reputation,
Et grand' authorité vers toute nation.   372
    Songez apres au temps que ces Philistins mesme
Armerent contre vous une puissance extréme,
Qui en nombre sembloit le grand sable des Mers,
Et que malicieux destournerent nos fers,   376
Mesmes nos Armuriers, à fin que n'ayants lance
Ny armes, ne peussions leur faire resistance.[23]
    Songez qu'en tel estat, n'estant accompagné
Que d'un camp desarmé et d'un peuple estonné,   380
Vostre seul fils Jonathe avecques son adresse
Hardy vous delivra d'une telle destresse,
N'ayant qu'un Escuyer surprit les ennemis,
Dont il en tua vingt qu'il trouva endormis,   384
Et leur fit tel effroy, que tous prindrent la fuitte,
Jettans leurs armes bas : vous donc à la poursuitte
Accreustes le desordre, et avec leurs cousteaux
Vous les fistes servir de charongne aux corbeaux :   388
Mais au lieu d'honorer Jonathe et sa vaillance,
Il eut presque de vous la mort en recompense,
A cause de ce miel qu'il mangea, sans sçavoir
L'Edict qui defendoit de ne manger qu'au soir.[24]   392
    Et bref, songez un peu à tant d'autres Victoires
Que DIEU vous fit avoir, et qui sont prou notoires.
Doncques pour tant d'honneurs ce bon DIEU merciez,
Et pour si peu de mal point ne l'injuriez,   396
Qui vous a pourchassé de sa benigne grace
Les Sceptres que par fer et par feu lon pourchasse.
Saül. —Je sçay bien qu'aux mortels appeller il ne faut
De son Arrest fatal decidé de là haut,   400
Mais il a maintenant esmeu la Palestine,*

Palestine,] 72 Palestine.

A fin d'executer l'Arrest de ma ruine,
Donc je veux assouvir sa rigueur, et suis prest
De mourir maintenant, puis que ma mort luy plaist.   404
L'Escuyer. —Ne vous desesperez, mais avecques fiance,
Et bon espoir prenez vos maux en patience,
Et vous ramentevez la haine qu'à grand tort
Vous portez à David d'avoir[25] fait mettre à mort   408
Avec toute sa race Achimelec Prophete,
A cause que David fit chez luy sa retraicte,
Et d'avoir[25] deuil dequoy David et Jonathas
S'ayment fidellement.
Saül.   —Mon Fils ne doit il pas   412
Haïr aussi celuy qu'à bon droit je soupçonne
Qu'il ne luy oste un jour l'estat de ma Couronne?
L'Escuyer. —Mais sans tant desguiser les maux qu'avez commis,
Priez Dieu qu'ils vous soient par sa bonté remis,[26]   416
"L'invoquant de bon cœur: à l'heure qu'on l'invoque
"On gaigne sa faveur: mais lors on le provoque
"Au juste accroissement de sa punition,
"Quand on se justifie avec presumption.   420
Saül. —Há ne m'en parle plus, c'est follie d'attendre
Que le Seigneur daignast seulement me defendre,
Veu qu'ores il me hait, car si j'estois aymé
De luy comme devant, il m'eust or informé   424
De ce que je ferois: mais ny par les messages
Des Anges ou Voyans, ny par aucuns presages
Ny par les visions qu'on voit à son sommeil,
Il ne m'en a donné response ny conseil.   428
Samuël, Samuël veritable Prophete,
Qu'ores n'es tu vivant! las que je te regrette,
Car tu me dirois bien ce que faire il me faut.
Mais toy mesmes Seigneur respons moy de là haut: 432
Dois-je aller contre Achis? dois-je les armes prendre?
Le vaincray-je ou non? ou si je me dois rendre?
Que de grace ta voix m'annonce l'un des deux.
Mais puis qu'en te taisant respondre ne me veux,   436
Je ne puis qu'esperer la victoire certaine
Qu'auront tant d'ennemis, et ma honte prochaine.
Je suis tout esperdu pensant qu'ils sont si forts,

Et qu'on n'evitera l'horreur de cent mil' morts. 440
Las depuis que j'ay pris le Royal Diadesme
Le Soleil est venu en son cours quarantiesme,
Et dois-je desormais me r'empestrer au soing
D'une guerre, sur l'aage, où j'ay plus de besoing 444
De paix et de repos?
L'Escuyer.   —Mais laissons ce langage,
Qu'il ne face faillir à nos gents le courage.
Saül. —J'ay l'esprit si confus d'horreur, de soing, d'effroy,
Que je ne puis resoudre aucun advis en moy: 448
Voila pourquoy je veux soigneusement m'enquerre
De ce qu'il adviendra de la presente guerre,
Pour voir à nous sauver ou par honneste accord,
Ou par mort violente, ou par un grand effort. 452
L'Escuyer. —Vous voulez donc sçavoir une chose future?
"Mais on peche en voulant sçavoir son adventure.
Saül. La sçachant on voit comme il s'y fault gouverner.
L'Escuyer. La sçachant pensez vous la pouvoir destourner? 456
Saül. "Le prudent peut fuir sa fortune maligne.
L'Escuyer. "L'homme ne peut fuir ce que le ciel destine.
Saül. "Le malheur nuit plus fort venant à despourveu.
L'Escuyer. "Mais il cuit d'avantage apres qu'on l'a preveu.[27] 460
Saül. Bref je sçauray mon sort par l'art de Negromance.
L'Escuyer. —Mais DIEU l'a defendu: mesme aiez souvenance
D'avoir meurtry tous ceux qui sçavoient ces secrets.
Saül. —Hïer je despechay un Escuyer expres, 464
Pour sonder finement si en quelque village—
Mais le voicy desja qui a fait son message.

Le Second Escuyer

ON m'a, Sire, adverty qu'icy pres est encor'
Une Dame sorciere au lieu qu'on dit Endor, 468
Qui sçait transfigurer son corps en mille formes,
Qui des monts les plus hauts fait devaller les Ormes,
Elle arreste le cours des celestes Flambeaux,
Elle fait les esprits errer hors des tombeaux, 472
Elle vous sçait tirer l'escume de la Lune,[28]
Elle rend du Soleil la clarté tantost brune
Et tantost toute noire en murmurant ses vers,

　　Bref elle fait trembler s'elle veut l'univers.　　　　　476
Saül. Allons nous trois chez elle, et faut quoy qu'il advienne,
　　Que je conduise à chef ceste entreprise mienne,
　　Puis que j'ay par son art à me rendre advisé,[29]
　　Allons pour l'asseurer en habit desguisé.　　　　　　480

Le Chœur des Levites
　　O DIEU qui francs nous rendis
　　Du penible joug d'Ægypte,
　　Et qui aux deserts jadis
　　Nous as servy de conduitte　　　　　　　　　　484
　　Aiant dans l'onde abismee
　　D'un tyran l'ire, et l'armee:[30]
　　　Or de ces incirconcis
　　Delivre ta gent fidelle,　　　　　　　　　　　488
　　Icy leur camp ont assis
　　Pour nous mettre à mort cruelle:
　　Ce sera une grand' honte
　　Si leur force nous surmonte.　　　　　　　　　492
　　　Ils publieront en tous lieux
　　Que ta force est bien petite,
　　Puis que sauver tu ne peux
　　Ton cher peuple Israëlite,　　　　　　　　　496
　　Et d'une telle victoire
　　Ils se donneront la gloire.
　　　Mais nostre punition
　　En un autre temps differe,　　　　　　　　　500
　　Car la grand' subjection
　　Nous donne assez de misere,
　　Estant subjects d'un fol Prince
　　Qui regit mal sa Province.　　　　　　　　　504
　　　Israël donc est lassé
　　De ses premieres demandes,[31]
　　Puis que tu és insensé,
　　O toy, qui premier commandes,　　　　　　　508
　　Et qui encores appliques
　　Ton esprit aux arts magiques,
　　　Que maudit soit l'inventeur*
　　De la Magie premiere,　　　　　　　　　　512
　　Et qui premier Enchanteur
　　Trouva premier la maniere

72 does not set in

D'ouvrir les portes aux choses
Que le Seigneur tenoit closes.   516
 Car vrayëment non moins nuit
Ceste Avant-science à l'homme,
Que le pernicieux fruict
De l'abominable Pomme.   520
Garde, ô Roy, qu'il ne te nuise
De parfaire ton emprise.
 Maudicts soient les Negromans,
Maudictes soient les Sorcieres,   524
Qui s'en vont desendormans[32]
Les umbres aux Cymetieres,
Violant les choses sainctes
Pour venir à leurs attaintes.   528
 Que la curiosité
De ces Devins soit maudicte
Qui à tort la dignité
Des Prophetes contr'imite,   532
En pippant les ames folles
De leurs vanitez frivolles.
 Soit qu'ils devinent par l'air,
Par feu, par terre, ou fumiere,[33]   536
Ou par l'eau d'un bassin clair,
Ou dedans une verriere,
Ou par les lignes des paumes,
Ou par mil autres fantaumes.   540
 Tels furent les Enchanteurs
Que l'Ægypte encore prise,
Et qui vains imitateurs
De ce que faisoit Moyse,   544
Par leurs arts pleins de blasphemes
Faisoient ses miracles mesmes.
 Tels furent ceulx que Saül
Fit mettre au fil de l'espee,   548
Et dont il n'eschappa nul
Qui n'eust la teste couppee:
Mais luymesme (ô grand' follie!)
Il croit ore à la Magie.   552

ACTE TROISIEME

Un Soldat Amalechite, et les Levites

[*Le Soldat.*] EN quel danger de mort, et en quelle surprise
  Ay-je esté ce jourd-huy? qui eust creu l'entreprise?
Les Levites. D'où s'en fuit cestui-cy? d'où luy vient tel effroy?
  Pourquoy regardet-il si souvent derrier soy?   556
Le Soldat. —Suis-je icy en seurté du danger des espees,
  Dont à grand' peine j'ay les fureurs eschappees?
  O David trop heureux de surprendre aujourd'huy
  Ceulx qui t'avoient surpris!
Les Levites.   —Il faut parler à luy.   560
  Mais dy nous qui tu es, et d'où est la venue?
  Est-ce point quelque allarme à noz gents survenue?
Le Soldat. —Je suis Amalechite, et si ne viens point or
  De vostre camp Hebreu qui n'a desastre encor: 564
  Mais je viens lás d'un camp, non plus camp, ains deffaitte,[34]
  Que sur ceux d'Amalec David n'aguere a faicte.
Les Levites. —Quoy? David n'est il pas au camp des ennemis
  Qui l'ont fait chef entre eux?
Le Soldat.   —Ils l'ont en fin démis.   568
  Il est bien vray qu'estant pour la grand' malveillance
  Du cholere Saül tousjours en deffiance,[35]
  Au service d'Achis, comme desesperé,
  (Ainsi qu'on voit souvent) il s'estoit retiré: 572
  Mais les Seigneurs du camp furent d'advis contraire,
  De ne s'aïder point d'un antique adversaire,
  Bien qu'on l'eust appointé, et que du Roy Achis
  Il eust le bourg Sicelle assis dans ces pais,   576
  Ne se pouvant fier à un tel personnage
  Qui ne pourroit complaire à son Roy, qu'au dommage
  De leurs chefs: ce pendant nous autres d'Amalec
  Le sçachants en tel lieu pillons son Sicellec,   580
  Qu'il trouve retournant presque reduit en cendre:
  Mais je ne sçay comment il a peu nous surprendre,
  Car aiants enlevé bestail, femmes, enfans,
  Vers nostre region nous allions triomphans,   584

Lors que voicy David avec ses gents de guerre,
Qui ja loing nous surprend en mangeant contre terre,
Les uns yvres, et las, les autres endormis,
Tant qu'il a ce jourd'huy nos gents en pieces mis.   588
Il reprent le butin: sans plus quatre cents hommes
S'en sont fuis comme moy sur des bestes de sommes.
Les Levites. Voila ce qu'à bon droit vous aviez merité.
Le Soldat. Mais voila comment j'ay ce massacre evité.   592
Les Levites. Mais où veux tu soldat t'en aller à cest' heure?
Le Soldat. Chercher en vostre Camp la fortune meilleure.
Les Levites. —Tu y peus donc aller, car les deux camps sont prests
De se charger l'un l'autre, et sont icy aupres.   596
Voicy avec le Roy vestu d'estrange guize
La Dame Phitonisse. O damnable entreprise!

La Phitonisse, Saül, Le premier et second Escuyer
[*La Phitonisse.*] QUiconques sois, Seigneur, qui viens, comme tu
    dis,
Au secours de mon art d'un estrange pais,   600
Quel tort t'auroy-je fait, que tu viens icy tendre
Un tel laqs à ma vie, à fin de me surprendre?
Es tu donc à sçavoir[36] les cruels chastiments
Qu'a faicts le Roy Saül sur tous les Negromants?   604
Saül. —N'ayes crainte de rien, ô Dame, j'en atteste
Le grand DIEU de là haut, et la vouste celeste,
Que je tiendray ce cas si secret, que le Roy
N'en pourra jamais estre adverty de par moy,   608
Et qu'il ne te fera jamais chose nuisible,
Mais plustost tout honneur, et bien, à son possible.
La Phitonisse. —Je ne veux que le taire[37] en cecy pour loyer.
En quoy doncques veux tu ma science employer?   612
Saül. —Or tu as ma fortune et ma destresse ouye,
Et si doncques tu as de me servir envie,
Fay moy venir icy par charmes et par vers
L'Esprit de Samuël du plus creux des enfers,[38]   616
A fin qu'en ce soudain et important affaire
Il me baille conseil sur ce que je dois faire.
La Phitonisse. —Ce n'est pas le premier que mon merveilleux sort
A rendu esveillé du somme de la mort.   620

Et bien que le Soleil ait la vingtiesme annee
Depuis que ce prophete est defunct, ramenee,
Je ne lairray pourtant de contraindre aujourd'huy
Son Esprit à venir en ce lieu maugré luy,   624
Et ce par mes Dæmons, desquels l'esclave bande,
Forcee de mes vers, fait ce que je commande.
Aiant donc fait icy les invocations,
J'iray faire à l'escart mes conjurations.   628
     [39]O Dæmons tout-sçachants espars dessoubs la Lune,
Si j'ay jamais de vous receu faveur aucune,
Si je vous ay tousjours dignement honorez,
Si je ne vous ay point dans un cerne enserrez,   632
Venez tous obeir à ma voix conjuree:
Vous aussi que je tiens dans ma Bague sacree,
Comme esclaves esprits, si j'ay appris de vous*
Tout ce que j'ay voulu, venez me servir tous: 636
Et vous Diables lesquels fistes au premier homme
Gouster à ses despens de la fatale Pomme,
Vous, gloire des Enfers, Sathan et Belzebus,
Qui faictes aux humains commettre tant d'abus,   640
Et toy Leviathan, Belial, Belfegore,
Tous, tous je vous appelle: et vous Anges encore
Que l'arrogance fit avecques Lucifer
Culbuter de l'Olympe au parfond de l'enfer: 644
Si je vous ay voué des le berceau mon ame,
Si de vous seuls dépend de ma vie la trame,
Venez faire un grand faict, faisant venir d'embas
L'esprit d'un qui faisoit de vous si peu de cas: 648
Monstrez vostre puissance à la semence humaine,
Monstrez si la Magie est une chose vaine:
Le faisant maugré luy, voire maugré son D I E U,
Et les Anges aussi, revenir en ce lieu: 652
Monstrez si vous sçavez contraindre la Nature,
Et si chasque element cede à vostre murmure:
Monstrez que vous pouvez les cieux ensanglanter,
Les Astres, et Phœbus, et la Lune enchanter.   656
Venez donc m'aïder. Ainsi[40] la grand' lumiere
N'illumine jamais la journee derniere,

vous] Ars. GD 8° 1505 vous.

En laquelle icy bas on n'habitera plus,
DIEU damnant les mauvais, et sauvant ses esleus: 660
Ainsi[40] jamais jamais ne vienne ce Messie
Duquel on vous menaçe en mainte prophetie.
    Esprit de Samuël que tardes tu là bas?
Mais quoy? il semble à veoir que tu ne faces cas   664
De mon art, de mes vers, de moy, ny de mon ire.
M'as tu donc à mespris? ne te puis-je donc nuire?
Mais si nostre fureur tu poursuis d'allumer,
Je jure ce grand Dieu, que je n'oze nommer,   668
Qu'à la fin tu viendras, car la haste me presse.
Suis-je donc une vaine et folle enchanteresse?
Ay-je donc desappris tout ce que je sçavois?
Qui t'invoqueroit donc d'une Thessalle voix,[41]   672
Prompt tu obeïrois, et tu ris ma puissance!
Mais de vous, mes Dæmons, si tardifs je m'offense,
Que je peux chastier, s'une fois mon courroux
S'enflambe à vostre dam. Aydez donc, ou je vous—   676
Les Levites.   —Mais où s'en court sans le Roy
           Ceste Dame enchanteresse,
           Qui de murmurer en soy
           Des vers furieux ne cesse,   680
           Et toute dechevelée,
           Où va elle ainsi troublee?
Saül. Helas quelle horreur j'ay! ja tout mon poil s'herisse
Des hurlements que fait leans la Phitonisse,   684
Qui veut faire en secret ses conjurations!
Que t'en semble Escuyer? qu'est-ce* que nous ferons?
En l'oyant bien d'icy je sens dans ma poictrine
Errer un avant-crainte, et le cueur me devine   688
Je ne sçay quel malheur. Lás ostez moy d'icy
Foudres et tourbillons. Mais venir la voicy.
Le I. Escuyer. Sire, que songez vous? voulez vous donc parfaire
Ce que vous sçavez bien estre à DIEU tout contraire?   692
La Phitonisse. Tu m'as donc abusee, ô miserable Roy,
Qui soubs un faulx habit t'es peu celer à moy,
Et duquel à la fin j'ay sçeu toute la feinte.

qu'est-ce] 72 quest-ce

Saül. Je suis tel que tu dis, mais de moy n'ayes crainte.   696
   Qu'as tu veu?
La Phitonisse.   —Un Esprit plein de divinité.
   O qu'en luy reluisoit une grand' majesté!
Saül. Comme est-il?
La Phitonisse.   Il est vieil, d'un port moult venerable,
   Gresle, et tout revestu d'un surplis honorable.   700
Saül. —Va, fais venir celuy à qui tu as parlé,
   C'est Samuël pour vray, lequel m'a decelé.
   Je suis plus que la mer esmeu quand pesle-mesle
   La tourmentent les vents, la tempeste et la gresle.   704
   Mais quelle frayeur j'ay, que mes pauvres Enfans
   Du Combat où ils sont ne viennent triomphans!
Le I. Escuyer. —Las qu'est-ce que je voy? bon Dieu quelle
   merveille!
   Quel fantosme est-ce là? Song'ay-je,[42] ou si je veille?   708
   Est-ce donc Samuël que luysant en blancheur
   Ceste Sorciere améne? ô que j'ay de frayeur!
Les Levites. Permettez vous cecy, ô Dieu, ô Ciel, ô Terre!
La Phitonisse. —Sire, il ne reste plus que maintenant s'enquerre   712
   De ce que lon voudra, car je vas redoubler
   Mes conjurations pour le faire parler.
Les Levites. —La voyla qui encor regroumelle à l'oreille
   De ce dolent Esprit qui encor ne s'esveille   716
   Par ses murmures vains. Que n'as-tu obscurcy
   Tes rayons, ô Soleil, en voyant tout cecy?
   O qu'on luy fait souffrir! mais le Seigneur celeste
   Qui tel art tout contraire à sa grandeur deteste,   720
   Cecy ne peult permettre.
La Phitonisse.   —Or ça vien derechef,
   Et sans nous faire icy des signes de ton chef,
   Dy nous d'un parler vif ce que le Roy doit faire,
   Et si ses trois Enfans du combat militaire   724
   Viendront vainqueurs, ou non.
Les Levites.   —Lás une froide peur
   Serre si fort du Roy la voix, l'ame, et le cueur,
   Qu'il ne sçait or par où commencer sa requeste,
   Mais, le genouil en terre, il encline sa teste   728
   Devant la majesté de ce vieillard si sainct,

Qui secouant le chef, d'un parler tout contrainct
Va rompre son silence.
L'Esprit de Samuël. —O mauditte Sorciere,
  Pourquoy me fais-tu veoir deux fois ceste lumiere? 732
  Faulse Sorciere, helas, qui par vers importuns
  Vas tourmentant tousjours les esprits des defuncts,
  Qui desseches tousjours par ton faulx sorcelage,
  Les vaches et les bœufs de tout le voisinage, 736
  Qui effroyes tousjours au son de quelque sort
  Les meres lamentans de leurs enfans la mort,
  Uses-tu donc vers moy de magique menace?
  Et toy Roy plus maudit, as-tu bien pris l'audace 740
  De troubler le repos aux esprits ordonné,
  Veu qu'encores je t'ay d'autrefois pardonné?[43]
Saül. —Pardonné moy encor Prophete venerable,
  Si la necessité et l'estat miserable 744
  Où je suis, me contraint de rompre ton sommeil,
  A fin qu'en mon besoing j'aye de toy conseil,
  Or sçaches qu'il y a cy pres une tempeste
  De Philistins armez pour foudroyer ma teste, 748
  Les Prophetes et DIEU, le Ciel, la Terre, et l'Air,
  Conjurants contre moy, je t'ay fait appeller.
Samuël. —Si DIEU, la Terre, et l'Air conjurent ton dommage,
  Pourquoy me cherches tu? que veux-tu d'avantage, 752
  Si par m'estre importun tu ne peux reculer
  Aux maux qu'il pleut à Dieu par moy te reveler?
  Mais tu veux, adjoustant offense sur offense,
  Que je prononce encor ta derniere sentence. 756
    Sçaches doncques, que DIEU est ja tout resolu
  De bailler ton Royaume à un meilleur Esleu,
  C'est David dont tu as par ta maligne envie
  Tant de fois aguetté la juste et droitte vie: 760
  Mais tes faicts sur ton chef à ce coup recherront,
  Car ton Regne et ta vie ensemble te lairront.
  Tantost[44] au bas enfers je te verray sans doubte,
  Toy, et ton peuple aussi qu'Achis doit mettre en route. 764
  Par ainsi tes enfans seront pour tes forfaicts
  Tantost avec leurs gens ruinez et deffaicts.
    [45]Encor apres ta mort toute ta race entiere

Rendra compte au Seigneur de ta vie meurtriere,   768
Car tes Fils, tes Nepveux, et ton genre total,
Avec mille malheurs verront leur jour fatal.
Par trahison les uns recevront mort piteuse,
Et le reste mourra en une croix honteuse: 772
Et le tout pourautant qu'à la divine voix
Obeï tu n'as point ainsi que tu devois,
Qu'executé tu n'as sa vengeance dépite,
(Comme je t'avois dit) contre l'Amalechite.   776
Les Levites.   —Voyla l'esprit de Samuël
                        Qui, au somme perpetuel
                        Aiant ses yeux clos lentement,
                        Est disparu soudainement.   780
Saül. O le piteux confort à mon mal qui rengrege![46]
        O quel crevecueur j'ay! retenez moy, je—je—je—
Les Levites.   —O que maintenant est le Roy
                        En un merveilleux desarroy,   784
                        Lequel git tout évanouy
                        Pour le propos qu'il a ouy.
La Phitonisse. —Mon triste cueur tu fends d'une douleur extreme
        O Roy plus malheureux que la misere mesme!   788
        Mais revien t'en un peu, vers chascun monstre toy
        Non point femme, mais homme, et non homme, mais Roy.
        "Le cry, le pleur oisif, et la complainte vaine,
        "Ne font que plus en plus augmenter nostre peine.   792
Saül. —O grandeur malheureuse, en quel gouffre de mal
        M'abismes-tu helas, ô faulx degré Royal!
        Mais qu'avois-je offensé quand de mon toict champestre,
        Tu me tiras, ô DIEU, envieux de mon estre,   796
        Où je vivois content sans malediction,
        Sans rancueur, sans envie, et sans ambition,
        Mais pour me faire choir d'un sault plus miserable,
        D'entree tu me fis ton mignon favorable,   800
        (O la belle façon d'aller ainsi chercher
        Les hommes, pour apres les faire trebuscher!)
        Tu m'allechas d'honneurs, tu m'eslevas en gloire,
        Tu me fis triomphant, tu me donnas victoire,   804
        Tu me fis plaire à toy, et comme tu voulus
        Tu transformas mon cueur, toy-mesme tu m'esleus,

Tu me fis sur le peuple aussi hault de corsage,[47]
Que sont ces beaux grands Pins sur tout un païsage,   808
Tu me fis sacrer Roy, tu me haulsas expres
A fin de m'enfondrer en mil malheurs apres!
Veux-tu donc (inconstant) piteusement destruire
Le premier Roy qu'au monde il pleut à toy d'eslire!   812
La Phitonisse. —Pren espoir, ta douleur, qui à compassion
Pourroit flechir un Roc, un Tigre, ou un Lion,
Peut estre flechira Dieu qui est pitoyable.
Saül. —O que cest heure là me fut bien miserable,   816
Quand de mon toict j'allay chercher quelque bestail!
On m'attiltra bien lors tout ce malheur Royal,
Qui fait que mon vieil heur à present je regrette!
Mais pourquoy changeat-on ma paisible houlette   820
En un sceptre si faulx, si traistre, et si trompeur!
La Phitonisse. —Hé Sire, Sire, oublie (en m'oyant) tout ce pleur,
Tu sçais que j'ay esté moy ton humble servante,
A tes commandements n'agueres obeissante: 824
Tu sçais que j'ay pour toy mis ma vie en hasart,
Qu'à toy ont esté prompts mon labeur et mon art.
Si donc à ta parole en tout j'ay esté preste,   828
Ores ne m'esconduy d'une seule requeste:
Fay moy ceste faveur d'entrer chez moy, à fin
De te renforcer mieux en y prenant ton vin,
Le Soleil te void vuide et à jeun à cest' heure.   832
Saül. Que je mange pour vivre, et Dieu veut que je meure!
Ha je luy complairay!
La Phitonisse.   —Mais pour desplaire au sort
Mange plustost pour vivre, et puis qu'il veut ta mort.
Saül. —Mais par la faim au moins pourront estre finees   836
Et mes longues douleurs et mes longues annees.
La Phitonisse. —O vous ses serviteurs taschez à le flechir
Pour le faire chez moy quelque peu rafreschir.
Saül. —Celuy ne doit manger à qui la mort est douce.
Mais où est-ce qu'ainsi maugré moy lon me pousse?   840

Les Levites
LAS ô Roy que t'a profité
D'avoir contre DIEU suscité

Du mort Prophete le sommeil
Pour luy demander son conseil?   844
   La faim, le long jeune, et l'horreur
De ta mort proche avec la peur
Ont affoibly tes sens si fort,
Qu'on te méne helas comme mort.   848
   Quelle pitié! quel crevecueur!
Hé Dieu que sa dure langueur,
Sa misere et sa passion
Nous donne de compassion!   852
   O qu'il nous fait grande pitié,
Ne degorgeant point la moitié
De mil et mil soupirs ardens
Qu'il retient cachez au dedens!   856
   O que dur est l'Arrest cruel
Prononcé par toy Samuël!
Tu as à luy et à ses fils
Un trespas malheureux prefix.   860
   Est il au monde un tel tourment
Que sçavoir l'heure et le moment
De la mort qui nous doit happer
Sans que nous puissions l'eschapper?   864
   Que fera maintenant le Roy
En tel trouble et en tel effroy?
Quel remede tant soit subtil
A sa dure mort aura il?   868
   Son futur trespas quel qu'il soit
D'un bon exemple servir doit*
De ne prattiquer un tel art
A tel pris et à tel hazart.   872
   Ne sçavoit il pas bien que DIEU
L'avoit au grand peuple Hebrieu
Par Moyse assez defendu?
Ha pauvre Roy que songeois-tu!   876
   Ne sçavois tu la dure fin
Qu'eut celuy qui en son chemin
Fut empesché, non sans danger,
Par le celeste messager?ᵃ⁴⁸   880
   Mais puis que tout seul tu ne meurs
On n'en doit tant faire de pleurs

ᵃ Balaam.
doit] 72 doit.

Qu'on n'aye de ton Peuple ennuy,
Qui doit lás mourir aujourd'huy!   884
    O DIEU quels pechez, quels forfaicts
Si horribles avons nous faicts,
Pour lesquels souffrir nous deussions
Si horribles punitions?   888
    Faut-il donc que ton peuple amy
Soit la proye de l'ennemy,
Et que son corps paisse inhumé
Le loup ou le chien affamé?   892
    Fais tu cela pour esprouver
Si nous sommes au temps d'hyver
Aussi paisibles et contents,
Comme alors que rit le printemps?   896
    S'il est ainsi ne murmurons
Mais patiemment endurons
Tout cela qui vient de sa main,
Soit rigoureux ou soit humain.   900
    Le Roy est donc l'occasion
De ceste malediction,
Et du desastre universel,
Qui doit accabler Israël.   904
    Lás ô Roy que t'a* proufité
D'avoir contre DIEU suscité
Du mort Prophete le sommeil,
Pour luy demander son conseil!   908

ACTE QUATRIEME

Saül, Un Gendarme se sauvant de la battaille,
Le premier et second Escuyer

Saül. TU m'as doncques, Seigneur, tu m'as donc oublié,
Donc en ton cueur seellee est ton inimitié
D'un seau de diamant,[49] plus doncques tu ne m'aimes,
Tu eslis donc des Roys de mes ennemis mesmes: 912
Et bien ayme les donc et favorise les:
Mais je vas, puis qu'ainsi en mes maulx tu te plais,
Finir au camp mes jours, mon malheur et ta haine.
Mais que veut ce Gendarme accourant hors d'haleine? 916

t'a] 72 ta

Le Gendarme. —Sire, tout vostre camp par les Incirconcis
  Est rompu et deffait, et vos trois Fils occis.
Saül. —Mes Enfans sont occis! ô nouvelles trop dures!
  O qu'en briefs mots tu dis de tristes adventures!   920
  Vrays doncques sont les dicts du sage Samuël!
  O DIEU, s'il m'est permis de t'appeller, cruel!
  Mes gens et mes Fils morts! mais conte moy la sorte:
  D'escouter son malheur le chetif se conforte.[50]   924
Le Gendarme. —Vous sçavez, Sire, assez que le superbe Achis
  Pres ce mont Gelboé son camp avoit assis,
  Et que vos Fils suivis du peuple Israëlite
  S'estoient si pres campez au champ Jezraëlite: 928
  Or comme ce jourd'huy pour tousjours approcher
  L'ennemy nous venoit sans cesse écarmoucher,
  Voz Fils nous donnants cœur attaquent de furie
  L'ecarmouche, et s'en est la battaille ensuivie: 932
  On n'oit que cris, que coups, et que chevaux hennir,
  On voit le prochain fleuve en pourpre devenir,
  On ne voit que choir morts, on n'oit qu'Allarme, Allarme,
  On voit tout pesle-mesle et soldat et gendarme,   936
  Chacun par sa finesse et vertu se deffend:
  L'un vainq, l'autre est vaincu, et l'autre est triomphant.
  Là fortune long temps tint sa ballance egalle:
  Mais apres, ô malheur! soit que l'ire fatalle   940
  Du ciel nous ait causé ce sort malencontreux,
  Ou que nous n'estions pas assez de gents contre eux,
  Nous vinsmes peu à peu reculler en arriere.
  Incontinent voz Fils par menace et priere,   944
  Et par nous remonstrer incitent nostre cœur
  A reprendre sa place et premiere vigueur,
  Et pour nous faire avoir plus de force et prouësse
  Ils fendent courageux des ennemis la presse   948
  Avec leur vaillant bras: mais estant à la fin
  De la foulle accablez, cederent au Destin,
  Et ja de voz enfans il ne restoit à l'heure,
  Que Jonathe, lequel sentant mainte blesseure,   952
  Sans vouloir se sauver, sentant son sang saillir,
  Sentant non le courage ains sa force faillir,
  Il rendit l'ame au ciel par ses faicts heroiques

Entre mille fers nuds, et entre mille piques,   956
Et dans son poing aiant encor son coutelas,
Et les sourcils dressez[51] il tombe mort, helas,
Sur le lieu qu'il avoit de morts pavé n'aguere.
Saül. —O lamentables Fils, ô defortuné Pere!   960
Fault-il que dessus vous tombe le triste fais
Des pechez et des maux que vostre pere a faicts!
Le Gendarme. —Adonc voyant leur mort nous prenons tous la fuitte,
Car qui eust peu durer contre une telle suitte   964
De gents comme ils estoient? les uns donc sont destruis
Et le reste captif hors ceux qui s'en sont fuis.
Voicy les ennemis lesquels apres moy viennent
Qui vous mettront à mort si jusqu'à vous parviennent: 968
Quant à moy je m'en vas me sauver quelque part.
Saül. —Que je m'en fuye donc? ou que je sois couhart!
Venez venez plustost mes ennemis me prendre,
Et que le mesmes fer lequel a fait descendre   972
Mes Enfans aux Enfers, mes jours vienne achever,
Venez vostre fureur en mon sang dessoiver.
    Helas apres mes Fils, moy meschant dois-je vivre?
Ne les devois-je pas plustost au combat suivre?   976
Pourquoy vivrois-je plus estant de DIEU hay,
Estant de mille maulx tous les jours envahy?
Mourons, car par ma mort doit estre du Prophette
La dure prophetie entierement parfaicte.   980
    Mourons, mourons: et toy mon Escuyer loyal,
Qui m'as servy tousjours en mon bien, en mon mal,
Je te pry par l'amour que tu dois à ton Maistre,
Et par la loyauté qu'en toy je cognois estre,   984
Fay moy ce dernier bien, si ton feal desir
Continue tousjours à me faire plaisir:
De grace vien m'occire, et delivre ma vie
Du mal insupportable où elle est asservie: 988
Voila mon sein, ma gorge, et par où tu voudras
Je suis prest d'esprouver la roideur de ton bras.
Le I. Escuyer. —Lás, que voulez vous faire? ô la bonne nouvelle
Qu'auroit Achis, sçachant que ceste main cruelle   992
Vous eust chassé du corps la vie qui deffend
Qu'il n'est pas dessus nous comme il veut triumphant.

Il sçait bien que tousjours il n'aura la victoire
Sinon par vostre mort: aussi est il notoire   996
Que vous nous pourrez bien tousjours remettre sus:
Mais lás si vous mourez nous serons tous deceus
D'espoir, et servirons au Palestin inique.
Vivez donc non pour vous, mais pour le bien publique.   1000
    Vous pourrez bien tousjours revaincre et battailler,
Mais nostre fil couppé ne se peut refiler.
L'homme sage jamais son trespas ne desire.
Helas seroit il bon qu'on allast vous occire,   1004
Et qu'apres vostre corps à mil hontes subject,
Fust devoré des chiens et des bestes de Geth,
Et que vostre despouille en ce lieu rencontree
Rendist la Deité d'Astarot honoree?[52]   1008
Saül. —Mes Fils sont morts pour moy, dois-je estre paresseux
Et laschement ingrat à mourir apres eux?
Dois-je doncques avoir pompeuse sepulture,
Et les pauvres Enfans seront aux chiens pasture?   1012
Et la pitié peut estre emouvera quelqu'un
De nous ensepvelir dans un tombeau commun,
Ou si les ennemis leur font ignominie,
Je leur feray par tout fidelle compaignie: 1016
Au moins ne dois-je pas soustenir leur meschef?
Doncques de me tuer je te prie derechef.
Le I. Escuyer. —Il ne fault point qu'ainsi vostre vertu succombe,
Ny que du premier choc de Fortune elle tombe: 1020
Et si vous n'estes point des ennemis vainqueur,
La fortune vainquez d'un magnanime cueur.
Saül. —O que le Ciel m'eust fait de faveurs liberalles
Si je n'eusse gousté de ces douceurs Royalles,   1024
Et que j'eusse tousjours chez mon pere hors des flots
Et des escueils du sort vescu seur en repos!
Mais maintenant, ô DIEU, ces grandeurs je dépite,
Je remets en tes mains ma couronne mauditte,   1028
Dont tu m'as fait avoir le miserable honneur,
Sans l'avoir pourchassé,* comme tu sçais, Seigneur.
Heureuse et plus qu'heureuse est la basse logette,[53]
Qui n'est jamais aux vents ny aux foudres subjecte!   1032

pourchassé] Bib. Nat. Rés. Yf. 3964 and Ars. Rf. 1354 pour chassé

Le I. Escuyer. —J'estimerois plustost celuy trois fois heureux
 Qui s'est desenfouy du peuple tenebreux,
 Et de la sotte tourbe, à celle fin qu'il aye
 Un eternel renom par une vertu vraye: 1036
 Comme vous qui avez hors du vulgaire obscur
 Esclarcy vostre nom à tout aage futur,
 Et gaigné par vos faicts une eternelle gloire,
 Dont le siecle à venir ne rompra la memoire.   1040
Saül. —Helas moy qui devant n'avois aucun defaut,
 Le sort m'a eslevé pour tomber de plus haut,
 Car en tout l'univers nul homme ne se treuve
 Qui sente plus que moy de ces faulx tours l'épreuve.   1044
Le I. Escuyer. —DIEU sans cesse ne donne aux justes leur
  souhait,
 Ains par fois les chastie, et pourtant ne les hait.
Saül. DIEU voudroit donc aux siens faire ennuy et dommage?
Le I. Escuyer. Non autrement sinon pour sonder leur courage, 1048
 Ainsi qu'on vit jadis qu'Abram il esprouva,
 Et nostre vieil Ayeul,[54] qui joyeux retrouva
 Son Joseph plein d'honneurs: mais durant leur destresse,
 Durant qu'ils halletoient soubs le dur joug d'angoisse,   1052
 Et durant leur fortune, estoient contre son choc
 Plus durs que n'est en Mer contre les vents un Roc:
 Ainsi ne vous laissez abbattre à la Fortune,
 Esperez que tousjours viendra l'heure opportune,   1056
 Et maistrisant constant l'inconstance du sort,
 Monstrez que vrayement vous estes d'un cueur fort,
 DIEU (peut-estre) voiant vostre constance ferme,
 Bening vous fera veoir de voz travaux le terme.   1060
Saül. —Arriere espoir, arriere, une mort tost sera
 Celle qui de mes maux le but terminera.
Le I. Escuyer. Mais sçachant vostre mort fuiez l'heure mortelle.
Saül. Mais je veux magnanime aller au devant d'elle.   1064
Le I. Escuyer. Ha pourquoy voulez vous l'esperance estranger?
Saül. Pour ce qu'elle ne peut dans mon Ame loger.
Le I. Escuyer. Vous aurez la Fortune une autrefois meilleure.
Saül. —O malheureux celuy qui sur elle s'asseure.   1068
 Par ainsi je te pry derechef, derechef,
 Par ton poingnart fay moy sauter du corps le chef,

Ainsi semblable deuil tourmenter ne te puisse,
Ainsi un meilleur Roy apres moy vous regisse.   1072
Je crains qu'avec un ris ce peuple incirconcy,
Ne remporte l'honneur de me tuer icy.

Le I. Escuyer. Que ce grand DIEU plustost escarbouille ma teste
De son foudre éclattant, avant que je m'appreste   1076
De toucher vostre chef, que DIEU a eu si cher,
Que mesmes l'ennemy ne l'a osé toucher.*

Saül. —Es tu donc scrupuleux? mais dequoy as tu crainte,
Si tu m'es impiteux par une pitié feinte?   1080
Bien bien puis que si fort de m'occire tu feins,
J'emploiray contre Achis et contre moy mes mains:
Je vas rallier gens et leur donner courage,
Je vas sur l'ennemy faire encor quelque charge: 1084
Je ne veux abbaissant ma haute majesté,
Eviter le trespas qui prefix m'a esté:
Je veux donc vaillamment mourir pour la patrie,
Je veux m'acquerir gloire en vendant cher ma vie,   1088
Car aiant furieux maint ennemy froissé,
Ma main, et non mes pieds (si je reste forcé)
Me fera son devoir.

Le I. Escuyer.   —Lás de frayeur je tremble.
Vous voulez vous tuer?

Saül.   —J'oy, j'oy mes Fils, ce semble,   1092
Qui m'appellent desja: ô mes Fils je vous suy,
Je m'en vas apres vous.

Le I. Escuyer.   —Déa où s'est il fuy?
Soit qu'il veuille mourir, ou soit qu'il veuille vivre,
Allast-il aux enfers, par tout je le veux suivre.   1096
Voudroit il donc combattre et puis apres mourir?
Je ne le lairray point, quoy qu'il veuille courir.

Le Second Escuyer. O Roy tu monstres bien ton cueur estre
    heroique
De prevenir ta mort pour la chose publique,   1100
Sans la vouloir fuir: ô Prince vrayment fort,
Qui vas en la battaille, où tu sçais qu'est ta mort!
    Ceux qui vont en la guerre esperant la victoire
Meritent moins que luy et d'honneur et de gloire,   1104

toucher] **72** touher

Lequel sçachant mourir contre le Palestin,
Court neantmoins hardy au devant du Destin.
   Vous Roys aimants l'honneur, venez icy apprendre[55]
Combien pour la Patrie il vous faut entreprendre,   1108
Mesprisants les dangers et le certain trespas.
Quant à moy je suivray ce Prince pas à pas,
Quand je debvroy mourir d'une playe honorable,
Afin d'en rapporter nouvelle veritable.   1112

Les Levites

O Roy cent fois malheureux,
Es tu bien si rigoureux
A toy mesme, et si rebelle
Que tourner ta main cruelle   1116
Contre toy mesmes, à fin
D'importuner ton Destin?
As tu donc le cueur si lasche
Que supporter il ne sçache   1120
Les malheurs communs à tous?
Doncques veux tu par courroux,
Par desespoir ou manie,
Rompre à force l'harmonie   1124
Que DIEU a formee en toy,
Veu qu'il n'est rien à la loy
"De Nature si contraire,
"Que son chef-d'œuvre deffaire?   1128
"Pource, l'ame jointe au corps
"Ne doit point saillir dehors,
"Si DIEU, qui dans nous l'a mise,
"N'a son issue permise: 1132
"Ainsi comme le soldart,
"Sur peine de mort, ne part
"Du lieu où la guerre on meine,
"Sans congé du Capitaine.[56]   1136
  Mais, mais fuyons[57] de ces lieux
Qui nous seront ennuyeux
Et à jamais execrables,
Fuyons ces lieux miserables,   1140
Sus qui ce jourd'huy sont morts
Tant de gens vaillants et forts.
Mais quelle chose, ô Gendarmes,
Qui estes morts aux Allarmes   1144

Pour nous, aurez vous en don
De nous pour vostre guerdon?
Sinon des pleurs et complaintes
Des soupirs et larmes saintes,   1148
Telles que font les Parents
Sus leurs heritiers mourants.
Donc ô valeureux Gendarmes
Qui estes morts aux Allarmes,   1152
(Puis que nous n'avons loisir
Vous faire plus de plaisir)
Recevez de nous ces plaintes,
Ces soupirs, ces larmes sainctes,   1156
Telles que font les parents
Sur leurs heritiers mourants.

ACTE CINQUIEME

Le Soldat Amalechite

QUelle pitié d'une gent déconfite!
Quelle pitié de voir un peuple en fuite,   1160
De voir les chiens qui se paissent des corps,
De voir les champs tous couverts d'hommes morts,
De veoir les uns qui respirent encore,
Comme on peut voir au camp d'où je viens ore,   1164
Et d'où j'apporte un precieux butin,
Comme y estant couru à ceste fin.
    Quelle pitié d'y voir la folle gloire,
De ceux qui ont d'autre costé victoire,   1168
Et d'y voir mesme Achis comme au milieu
Blasphemer (las!) contre Saül et DIEU,[58]
D'y voir le cry, le bruit, et l'allegresse
Qu'il fait autour de son feu de liesse,   1172
Criant qu'il est de Saül aujourd'huy
Victorieux, maugré son DIEU et luy,
Et qu'inutile au Ciel ce Dieu reside,
Puis que son peuple et son Oinct il n'aïde,   1176
Et qu'il appert qu'il n'est, qu'il n'est pas tel
Qu'un Astarot, et pource à son Autel

Appendre il veut les armes et la teste
Du Roy Saül en signe de conqueste.   1180
Qu'est cestuy cy? c'est ce David Hebrieu,
Qui vient du bourg de Sicelle en ce lieu,
Victorieux, car il vient de deffaire
Mes Compagnons dont* j'eschappay n'aguere: 1184
Taisant cela, je luy vas presenter
Ce qu'à Saül je viens courant d'oster,
A celle fin que des dons il me face,
Ou pour le moins que je sois en sa grace.   1188
Il vient à point, car d'un parler menteur
Je me feindray du Royal meurtre autheur.⁵⁹

David, et ce Soldat Amalechite
[*David.*] A La parfin la gent Amalechite
A la parfin a esté déconfite,   1192
Elle a senty quelles sont nos valeurs.
Ainsi, ainsi advienne à tous voleurs.
Mais qui pourroit te rendre dignes graces
De tant de biens que sur moy tu amasses,   1196
O eternel, qui tousjours me soustiens?
Mais qui es tu qui devers moy t'en viens?
Le Soldat. —Je suis, Seigneur, soldat Amalechite,
Qui m'en viens or du Camp Israëlite,   1200
Vous supplier de recevoir (de moy
Vostre vassal) la Couronne du Roy.
David. —Lás! de quel Roy?
Le Soldat.   Du Roy vostre Beau-pere,
Et vostre hayneux, lequel est mort n'aguere   1204
En la battaille en laquelle au jourd'huy
Tout Israël est mort avecques luy.
Là se voyant chargé de mainte playe,
En vain panché sur son glaive il essaye   1208
A se tuer, et comme il ne peust lors
Pour sa foiblesse outrepercer son corps,
M'appercevant et aiant sceu mon estre,⁶⁰
Il me pria d'aïder à sa dextre,   1212
De peur, dit il, que je ne sois icy
dont] 72 d'ont

Rencontré vif de quelque incirconcy,
Lequel me prenne et dessus moy exerce
Sa tyrannie et cruauté perverse: 1216
Alors voyant en quel mal il estoit,
Et quelle angoisse au cueur il supportoit,
Voyant aussi l'ennemy le poursuivre
De telle ardeur qu'il ne pouvoit plus vivre,   1220
Je le tuay, et trebuscher le feis
Dessus le corps de Jonathe son fils.
David. —Saül est mort! lás est-il bien possible!
O grand malheur! ô Fortune terrible!   1224
Je ne veux plus vivre apres Monseigneur,
Dont j'ay receu tant de bien et d'honneur!
Le Soldat. —Mais qui vous fait ainsi voz habits fendre,[61]
Veu qu'on l'a veu souvent les armes prendre   1228
Encontre vous?
David.   —C'estoit l'Esprit maling
Qui l'affligeoit, car il n'estoit enclin
De sa nature à telle chose faire,
Et ne fut oncques[62] un Roy plus debonnaire.   1232
Le Soldat. C'estoit helas, vostre ennemy mortel.
David. —Jamais jamais je ne l'ay tins pour tel:
Mais toy meschant, n'as tu point eu de crainte
D'ozer toucher celuy que l'huyle sainte   1236
Avoit sacré? as tu sans plus voulu
Meurtrir celuy que DIEU nous a esleu?
Veu que moy-mesme estant mon adversaire,[63]
Je ne l'ay fait quand je le pouvois faire?   1240
Et tu l'as fait, estant comme tu dis
Amalechite et d'estrange pays?
Le Soldat. —Sire il estoit en une telle presse
De Philistins, et en telle destresse,   1244
Qu'il fust en brief de la vie privé,
Par l'ennemy ou par luy captivé,
Où il se fust tué de sa main mesme,
Pour mettre fin à ses peines extrémes.   1248
Moy donc piteux je feis grace à ses mains,
De ne toucher à leurs membres germains.
David. —Sus sus Soldats, empoignez le sur l'heure,

Et le tuez, je veux, je* veux qu'il meure.   1252
Le Soldat. —Qu'ay-je commis pour estre ainsi puny?
David. Pour t'estre au sang du Christ divin honny.
Le Soldat. —Mais dois je donc souffrir la mort cruelle
    Pour la douleur d'une simple nouvelle?   1256
    Je ne l'ay fait ny par inimitié
    Que j'eusse au Roy, ny par ma mauvaistié,
    Sinon à fin que plaisir je luy feisse,
    Et vostre grace aussi je desservisse.   1260
David. —Tu parle' en vain.
Le Soldat.   —Helas, je vous requiers
    Par ce grand DIEU Pere de l'univers,
    Humble pardon, ainsi chascun vous prise,
    Et le Seigneur ainsi vous favorise,   1264
    Et dans vos mains le sceptre en bref tombé
    Dessoubs vos loix rende un chascun courbé.
    Non, non je n'ay, (ce grand Seigneur j'en jure)
    Fait à l'Enfant de Cis aucune injure: 1268
    Il s'est occis, soy-mesmes s'est souillé
    Dedans son sang, et meurtry je ne l'ay.
David. —O malheureux qui tes fautes allonges,
    Et par mensonge excuses tes mensonges!   1272
Le Soldat. Mais mon mentir ne cause point de maulx.
David. "Il n'est rien pis que les mensonges faulx.
Le Soldat. —"Bien, j'ay failly: mais quoy, dessus la terre
    "Est il aucun qui aucunefois n'erre?   1276
David. Il faut, il fault ces vains propos laisser.
Le Soldat. —Mais je ne pense en rien vous offenser:
    Si toutefois vous y trouvez offense,
    Usez vers moy de douceur et clemence.   1280
David. —Tu pers ton dire.
Le Soldat.   —Et combien qu'il ne serve,
    Si ne mouray-je avec la langue serve:
      O cruel homme, incivil, rigoureux,
    Qui dans l'horreur d'un antre tenebreux   1284
    As resucé d'une fiere Lionne
    Avec le laict sa rage plus felonne.

tuez, je veux, je] 72 tuez. je veux je

Meschant, pervers, je ne croy que tu sois
Celuy qu'on dit en tous lieux si courtois,   1288
Mais j'ay espoir que ceste tyrannie
A la par fin ne sera impunie.
Je pry que DIEU, qui voit tout de son œil,
Le Foudre sien darde sur ton orgueil,   1292
Et s'il advient par le Destin celeste
Que tu sois Roy, que la Faim, que la Peste,
Et que la Guerre infectent tes païs,
Que contre toy s'arment tes propres Fils.[64]   1296
David. —Va, va meschant saluër la lumiere
Qu'ores tu vois, et qui t'est la derniere:
Et vous amys avec vostre poingnart
Qu'on me l'envoye abboyer autre part: 1300
Tombe sur toy ce sang, et cest outrage,
Aiant porté contre toy tesmoignage.

Le Second Escuyer, et David
[*Le Second Escuyer.*] O Deconfort! ô quel Prince aujourd'huy
Tu as perdu Israël plein d'ennuy!   1304
Ha Sort leger, flateur, traistre et muable,
Tu monstres bien que ta Rouë est variable!
Puis que celuy que tu as tant haussé,
Est tellement par toy-mesmes abbaissé: 1308
Je dis Saül, que de rien tu feis estre
Un Empereur, et presque un DIEU terrestre,
Tant qu'il sembloit aux Estoilles toucher:
Mais maintenant tu l'as fait trebucher   1312
Du haut en bas, et soymesmes occire,
A fin qu'il vist et luy et son empire
Cheuts en un jour, tant que l'infortuné
Pis que devant est en rien retourné!   1316
"   O pauvre Roy tu donnes bien exemple,
"Que ce n'est rien d'un Roy, ny d'un Regne ample!
"Tu monstres bien, qu'on ne doit abboyer
"Aux grands Estats, ny tant nous employer   1320
"A mendier l'honneur de Tyrannie,
"Puis que cela t'a fait perdre la vie!
Mais n'est-ce pas David qu'icy je voy,

Tenant des-ja la Couronne du Roy? 1324
Comme il l'œillade!
David. —"O Couronne pompeuse!
"Couronne, helas, trop plus belle qu'heureuse!
"Qui sçauroit bien le mal et le meschef
"Que souffrent ceux qui t'ont dessus le chef, 1328
"Tant s'en faudroit que tu fusses portee
"En parement, et de tous souhaittee
"Comme tu es, que qui te trouveroit,
"Lever de terre il ne te daigneroit. 1332
    Mais voicy l'un des gents du Roy, peut estre
Qu'il sçait comment il va du Roy son Maistre,
Et comme on a deffait au vray les siens.
Hâ triste amy d'où est-ce que tu viens? 1336
Le II. Escuyer. —Du Camp, helas!
David. —Et bien, quelle nouvelle?
Le II. Escuyer. —Le Roy est mort d'une mort bien cruelle.
Car il n'a sceu trouver oncq des bourreaux
Pour luy finir et ses jours et ses maux, 1340
Et a fallu que de sa main propice
Luy-mesme ait fait ce pitoyable office.
David. —Dis-tu qu'il s'est de luy-mesmes deffaict?
O la pitié! mais conte moy ce faict. 1344
Le II. Escuyer. —Estant venu n'aguere sur l'issue
De la bataille, et la voyant perdue,
Et ses fils morts, d'un magnanime cueur
Il s'avisa de laisser au vainqueur 1348
Par ses haults faicts une victoire amere.
Il s'en court donc, et donne de cholere
Dans l'ennemy, qu'il fausse vaillamment:
Et comme on voit un Lion escumant 1352
Tuer, navrer, et faire un prompt carnage
D'un bestail seul qui paist en quelque herbage,
Ainsi j'ay veu ce furieux Saül
Casser, froisser, rompre, et n'espargner nul: 1356
Mais à la fin sur luy se r'allierent
Quelques Archers, qui honteux le chargerent
Avec leurs traicts dont il fut fort blessé
En combatant, si qu'estant repoussé 1360

Il fut contraint de reculer en arriere,[65]
Mais en courant (estant suivy derriere)
Il rencontra de ses fils trespassez
Les corps sanglans, et les tint embrassez.   1364
Mais lors voyant qu'il alloit choir en vie
Entre les mains de la force ennemie,
En regardant Jonathe avec sanglos
Il dit en bref, Est-ce[66] icy le repos,   1368
O mes enfans, que par vostre prouësse
Vous promettiez à ma foible vieillesse?
Est-ce ainsi qu'heriter tu devois
A nostre sceptre, ô Jonathe, autrefois   1372
Ma seule gloire, et ores ma misere?
Mais il est temps que vostre dolent pere
Vous accompagne, ô mes fils plus heureux.
Ayant ainsi fait ses plainctes sur eux,   1376
Jettant par tout son œil felon et vague,
Il se lança sur sa meurtriere dague,
Tant qu'il mourut.

David.   —O pitoyable Roy!

Le II. Escuyer. —Mais ce qui donne à mon cueur plus
    d'effroy,[67]   1380
C'est qu'aussi tost que la playe mortelle
Fut veuë (helas) de l'Escuyer fidelle
(A qui le Roy avoit devant en vain
Requis le bras pour le tuer soudain)   1384
Il se pasma, puis le poil il s'arrache,
Et dans son sein les ongles il se cache,
Il se demaine, il se meurtrit le front,
Tout depité ses vestements il rompt,   1388
Il crie, il hurle, et son maistre il appelle:
Mais quand il vit que la mort eternelle
Avoit ses yeux clos eternellement,
Et que ses cris ne servoient nullement,   1392
Suyvons le donc (dit-il) puis qu'il m'incite
A mespriser ceste vie maudite:
Mourons, mourons, et remportons l'honneur
D'avoir suivy son mal comme son heur.   1396
Ainsi a dit, et s'enferrant la pointe

De son espee il a sa vie estainte,
N'ayant le Roy en son adversité
Non plus laissé qu'en sa felicité,   1400
Mais finissant par la mesmes espee
Qui fut au sang de son maistre trampee:
Digne vrayement, digne de tout honneur
D'ainsi tomber aux pieds de son Seigneur,   1404
D'ainsi garder (non point comme un barbare)
Sa ferme foy, si miserable, et rare.
David. —Sois tu de DIEU, ô Palestin,* maudit,
Qui d'Israël tout le peuple as destruit.   1408
Le II. Escuyer. —Encor apres une mort si horrible
Le fier Achis ne se monstre paisible,
Et tant s'en fault qu'il permette les os
Du Roy Saül prendre en terre repos,   1412
Que mesme il va en pieces (quel exemple
De cruauté!) les mettre dans son temple!
Si que les Dieux qu'oncques vif n'adora,
Apres sa mort il les honorera.   1416
David. O Palestin enflé de vaine Pompe[68]
Garde toy bien que l'orgueil ne te trompe,
Et qu'à la fin le sort pour ta fierté
En ton malheur ne se monstre irrité!   1420
O Gelboé que ta cyme arrousee
Ne soit jamais de pluye ou de rousee,
Et soient tes champs de l'Avant-chien tairis,
Puis que sur toy tant de gens sont peris,   1424
Puis que sur toy, ô montagne maudite,
Est mise à mort la fleur Israëlite.

  Vous d'Israël les filles qui de moy
Chantiez jadis, pleurez ce vaillant Roy,   1428
Ce vaillant Roy qui en diverses guises
Enrichissant d'or voz robbes exquises
Ne vous souloit d'autre estoffe vestir
Que d'Ecarlatte, et de Pourpre de Tyr: 1432
De son sang, las! la campagne il a tainte,
Comme n'estant sacré de l'huile sainte:
Las il est mort, et mon Jonathe aussi,

Palestin,] 72 Palestin

O Jonathas mon soing et mon soucy! 1436
Las trespassé qu'avecques* toy ne suis-je,
Je fusse mort heureux, où je m'afflige
De mille morts, tant me tourmente fort,
En y pensant, ta violente mort! 1440
Helas où est ce beau corps tant aymable,
Et ce visage à chacun agreable?
   Ha cher Jonathe, amy loyal sur tous
L'amour de toy m'estoit cent fois plus doux, 1444
Cent fois plus cher que la plaisante flamme
Dont nous brulons en aymant quelque femme!
   Helas, Helas, quand pourray-je oublier,
Cent fois ingrat, ce tien propos dernier 1448
Quand tu me dis: O cher David que j'aime
Plus que mes yeux, ny que ma vie mesme,
Je vas mourir, et suis certain que DIEU
T'a confermé le Royaume Hebrieu, 1452
Mais si je meurs je te prie de grace
Qu'il te souvienne apres moy de ma race.
Tousjours, tousjours de ce bien-heureux jour
Qui nous lia d'un reciproque amour 1456
Au cueur j'auray la souvenance emprainte,
Et ne sera oncq la memoire estainte
De tes bienfaicts: souvent par propos doux
Tu m'as du pere appaisé le courroux, 1460
Et quand pour luy j'errois, comme sauvage,
Souvent d'avis, d'espoir, et de courage,
Tu m'as aidé, et bref souvent pour moy
Tu as ton pere esmeu encontre toy. 1464
   Ha Jonathas, je serois bien barbare,
Et plus cruel qu'un Scythe, ou qu'un Tartare,
Si t'oubliant je ne traictois les tiens
Comme mes fils si à regner je viens: 1468
Mais quel plaisir sans toy regnant auray-je
Puis qu'un tel dueil de toutes parts m'assiege?
Mais pourquoy seul pleuray-je? qu'un chacun
Pleure plustost, estant ce mal commun, 1472
Car tu pers ores, ô peuple Israëlite,

avecques] 72 avec

Ton ferme escu, ta force, et ta conduitte.
Combien, combien l'ennemy par sa mort
En deviendra d'orenavant plus fort?   1476
Doncques, amy, sus une estrange terre
En ta jeunesse és tu mort en la guerre
Sans sepulture? ô dure cruauté
Des cieux malings! mais un heur t'est resté,   1480
C'est d'estre mort au milieu de l'armee
Changeant ta vie en une renommee
Que tu auras mourant pour ton païs,
Aumoins adieu cher amy je te dis,   1484
Et garde encor nostre amitié, de sorte
Qu'apres ta mort elle ne soit point morte,
Qui de ma part vivra par l'univers
Tant qu'on verra l'Epitaphe,[69] et les vers   1488
Que j'en feray: mais oy Saül, mes plaintes,
Mes vrays souspirs, et mes larmes non faintes,
Tu veux mourant accompagner ton fils
Pour n'estre point separez morts ny vifs: 1492
O que beaucoup auront sus vous envie
Qui finissez vaillamment vostre vie,
Qui par voz morts acquerez un renom
Lequel doit rendre immortel vostre nom,   1496
Car on peult dire (estant tous deux par terre)
Que sont esteins les foudres de la guerre.
Tu fus, ô Roy, si vaillant et si fort
Qu'autre que toy ne t'eust sceu mettre à mort.   1500

Fin de la Tragedie

LA FAMINE, OU LES GABEONITES,

Tragedie prise de la Bible, et suivant celle de Saül

Les propres mots de Josephe en ses Antiquitez, livre
sept^e (outre le 21 Chap. du 2 des Roys)
serviront icy d'un Argument

APRES cela tout le pays fut accablé d'une vehemente Famine, et le
Roy David pria Dieu en humilité qu'il eust pitié de son peuple, et qu'il
luy pleust demonstrer la cause et le remede d'un si grand mal. La
Response fut donnee par les Prophetes, Que Dieu demandoit que
5   vengeance fust faitte pour les Gabaonites qui avoient esté deceus, et tuez
par Saül, contre tout droict et raison: lequel avoit violé le serment qui
leur avoit esté fait jadis par le Capitaine Josué, et tous les anciens du
Peuple. Parquoy si le Roy permet aux Gabaonites de faire telles punitions
qu'ils voudront pour leurs citoiens, qui avoient esté occis, DIEU sera
10 appaisé, et delivrera le peuple de ceste grand' calamité. Apres que cela
fut entendu par le rapport des Prophetes, le Roy feit venir les Gabaonites,
et leur demanda ce qu'ils vouloient qu'on fist pour eux. Lesquels
respondirent, qu'ils demandoient sept hommes de la race et famille de
Saül, pour les pendre au gibet: et le Roy les feit chercher, et les livra és
15 mains des Gabaonites: qui les punirent comme bon leur sembla: et tout
incontinent il plut sur la terre, qui devint fertile, comme au paravant, et
le peuple eut abondance de biens, comme il souloit.

LES PERSONNAGES

David	*Roy de Jerusalem*
Joabe	*son Cousin, et son Connestable*
Resefe	*Femme de Saül defunct*
Merobe	*Fille de Saül*
Le Prince des Gabeonites	
Armon ⎫	*Fils de Resefe*
Mifibozet ⎭	
Le Messager	
Le Chœur	

La Scene est representee en Jerusalem

ACTE PREMIER

David seul

J A le Soleil laissant son humide repaire
Se leve à fin de voir nostre mal ordinaire,
Et desja par trois fois sa course coustumiere
Aux douze Astres d'enhault[1] a presté sa lumiere,   4
Que nos maux affamez n'ont pris aucune fin.
Mais puis que l'Eternel, et son rude destin,
Conspire à nos malheurs, ô Soleil à quoy faire
Dessus nostre pays flambe ta beauté claire?   8
Vienne plustost des nuicts une eternelle horreur:
Et si de Dieu telle est contre nous la fureur,
Vienne l'orage et foudre, et sur nous encor vienne
Tout ce qui devora la Gomorre ancienne,[a]   12
La culbutant au fond des infames estangs.
Helas vaut il pas mieux que languir si long temps,
Que nous mourrions à coup, sans qu'il faille souffrir
Chaque jour tant de morts pour ne pouvoir mourir?   16
Encor à tout le moins s'il nous estoit permis
De mourir de la main de quelques ennemis,
Desquels mesme l'honneur honorast nostre mort:
Mais sans respandre sang, sans faire aucun effort,   20
Voire sans nuls hayneus, et sans sacquer le fer,
(O le lasche destin!) nous allons voir l'enfer:
Et dans les regnes vains la mort de mesmes dards
Pesle mesle amoncelle, et vaillants, et couards,   24
Voire les gents plus forts, qui dans le lit infame
Lamentent de mourir ainsi (lás) qu'une femme!
      Hé Sire Sire, lás! si ta volonté dure
En la destruction de ton peuple conjure,   28
Au moins à la vertu des tiens ne porte envie:
Nous ne refusons pas de perdre nostre vie,
Mais donne des hayneus qui perdre nous la facent.
Que les fiers Philistins maintenant nous pourchassent,   32
Que le cruel Ammon nous livre la battaille,

[a] Voy le 19 chap. de Geneze.

Que l'orgueilleux Moabe à present nous assaille:
Vienne contre nous Sobe, et la gent Amalecque,
Vienne l'Idumean et l'Evean avecque:[2]   36
Viennent toutes les gents que pour nous chastier
Le Seigneur delaissa jadis en son entier.[b]
Bref que les estrangers sus Israël se ruent,
Que les Barbares Roys le massacrent et tuent: 40
Aumoins ne mourroit il, comme il fait de soymesme,
Car la necessité d'une contrainte extréme
Devant son jour fatal fait sa vie finir,
Pour n'avoir seulement dequoy entretenir   44
Ce ventre insatiable. Est-il donc resolu,
Qu'on souffre tant de maux pour toy ventre goulu?
   O Seigneur est-ce icy ceste terre promise,
Qu'à si grande sueur nos ayeux ont conquise?   48
Terre que tu disois si fertile à merveille,
Et dont sourdoit le laict, et l'œuvre de l'Abeille:
Mais or elle est sterile, et rien ne concevant'
Des pauvres laboureurs va l'espoir decevant:[3]   52
Elle ne sert plus rien, sinon de sepulture
A ceux qu'elle devoit fournir de nourriture.
   Ja ja tout le bestail a esté devoré,
Et pour sacrifier il n'est rien demouré.   56
Et qui plus est,* la faim nous contraint de toucher
Contre ta loy, Seigneur, à la commune[c4] chair.
Que diray-je de ceux que la famine extréme
Presse de dérober le vivre aux bestes mesme?   60
Tels sont qui pour finir leur affamee rage
Ozent bien s'estrangler d'un forcené courage,
Et hastent le destin qui mesme les talonne.
Diray-je aussi comment la mere ne pardonne,   64
(O la chose incroiable à la posterité)
A ses propres enfans qu'elle a mesme allaité,
Et ses entrailles paist de ses propres entrailles?
Mais bon-dieu qui pourroit conter les funerailles   68
Du peuple d'Israël? Helas quelle pitié,
Voir par tout mes sujects les uns vifs à moitié,

[b] Voy le 8 ch. des Juges.   [c] Profane.

est,] 73 est

Les autres languissans avec piteuse plainte,
Peu à peu trespasser comme une torche estainte? 72
En tout lieu qu'on regarde on ne voit que des hommes
Gesir sans sepulture, autant qu'on voit de pommes
En Automne sous l'arbre à terre eparpillees,
Apres que l'Aquilon a les branches croulees.[5] 76
Encore n'est-ce tout, les morts mesmes nous tuent,
Car l'air tout corrompu de charongnes qui puent
Nous transmet une peste. Et de malheur encore
Tant de mets que mal saincts sans esgard on devore 80
(Afin que nous n'ayons en nos maux quelque pause)
De mainte maladie en nostre corps sont cause.
Mais pourquoy de ces maux suis-je seul preservé?
A quel autre malheur Dieu m'a il reservé? 84
Que ne m'est il, ô Dieu, que ne m'est il permis
De tenir compagnie à tant de mes amis?
Ne sçauroy-je à la mort devant mes gens courir?
Seray-je à mon pays le dernier à mourir? 88
O moy cent mille fois malheureux d'estre Roy
D'un si malheureux peuple! Helas Sire pourquoy
As tu changé mon aise, et mon premier repos,
A si pesant fardeau pour mon trop foible dos? 92
Hé que n'ay-je tousjours entre les pastoureaux
En ma loge gardé les paternels troupeaux?
Ou bien si je devoy tenter le fais royal,
Dieu a il decidé par son decret fatal, 96
Que David veist son peuple estaint par la famine?
Hé que ne m'a plustost tué la Palestine,
Que ne m'a detranché le Geant inhumain?[d]
Que ne m'a fait mourir des Syriens la main, 100
Ou des Amorrheans? et tant d'Incirconcis
Qu'en guerre j'ay donté, que ne m'ont ils occis?
Que ne m'a mis à mort le forcené Cisside?[e]
Que ne m'a deconfit mon enfant parricide?[f] 104
Car mourant innocent par le meffaict d'autruy,
Je ne mourrois au moins de famine aujourdhuy.

Il nous faudra de bref en quelque estrange terre,
Si vivre nous voulons, des victuailles querre: 108

[d] Goliat. 1.Sam.17. 2.Sam.8.   [e] Saül fils de Cis.   [f] Absalon.

Il nous faudra laisser le sainct mont de Sion,
Et la terre, ô Seigneur, de ta promission.
Il faudra retourner en l'Egypte Barbare,[6]
Et voir encor un coup le Nil, Menfis et Fare: 112
Nous revoirrons des Roys la tombe magnifique,[g]
Nous franchirons encor l'hermitage Lybique:
Et comme on vit au temps du pudique Joseph,
Pour decevoir la faim nous irons derechef   116
Boire tout doux, helas! l'orgueil Pharaonide:
Mais quel autre Joseph trouverons nous pour guide?
    A quelle fin, ô Dieu, as tu le peuple tien
Desesclavé jadis du joug Egyptien?   120
Pourquoy l'as tu sauvé de tant de maux soufferts?
Pourquoy l'as tu nourry aux sauvages deserts?
Pourquoy de tant de Roys l'as tu fait triompher?
Pourquoy sous ta conduicte a il avec le fer   124
De la terre promise empoingné la saisine?
Estoit-ce à fin qu'apres il mourust de famine,
Et qu'ayant surmonté des hayneus la vertu,
Il fust finalement de la faim combattu?   128
Mais si l'extreme faim nous estoit destinee,
Pourquoy repaissois tu de la pluye emmannee[h]
Nos ayeux au desert? as tu jusques icy
Differé de meurtrir ton peuple sans mercy?   132
    Ah Eternel où est ta promesse donnee
A nostre pere Abram de peupler sa lignee,[i]
Plus qu'en l'eau le gravier, et les astres au ciel,
Puis qu'aujourd'huy la faim estaint tout Israël?   136
Où sont les benissons que tu as tant de fois
Fait à ton peuple esleu? où est la saincte voix
Qui m'avoit tant promis, que de moy sortiroit
Celuy qui de son sang racheter nous iroit,[j]   140
Veu qu'avec tous mes fils, et ma race totale,
Je n'atten tous les jours que mon heure fatale?
    Mais lás, que di-je? où suis-je? Há je te prie, ô Sire,
Pardonner à ton oinct, si la faim luy fait dire   144
Chose qui t'ait depleu. Je sçay bien qu'il convient

[g] La Pyramide. [h] Exode 16. Nombre 11. [i] Gen. 36.[7]
[j] JESUS-CHRIST

Souffrir (soit bien ou mal) tout ce qui de toy vient.
Et possible qu'aussi ta gent tu ne tourmentes
Par hayne ou par courroux, mais à fin que tu tentes 148
S'ell' t'ayme, honore, et craint en son adversité
Ainsi qu'elle faisoit en sa felicité.
Et quand encores Dieu nous sacmenteroit tous,
Il pourra bien tousjours, voire des durs caillous,[8] 152
R'animer à son gré de son peuple le tige.
Doncques ne murmurons de ce qu'il nous afflige,
Mais pensons que ce mal de nos pechez procede.
Toutefois ô Seigneur, que ta bonté* ne cede 156
A ta grande Justice, et ta grace ne nie
A la gent que tu as de ta bouche benie.
Nous sçavons bien quelle est nostre coulpe ordinaire,
Mais nous sçavons aussi que ton œil debonnaire 160
Ne regarde aux pechez, ains volontiers accorde
Les veus de qui se rend à ta misericorde.
  Doncques exauce nous, ô Seigneur, et prepare
Ceste punition sus le peuple barbare: 164
Sus les Egyptiens, Assiriens, Moabes,
Parthes, Scythes, Medois, Ammonites, Arabes,
Et cent mil autres gents qui ta puissance ignorent,
Et en lieu de ton nom mille faux dieux adorent, 168
Va darder tes fureurs dessus ce peuple estrange,
Et ton nom diffamé de mil injures vange:
Mais quant à nous Seigneur, qui n'hommageons qu'à toy,
En qui gist nostre appuy, nostre fiance et foy, 172
Qui n'avons encensé l'autel de Belial,[k]
De Cham, ny de Moloc, de Belfegor et Bal,[9]
Pourquoy te monstres-tu si cruel et severe,
Puis qu'Israël est seul qui te craint et revere? 176
  Ah qui est cestuy-la qui t'a tant offensé,
Qu'il faille que pour luy chascun soit oppressé?
Hé pere dy le nous: car ton nom atteste-je,
Que ce qu'on feit jadis d'Acham le sacrilege,[l] 180
On le fera de luy, et de devant ta face
J'osteray l'execrable avec toute sa race.[10]

[k] Idoles des Payens. [l] Voy le 7 chapit. de Josué.

bonté] 73 bonte

Mais voy-je* pas Joabe? ô mon cousin feal,
Nous faudra il tousjours languir en nostre mal?
Quel espoir et moyen, quell' ayde et medecine   184
Trouverons nous, Joabe, à chasser la famine?

Joabe, David

[*Joabe.*] O Sire, apres la mort de la plus grande part
Du peuple d'Israël, le conseil est bien tard: 188
Car de se conseiller beaucoup mieux il failloit
Quand au commancement la faim nous assailloit,
Nous devions lors quitter nos terres familleuses
Et de bonne heure aller aux terres plus heureuses,   192
Car tant de vos sugets, si lon eust ainsi fait,
Ne fussent encor morts: Mais puis que par effet
La chance nous sentons de plus en plus mauvaise,
Et que l'ire de Dieu nullement ne s'appaise,   196
Pourquoy ne fuyon' nous pour le moins à ceste heure?
Attendons-nous icy que chascun de faim meure?
Quel espoir nous retarde? attendons-nous que Dieu
Nous pleuve de la manne? ou qu'il mue en ce lieu   200
En pain les durs caillous?[11] Allon' plutost, allon'
Par tout où le Zefire, ou le fier Aquilon
Nous conduira sus l'onde. Hay-avant laisson' tous
Nos champs et nos citez aux sangliers et aux loups,   204
Et faisons un serment, que nous n'y reviendrons
Tant que la nuit aura ses flambans esquadrons,
Tant qu'on voirra le Pin sus l'Ocean voguer:
Et le Nil plantureux par sept huis divaguer.[12]   208
Sortons: que songeon'-nous?
David.   —Nous ne partirons point,
Si le Dieu d'Israël ne l'a premier enjoint.
C'est luy qui nous a faict en ce lieu cy venir,
Pareillement aussi nous en doit il bannir.   212
Parquoy sondons devant quelle est sa volonté,
Et pourquoy c'est qu'il a son peuple tormenté.
Joabe. Doncques pour la sonder tentons l'art pithonique.
David. Moy que tenter je veuille un art si diabolique![13]   216
Que la terre plutost au creux de son giron

voy-je] 73 voy-je,

Presentement m'abisme, ainsi comme Abiron.[m]
Je sçay le chastiment du Saül temeraire,[n]
  Et du Tyran du Nil.[o]
Joabe.   Que nous faut il donc faire?   220
David. Il se faut enquerir de quelque sainct Prophete,
  Qui les arrestz cachez de Dieu nous interprete.
  Donc allez chez Nathan (le sage nourricier
  De nostre Solomon[p])[14] à fin de le prier   224
  Que par l'amour qu'il doit à son pays il die,
  Comme il faut qu'Israël à ses maulx remedie.
Joabe. J'y vais, et ja le cœur heureusement m'annonce,
  Que j'auray du Seigneur quelque bonne response.   228

Le Chœur
O d'Israël noble lignee,
Las tu cours à ta destinee!
Et toy JERUSALEM tu vois
Tes terres veuves de bourgeois!   232
Ceux que l'Egypte opiniatre,
Ne sceut jadis à mort abbatre,
Ceux qui sans pouppe sont entrez
Au milieu des flots Erithrez,   236
Ceux qui sans recevoir dommage
Par cent deserts ont fait passage,
Et qui de mille rois dontez
Ont les triomphes raportez: 240
Ores tous en leurs licts malades
Meurent ayans leurs bouches fades,
L'estomac blesme, l'œil cavé,
Le poil de la teste elevé,   244
Les lévres seches, la peau dure,
Et les dents pleines de rouillure.
"O Sire que nous recevons,
"Quand tes loix nous observons,[15]   248
"De biens sans aucune disette!
"Mais aussi quand on les rejette,
"O combien de punitions
"Reçoivent nos rebellions!   252
"Certes les gents incirconcies

[m] Nombr.16.   [n] 1.Sam.28.   [o] Pharaon.   [p] 2.Sam.12.

"Ne sont si durement punies,
"Jamais ô bon Dieu tu ne faus
"Tost ou tard de punir nos maus.   256
"Et quoy que telle fois nos vices
"Du premier coup tu ne punisses,
"Si est ce qu'en fin tu estends
"Sur nous ton fleau tout à temps,   260
"Et quand tu as les jambes gourdes,[16]
"D'autant plus tes mains en sont lourdes,
"Si que plus grand est le tourment,
"Qui nous assene lentement.   264

ACTE SECOND

Merobe fille de Saül: et *Rezefe* femme de Saül

Rezefe. O DE mes maulx la compagne fealle,
    Pourquoy plains tu ceste famine palle,
    Chere Merobe? O qu'à ma voulenté
    Tout nostre peuple elle eut ja sacmenté!   268
    Car nous avons souffert legere chose
    Si lon regarde au mal qui se propose.
    Ja ja le sort redoublant ses allarmes
    Nous vient darder nouveau subject de larmes.   272
Merobe. —O toy de qui pour le present j'emprunte
    L'affection de ma mere defuncte,
    Mon seul soulas et reconfort unique,
    Quel est ce sort qui de nouveau s'applique   276
    A nos malheurs, et prodigue de maus
    Encontre nous atize ses assaus!
Rezefe. [17]Ce grand Seigneur, ce grand Dieu qui de rien
    Bastit le rond de ce val terrien,   280
    C'est luy, c'est luy qui contre nous conspire:
    Car ceste hayne, et ceste bouillante ire
    Que dans son cueur jadis à clous d'aymant[18]
    Contre Saül il alloit imprimant,   284
    Durent encor, et sans estre soullees,
    Vont aboyans aux cendres Saülees.
    O seigneur Dieu es tu si coleré,

Que tu ne sois encor desalteré   288
De nostre sang apres la mort du roy?
Merobe. Veu que l'air n'est tousjours sombre de soy,[19]
Veu que tousjours l'Ocean n'est depit,
Mais a par fois des Aquilons repit: 292
Veu qu'à la fin les torrents se tarissent:
Veu qu'à la fin les pierres s'aplanissent:
Veu qu'à la fin l'arbre superbe tombe:
Veu que le fer à la rouille succombe: 296
Veu qu'à la fin les Diamans se fendent,
Et qu'à leur fin toutes choses se rendent,
O Eternel faut-il que tu retiennes
Sus les mortels tousjours les ires tiennes?   300
Rezefe. Si tu avois telle inimitié prise
Dessus ton Oinct pour sa faute commise,
N'estoit-ce assez que l'esprit de Satan[q]
Le tormentast d'un diabolique tan?   304
N'estoit-ce assez que le destin le feit[r]
Bourreau de soy lors qu'il fut deconfit,
Avec ses fils, en la triste journee
Qui fut jadis sus Gelboë donnee?   308
N'estoit-ce assez qu'Isbozet en traison[s]
Fut assommé de ceux de sa maison?
N'estoit-ce assez qu'Abner perdit la vie[t]
Injustement par les fils de Saruie?   312
Bref, n'est-ce assez que la maison de Cis
Aye tant veu de ses seigneurs occis,
S'il[20] ne failloit qu'ores le residu
Du sang royal fust aussi respandu?   316
Merobe. —Comment sçav'ous[21] qu'il est predestiné,
Que nostre sang soit tout exterminé?
Qui vous l'a dit?
Rezefe.   Ceste nuict precedente
M'en a donné la notice evidente.   320
Doncques ainsi que la nuict estoillee[22]
La terre avoit d'un manteau brun voilee,
Un doux repos incognu ja pieça
Mon corps lassé dans mon lit ambrassa: 324

q 1.Sam.16   r 1.Sa.31   s 2.Sam.4.   t 2.Sam.3. Joab et Abisay.

Voicy soudain que mon espous j'avise,
Le roy SAÜL, las bien d'un autre guise
Qu'il n'estoit lors quand le Voyant de Dieu[u]
L'etablit roy dessus le peuple Hebrieu,[v]   328
Ou quand luy chef du camp Israëlite,
Mettoit de loing les ennemis en fuite!
Las il n'avoit ce maintien flamboyant,
Mais tout défait, hideus, et larmoyant!   332
Vous eussiez veu son corps de sang tout salle,
L'œil enfoncé, le visage tout palle,
Le chef poudreus, et la barbe crasseuse:
Mais de le voir j'estois encor joyeuse,   336
Quand luy croullant son chef melancolique:
Dors tu (dit il) ô ma femme pudique?
Ah peus-tu bien dormir en ce temps cy,
O folle helas, sans prendre aucun soucy   340
Du mal voisin? Mais va t'en de bonne heure,
Va t'en cacher, à fin qu'elle ne meure,
Nostre lignee et celle de Merobe:
Depesche toy, qu'on ne nous la derobe   344
Pour appaiser demain votre famine,
Qui n'aura fin si ma race ne fine:
Tel est de Dieu la destinee horrible.
Sus romp le somme, et t'efforce au possible,   348
Que nostre sang à mort ne soit livré.
Que trembles tu? ce que tu vois est vray.
    Lors d'un horreur mon sommeil s'envola,
Puis estendant mes bras deçà delà,   352
Je m'esforçoy mon espoux d'accoller,
Quand je le vy peu à peu s'ecouller
Hors de mes yeux, ainsi que la fumee.
Merobe. —Hà faut il donc, ô race bienaymee,   356
Que par ta mort meure nostre famine,
Et qu'Israël vive par ta ruine?
Ah que la peste et la mortalité,
Et les fleaus, qui du Dieu depité   360
Furent dardez sur le Nil[23] endurcy,

---

[u] le prophete.   [v] 1.Sam.10.

Ores sur nous petillent sans mercy,
Devant helas qu'orfeline j'en soye,
Afin qu'autruy de mon ennuy ayt joye.   364
Verray-je donc mourir les enfans nostres
Incontinent pour donner vie aux autres?
Non non, l'amour de mes fils est plus forte
Que celle là qu'à mon pais je porte.   368

Rezefe. —O mes chers fils l'espoir de vostre mere,
Le seur estoc de Saül vostre pere,
Duquel en tout vous retenez l'image:
Car tel son front, tel estoit son visage,   372
Il vous avoit le col ainsi haussé,
L'epaulle large, et le poil retroussé,
Un tel marcher, un tel port venerable,
Un tel regard et maintien tout semblable.[24]   376
Bref, ô mes fils, pour ce qu'en vous je voy
De vostre pere encor je ne sçay quoy,
Vous empeschez mon ame de le suivre,
Et en mes maux vous me faites survivre.   380
C'est c'est par vous qu'il me faut supplier
Encores Dieu, et le bien singulier
De defier toutes adversitez
En mes malheurs encores vous m'ostez.   384
[25]Quand est-ce helas, que la mort paternelle
Vous vangerez sus Achis le rebelle?
Et quand vainqueurs de son dieu Ascarot
Vous destruirez Gaze, Geth, et Azot?   388
Quand vous verray-je, helas, sus Israël,
Reconquester le sceptre paternel?
Quand rendrez vous nostre race heritiere
De son estat et dignité premiere?   392
Quand verron'-nous la semence de Jude
Soubs Benjamin remise en servitude?[26]
Quand verrons-nous hors du siege royal,
Chassé David, comme le desloyal   396
Vous a chassez? ou bien quand verron'-nous
Dessus Joabe, Abner vangé par vous?

Merobe. —Ah il n'est temps, il n'est temps, ô nous folles,
De s'amuser à ces souhais frivolles.   400

Vivons vivons, que la vie suffise,
Si les destins l'ont encores permise!
Rezefe. —Mais à nos fils quelles places secrettes
Donnerons nous pour fidelles retraictes?   404
Et en quel lieu pourroient ils estre seurs!
Merobe. Dans le tombeau de leurs predecesseurs,
De Cis, de Ner, et dans les cemiteres
De Saül mesme, Isbozet et ses freres.[27]   408
Rezefe. —Je tremble helas, que ce lieu tenebreus
A la parfin ne soit malencontreux.
Merobe. Mais nos enfans seront plutost dehors
De tout danger, si on les cuide morts.   412
Rezefe. Si on le sçait?
Merobe.   Celons nostre dessein.
Rezefe. Si on les cherche?
Merobe.   Ils sont ja morts de faim.
Rezefe. Mais faudra il qu'ils soient toujours cachez!
Merobe. Mais seront ils aussi tousjours cherchez!   416
Rezefe. A la parfin quelqu'un nous trahira.
Merobe. Nostre ennemy tandis s'adoucira,
Et Dieu toujours ne sera coleré.
Rezefe. Las, quelle peur en les cachant j'auray!   420
Merobe. —"Que l'asseuré se sauve comme il veut,
"Mais le chetif se sauve comme il peut.
Doncq' sauvon' les ainsi que nous pourrons
A ce jourdhuy, puis nous les cacherons,   424
La nuict venue, en quelque humble cité
De Benjamin, pour mieux estre en seurté.
N'avons nous pas Jabes en la Galade
Pour nos larcins convenable brigade,[w]   428
Et qui du bien du roy epoinçonnee,
Soulagera volontiers sa lignee?
Rezefe. —Donc ce pendant, ô mon espous, reçoy
Tes chers enfans que j'inhume avec toy   432
Comme ja morts, si tu ne les défens:
Doncques venez, venez mes chers enfans
"Vous* enterrer, à fin que vous viviez.

[w] 1.Sam.11

guillemets] In 73 these precede 436

Mais qu'avez vous? je voy que vous fuiez 436
D'entrer dedans une tombe si laide,
Mais las, il faut qu'à la fortune on cede.
Despouillez moy vos cœurs fiers et constans,
Et vestez ceux que vous donne le temps. 440
Mettez, mettez la paternelle gloire,
Et Jonathan hors de vostre memoire.
Laschez la bride à la chance mauvaise,
Et à fin d'estre orgueilleux à vostre aise 444
Une autrefois, qu'ores l'orgueil vous tombe.
Merobe. Venez venez entrer vifs à la tombe,
Ains que tous morts ce jour on vous y mette:
Vous y aurez (comme je le souhaite) 448
Quelque salut, si Dieu de nous a cure,
Ou s'il nous hayt vous aurez sepulture.

Le Chœur

"Pour neant l'humaine force
"De contredire s'efforce 452
"A l'ordonnance fatalle,
"Car ny puissance royalle,
"Ny d'estre vaillant et fort,
"Ny d'avoir l'esprit accort, 456
"Ny mesmes l'experience
"De la magique science,
"Ne sçauroit contrevenir
"A ce qu'il doit avenir: 460
"Car qui mesme auroit presage
"Au vray du futur dommage,
"Et seroit avant-certein
"Des menasses du destin, 464
"Si ne peut il, quoy qu'il face,
"Tromper ce qui le menace.
"Voyla pourquoy Dieu se rit
"Des humains, qui leur esprit 468
"Employent par vaine cure
"Contre la chose future.
"Car quand le destin on craint
"Lors le destin nous r'attaint, 472
"Et tant plutost on l'avance
"Quand echapper on le pense.

Tesmoings en sont nos ayeus,[x]
Qui de leur frere envieus
Par leurs craintes accomplirent
L'effet de ce qu'ils craignirent.
Tesmoing le roy de Memphis,[y]
Qui voulant l'arrest prefis
Du ciel, à son dam, destruire,
Ne sçeust oncq Moïse occire,
Combien que les enchanteurs
Luy predissent ses malheurs,
Des l'heure que l'enfant mesme[z]
Saboula son diadême:[28]
Tesmoing encor ce devin,[a]
Qui contre l'arrest divin,
Voulant Israël maudire,
Fut contrainct de le benire.
SAÜL est aussi tesmoing,
Qui pour la peine et le soing
Qu'en vain on luy a veu prendre,
Pour exterminer son gendre,
Ne sçeust faire que David
A la par fin ne ravit,
Par l'ordonnance divine,
De son regne la saisine.
Si donc en l'arrest du ciel
Dieu n'admet aucun rappel,
En vain Merobe labeure,
Que sa lignee ne meure,
Car si Dieu leur a prefis
La mort, rien n'ayd'ra ses fils.

476

480

484

488

492

496

500

504

ACTE TROISIEME

David et Joabe

David. JE tremble helas, et doute, où le destin cherra,
Et quelle ayde à la fin le Seigneur nous donra.
Voicy nostre Cousin: Hé que dit le Prophete,
Verrons nous point bien tost la famine parfaitte?[29]
Joabe. —O Sire tous noz maux sont causez par celuy

508

[x] Gene. 37.　[y] Pharaon.　[z] Voy Josephe.　[a] Balan. Nombr. 23.

Lequel nous a tant fait en sa vie d'ennuy,
Mais apres qu'il est mort il nous nuit d'avantage.
Je dy, je dy Saül, dont la bourrelle rage 512
Cuit encor à son peuple, et payer cy luy fait
Les âpres chastimens de son inique faict.
Car luy apres avoir tant de fois du Seigneur,
Par sa rebellion, agassé la fureur, 516
Apres vous avoir fait tant de mal et d'outrage,
Et apres avoir mis à feu, sang et carnage,
(Insigne cruauté) la bourgade de Nobe,
Avec ses citoyens, pour le fils d'Achitobe:[b] 520
Bref à tous ces forfaicts l'infame fils de Cis
A ce dernier ajoint: c'est, c'est qu'il a occis
Les Gabeoniens: lesquels, comme sçavez,[c]
Le peuple d'Israël a jadis reservez, 524
Pour ne rompre sa foy: mais cestuy qui n'a cure
De pitié ny de foy par un zele parjure
Qu'il nous pensoit porter, vous les a tous destruicts,
Hommes, femmes, enfans, hors ceux qui s'en sont fuis. 528
Il a fait leurs citez pour son plaisir destruire,
Berot, Cariatbal, Gabeon et Cafire.[30]
Parquoy Dieu depité d'une telle meschance,
Jusques à nostre temps a gardé la vengeance. 532
Qu'ainsi soit, aussi tost qu'au sacré tabernacle[31]
Avec Nathan j'entray pour sçavoir de l'oracle
Si nous aurions salut, et qu'à Dieu nous offrimes,
D'un cueur devot, nos vœus et nos pauvres victimes, 536
Nous ouymes soudain ceste voix qui sortit
D'enhault si hautement que Sion retentit:
    L'heureux temps reviendra sur vous Israëlites,
Quand vous appaiserez les morts Gabeonites, 540
Qui du sanglant Saül ont esté massacrez.
Donc parentez devant à leurs manes sacrez,[32]
Afin que desormais les terres non brehaignes
Raportent l'honneur vieil des fecondes campaignes. 544
David. —Autant que le salut le remede est douteus.
    Lás que vous ferons nous pour vous rendre piteus,
O Gabeoniens? où les trouverons nous?[33]

[b] 1.Sam.22.   [c] Josué 9.

Joabe. —Voicy le Prince d'eux qui vient parler à vous.   548

Le Prince de Gabeon, David, Joabe

[*Le Prince.*] O Mon Seigneur je pry que l'Eternel maintienne
   Dessus son Christ esleu tousjours la grace sienne.
David. —Priez priez plustost que l'Eternel delivre
   Son peuple, que la faim engarde de plus vivre.   552
   En vous seuls git nostre ayde, et par vostre faveur
   Vous avez le pouvoir d'appaiser le Sauveur,
   En vous nostre recours, nostre salut consiste,
   Nous lairrez vous croupir en la famine triste?   556
Le Prince. —Ja ne plaise au Seigneur que vos afflictions,
   Pour nous vanger ormais, enaigrir nous façions.
   Pleust à Dieu que plustost nous eussions tous esté
   Avant-seurs du motif de vostre adversité,   560
   Ja ja nous y eussions pourveu d'heure meilleure.
David. —Or donc pourvoyez y pour le moins à cest' heure:
   Aiez pitié de nous, ainsi que nos ancestres[d]
   Ont eu jadis de vous, quand sous vos propos traistres   564
   Vous les feites jurer: souvenez vous qu'iceux,
   D'entre les estrangers, vous reservarent seuls,
   Souvenez vous qu'alors que le Soleil tardif[e]
   Sa germaine frauda de son tour successif,   568
   Que vostre Gabeon fut par nous delivree
   D'Eglon, de Jerimot, d'Hebron, et l'Amorrhee:
   Donc ne soyez ingrats, et la vie sauvez
   A ceux mesmes ausquels la vie vous devez.   572
   Bastent pour appaiser de vos parents les morts,
   Tant d'hommes d'Israël par la famine morts.
   Baste pour vous vanger que vostre fier meurtrier
   Aye, (estant de ses maux le malheureux gibier)   576
   Sus luymesme achevé ces meurtres execrables,
   Au reste pardonnez aux autres incoulpables,
   Ou dittes s'il y a chose en nous qui vous plaise,
   Nous ne vous nirons rien, à fin qu'on vous appaise.   580
   Voulez vous posseder de mon regne une part?
   Et voulez vous franchir de vos champs le rempart?

[d] Josue.9.   [e] Jos.10.

Voulez vous du butin que sur nos adversaires
Nous avons conquesté? Allez, pour vos salaires,   584
Nous vous affranchirons de vostre serf office,
De nous fournir de bois en nostre sacrifice:
Veuillez tant seulement avoir de nous pitié,
Ainsi nous vous jurons l'eternelle amitié: 588
Et pour la lier mieux, nous joindrons nos lignees,
Si vous voulez, ensemble avec noz hymenees.

Le Prince. —Non non, nous n'aboyons à vos biens ny thresors.
Car ce ne sont les vifs mais seulement les morts   592
Que lon doit appaiser.

David.   Doncques que voulez vous?

Le Prince. —O Sire vous sçavez qu'il n'y a rien plus doux
Que la vengeance avoir: vengeance qui est cause
Qu'un mourir gracieux les paupieres nous clause,   596
Quand nous sommes vangez.

David.   —De qui vostre fureur
Se veut elle vanger?

Le Prince.   De nostre massacreur.

David. La mort a clos ses yeux d'un sommeil eternel.

Le Prince. Mais ses fils respondront du peché paternel.   600

David. Mais ils sont innocents.

Le Prince.   —Aussi estoient ceux là
Que miserablement le Tyran decolla.

David. Si cruel chastiment d'un cruel fault-il prendre?

Le Prince. —Pour le sang respandu, du sang il fault respandre,[34] 604
Encor cela ne baste à sa meschanceté.

David. Hé soyez plus humains.

Le Prince.   —Comme il nous l'a esté.
Doncques si vous voulez que vostre mal s'en aille,
Que toute sa lignee à present on nous baille,   608
A fin que de nos mains en la croix elle meure
Sus le mont Gabean, et qu'à une mesme heure
L'ire des trespassez, la fatalle famine,
Et de nostre ennemy la race se termine.   612

David. —O remede piteux! faut-il que le trespas
D'autruy nous face vivre? Ah ne dira t'on pas
Que cruel, impiteux, rigoureux et severe
Je persecute encor l'ombre de mon beau-pere,   616

Et que ses fils je livre à la mort tant inique,
Non pour le bien public, mais par mon haine antique.[35]
Joabe. —Sire aurez vous tousjours ceste pitié niaise,
    Ceste douceur cruelle, et bonté si mauvaise,   620
    Que mesmes vous vouliez, au dam de vos amis,
    Sauver contre raison vos mortels ennemis?
    Qu'ainsi soit, vous n'eussiez souffert ceste misere,
    Si selon ma parole, et celle de mon frere,[f]   624
    Vous eussiez assommé jadis vostre ennemy,
    Quand Dieu vous le livra dans sa tente endormy.
    Mais si vous n'avez mis alors la main sus luy,
    N'epargnez or' ses fils, et vangez aujourd'huy   628
    Sus son sang tout à coup le tort qu'il vous a fait,
    Et les maus envoyez de Dieu pour son forfait.
    Hé ne vaut il pas mieus que tous vos gens demeurent,
    Pour quelque peu d'enfans (voire ennemis) qui meurent? 632
    Voudriez vous que pour eus il ne demourast nul
    Du peuple d'Israël?
David.   Quelz enfans a Saül?
Joabe. —De Rezefe a deux fils: Et Hadriel son gendre
    De Merobe en a cinq, lesquelz il nous faut prendre. 636
David. —J'ay peur que les parents ne les aillent cacher
    En lieu d'où lon ne puisse oncques les arracher
    Hors du sein maternel.
Joabe.   —Qu'on m'en laisse la peine,
    Je veus estre en leur lieu si je ne les ameine.   640

Rezefe, Merobe

Rezefe. OR voila le cercueil qui nostre gage céle.
Merobe. —Mais à fin que la peur nos larcins ne revéle
    Retiron nous en ça.
Rezefe.   —Celuy là ne craint pas
    Si fort qui craint de pres.[36] Mais retiron nos pas   644
    Ailleurs si vous voulez.
Merobe.   Mot mot, voicy ce semble
    Venir le faux Joabe.[g] Ah de frayeur je tremble!
    Crevasse toy ô terre, et cache à ma priere
    Ce que tu as en garde.

[f] 1.Sam.26.   [g] Joabe filz de Saruie.

Rezefe.   —Allez vous en arriere   648
    Devant que vostre peur trahisse nostre fait,
    Cependant pour nous deux je feray cy le guet.
Merobe. —Je ne puis cy durer, je me retire ailleurs.[37]
    Ja ja le cueur dolent me predit mes malheurs,   652
    Mais je prie que Dieu de grace vous embouche
    Pour de ce desloyal confondre l'ecarmouche.

                    Joabe, Rezefe
Joabe. VOicy le jour heureux, ô Epouse royalle,[38]
    Voicy venir le jour où la famine palle   656
    Prendra fin, et que Dieu aura de nous pitié.
Rezefe. Pourquoy son peuple a-il si long temps chatié?
Joabe. —C'a esté pour vanger la gent Gabeonite
    Que vostre espous à tort a jadis deconfite,   660
    Quand la fureur happa son cueur demoniacle.
    Parainsi le Seigneur mande par son oracle
    Que vos filz et ceux là que Merobe a conceus
    Viennent avecques moy sacrifier dessus   664
    La montaigne Gabee, à fin que leurs victimes
    Purgent en ce lieu là de leur pere les crimes.
Rezefe. —O fils infortunez, pourquoy les destinees
    N'ont-elles* differé la fin de vos journees?   668
    Que n'avez vous devant que la mort vous ait pris
    Sauvé vostre patrie?
Joabe.   Oh sont-ils donc peris!
Rezefe. —He combien y a-il que la faim enragee,
    En une triste mort a leur vie changee?   672
Joabe. —Ah ne me celez point où vous les avez mis.*
    Dites tost, où sont-ilz?
Rezefe.   —Où sont tous nos amys,
    Saül, Abinadabe, et tous les parents nostres?
    Vous en demandez peu, j'en demande bien d'autres.   676
Joabe. Ne veuillez d'Israël envier à la vie.
Rezefe. Ja ne plaise au Seigneur qu'à son salut j'envie.
Joabe. —Livrez doncques vos fils, à fin que de bonne heure
    Ilz impetrent de Dieu la fortune meilleure.   680
Rezefe. Les livreray-je morts?

    N'ont-elles] 73 N'ont-elle   mis.] 73 mis?

Joabe.   —Qu'est-ce que vous craignez?
Vos fils ne sont pas morts, mais morts vous les faignez.
Rezefe. He pourquoy le faindroy-je?
Joabe.   —A la fin par contrainte
On fera decouvrir vostre parolle fainte.   684
Rezefe. —Oh, penseriez vous donc, que pour faire service
A tous, et mesme à moy, contraindre je me feisse?
Joabe. —Ne les celez donc point, et si vous les avez,
Faites qu'en bref par eux nous soyons conservez.   688
Rezefe. —Je jure ce grand Dieu, le fleau du parjure,
Que si mes fils ne sont ja mis en sepulture
Avecques leurs ayeux, je veux estre en enfer
Jour et nuict martelee aux piez de Lucifer.   692
Joabe. —Si donc vos fils sont morts, il est temps que j'annonce
Aux Gabeoniens cette heureuse response.
Mais qui croy-je? la mere? Ha possible elle craint
Ce qui doit avenir, et partant elle faint   696
La mort de ses enfans, mais de la mort future
Elle craindra tousjours l'encontre, estant parjure.
Doncques retenton la: la voyla qui tremblotte
Et qui de peur plutost que de douleur sanglotte.   700
Elle va çà et là, et ne fait pas semblant
D'ouir ce que je dy. Sus sus du cueur tremblant
Arrachon les secrets. On console ô chetive,
Les meres quand la mort de leurs enfans les prive.   704
Mais en la mort des tiens selon ce que je voy
Tu te dois resjouir, car iceux je devoy
Mener en Gabeon, non pour sacrifier
Mais las, à celle fin de les crucifier.   708
Rezefe. —Crucifier, bon Dieu! ah je sen un glaçon
Qui penetre mes os d'une estrange frisson.
Joabe. —Puis que tes fils sont morts, pourquoy es-tu craintive?
Mais elle tremble encor. Il faut que je poursuyve   712
A la sonder par tout. Sa race encores vit,
Je luy veux augmenter la peur qui la trahit.
Allez allez soudars, et que tous se despechent
De fureter ceux-là qui nostre bien empeschent.   716
Rezefe. —Allez, fouillez, cherchez, que mourir on me face
Si vous les trouvez vifs cachez en quelque place.

Joabe. Où les as-tu donc mis?
Rezefe.   —O à ma volenté
 Que vous r'eussiez, mes fils, vostre vie et santé,   720
 On m'auroit beau sonder: car ny mort, ny supplice,
 Ny gennes ne feroyent qu'oncques je vous trahisse.
Joabe. —Les verges, les tourmens, la douleur et la flamme,
 Tireront les secrets du plus creus de vostre ame,   724
 Faisants la pieté ceder à la contraincte.
Rezefe. —Premier que dans mon cueur j'admette aucune crainte
 Qu'on me mette en avant le feu, la soif, la faim,
 La roüe, les crochetz, la chartre, le poullain,   728
 Qu'on face entrer l'epieu par force en mes entrailles,*
 Qu'on pincette mon corps de bouillantes tenailles,
 Qu'on me face sentir les playes miserables,
 Et tous les ars desquelz on genne les coulpables.[39]   732
Joabe. —Si sçauray-je par force où c'est qu'ils sont mussez,
 Et deusse-je troubler le lieu des trespassez
 Ores je cognoitray si vous estes parjure,
 Ou s'avec vos ayeux vos fils ont sepulture: 736
 Car aussi bien faut-il quand ore ilz seroyent morts,
 Que pour les mettre en croix on deterre leurs corps,
 Pour enseigner que Dieu punit de telle sorte
 Le Tyran, que son sang, voire apres la mort, porte   740
 La peine paternelle.
Rezefe.   Hé que voulez vous faire?
Joabe. —Je veux aller ouvrir la tombe mortuaire
 Où gizent vos ayeux.
Rezefe.   O la chose cruelle!
Joabe. Je fouilleray par tout.
Rezefe.   —Dieu, ton aide j'appelle.   744
 Helas ozeries-vous importuner la pais
 Et le repos des morts? et quant ores leurs fais
 Requerroient chatiment, Dieu ne leur peut-il pas,
 Sans qu'on touche au corps mort, punir l'ame là bas?   748
Joabe. Sus sus depechez vous.
Rezefe.   —Helas de vostre fer
 Terrassez moy plutost: ou plutost sors d'Enfer,

entrailles,] 73 entrailles

O SAÜL, et t'en vien garder ton corps d'encombre,
Vien, pour donter Joabe il ne faut que ton ombre.   752
Joabe. Faites ce que je dy: Donc estes vous retifs?
Pour sa vaine fureur et ses propos pleintifs?[40]
Rezefe. Ah je ne souffriray* que ta main sacrilege
Touche à ces lieux sacrez: plutost plutost mourray-je.   756
Mais las, que veus-je faire? ilz s'en vont demolir
La tombe, et mes enfans ilz vont dessevelir,
D'une seulle ruine! ô le malheur,* je pers
Mes filz et mon espous, si les courages fiers   760
Des hayneux je n'ebranle avec douce priere.
Ah que mes fils plutost voisent mourrir arriere
Du tombeau paternel, que le pere ne face,
En lieu de la sauver, mourir en fin sa race.   764

Le Chœur[41]

LA bonté du Seigneur tempere
Ainsi sa justice severe,
Qu'encores qu'on voye beaucoup
De tyrans qui sa Loy n'observent   768
Et pour leurs mauvaitiez desservent
D'estre de Dieu punis à coup,*
" Dieu toutefois aucun n'afflige
"Sans attendre qu'il se corrige,   772
"Et pour plutost le convertir,
"Le deu chatiment il delaye
"(O grand' douceur) à fin qu'il aye
"Le loisir de se repentir.   776
" Et tant qu'il n'est hors d'esperance
"De pouvoir faire repentance,
"Dieu luy donne prosperité,
"Et fait que tout son bien accroisse,   780
"Afin qu'en apres il cognoisse
"D'autant plus grande sa bonté.
" Et voit on souvent le contraire*
"Du vertueux et debonnaire,   784
"Dont Dieu par fois veut essayer
"La pacience en bréve peine,
"Devant* que là haut il le meine,

souffriray] 73 souffriray: malheur,] 73 malheur   à coup,] 73 à coud.
line 783] 73 does not set in   Devant] 73 devant

"Jouïr de l'eternel loyer.   788
"   Mais cil qui en ses maux s'obstine,
"Et mesprisant la loy divine,
"En ses salles vices croupit,
"Aussi tost qu'il attaint le féte   792
"De ses pechez, Dieu luy apréte
"Un deu chastiment sans repit.
    Car ou il meurt de mort horrible,
En ce monde, ou souffre possible   796
Dedans l'autre mille tormens,
Et possible sa race entiere,
Apres sa mort est heritiere
De tous paternels chatimens.   800
    Donc les mortels, lesquels ignorent
Les destins, à tort deshonorent
La providence du Seigneur:
Si le meschant ils voyent vivre   804
Heureusement, et qui s'enyvre
Dans les ayses de son bonheur.
    Et qu'au rebours on voit au monde,
L'homme preus qui en maux abonde: 808
Mais nul ne doit d'homme vivant,
Juger en aucune maniere,
Si d'iceluy l'heure derniere,
Ne l'en acertene devant.   812
"   L'heure viendra, ne vous en chaille,
"Que ny force, ny fer, ny maille,
"Les fiers Tyrans ne sauveront,
"Et qu'apres longue pacience,   816
"Les bons auront la recompense
"Des peines qu'ils recevront.⁴²
    Voyez la race Saüline,
Qui las, a part à la ruine,   820
Et chatiment de leur ayeul,
Qui de tant de maux fut coulpable,
Que mesmes il n'est pas capable
D'en supporter la peine seul.   824

ACTE QUATRIEME

Rezefe, Joabe, et Armon et
Mifibozet fils de Rezefe

Rezefe. SORTEZ sortez ô mes enfans arriere
De ces tombeaux, venez à la lumiere,
A celle fin que plus clair vous voyez
Vostre malheur : maintenant ne soyez   828
Fiers et hautains, selon vostre noblesse.
Mais cognoissez humbles vostre destresse.
Ah, ô Joabe, à ceste fois t'emeuve
L'humble oraison de ceste pauvre veuve :   832
Et d'autant plus que la chance t'esleve,
Ayes pitié de ceux-là qu'elle greve,
Voicy mon ayde et mon seul reconfort,
Et de mes maux, voicy le seul support.   836
Ayes pour Dieu compassion de nous,
Tu vois helas ! nous courbons les genoux
Devant tes pieds. Ha Joabe, as tu point
Pitié de voir mes enfans en ce poinct ?   840
Souvienne toy que tels que tu les vois,
Fils d'un grand Roy ils furent autrefois.
Doncques voyant combien est peu durable
L'heur de fortune et sa main favorable,   844
Ains qu'à ton dam tu en faces l'epreuve,
Que le malheur de mes enfans t'emeuve :
Ainsi jamais sentir ne puisses tu
Telle fortune, et ainsi ta vertu   848
Et ta prouësse aux armes tant notoire
Puisse acquerir une eternelle gloire.
Ainsi le Roy t'ayme jusqu'à la mort,
Et tes souhais parviennent à bon port.   852
Joabe. Certainement j'ay de l'affliction
De tes enfans quelque compassion :
Mais Israël d'avantage m'emeut,
Qui sans leur mort avoir salut ne peut.   856

Rezefe. Dea pensez vous que le cruel supplice
  Des innocents, son salut accomplisse?
Joabe. De les tuer le Seigneur le commande.
Rezefe. Ah le Seigneur nostre mort ne demande,   860
  Et ne veut pas pour le rendre propice,
  Que des humains on face sacrifice.
  Las! chacun meurt, et n'y a nul qui fuye*
  Son jour fatal: mais ainsi que la pluye   864
  Nous devallons sans revenir en terre:
  Nous allons dy-je aux bas enfers grand erre,
  Sans qu'on avance encor' la destinee.
  Donc ne veuillez mettre à mort ma lignee   868
  Devant son soir, l'heure* assez tost viendra
  (Sans la haster) que la mort la prendra.
  Las il n'y a que trop de morts là bas,
  Sauvez les vifs, car ils ne vivront pas   872
  Plus d'une fois, et dans ce monde rond,
  Apres l'issue oncques ne reviendront.
  N'enviez point du Soleil la lumiere,
  Qu'on ne voit plus apres l'heure derniere: 876
  N'enviez point cest* air commun à tous,
  Il n'y a rien plus que le vivre doux.
Joabe. —Si la vie est de tel pris que vous dites,
  Il appartient que les Gabeonites   880
  Ayent vangeance, à cause de leurs vies,
  Qu'injustement vostre espoux a ravies.
Rezefe. —Pleut à Dieu donc ô gent Gabeonite,
  Que nos ayeux t'eussent toute destruitte,   884
  Et que jamais on ne t'eust pardonné,
  Selon que Dieu l'avoit mesme ordonné,
  Au moins le Roy ton bourreau n'eut esté:
  Mais ce n'a point esté par cruauté,   888
  (Dieu j'en atteste) ou pour quelque avarice,
  Ainçois pour faire à Israël service,
  Et pour punir les mensonges rusez,
  Dont nos ayeulx se veirent abusez: 892
  Or maintenant est ce raison qu'on vange

fuye] 73 fuye,   soir, l'heure] 73 soir. l'heure   cest] 73 c'est

Ceste gent serve, infidelle et estrange
Du sang royal, voire innocent aussi?
Joabe. Qu'y feroit on, si Dieu le veut ainsi?   896
Rezefe. —O desloyal, ô controuveur de ruses,
Qui dessus Dieu tes cruautez excuses.
Ce n'est point Dieu, mais ta malice pure,
Qui à mes fils cherche de faire injure,   900
Et qui sans cesse à nostre sang abboye,
Doncques tu veus que nous soyons la proye
De tes traisons,* ainsi que le Neride,[h]
Ou comme Amase, ô infame homicide,   904
Qui n'as jamais que par ta fraude inique
Donté quelqu'un, non par assaut bellique.
Joabe. —Qui ceste injure autre que toy diroit,
A ses depens ma force il sentiroit: 908
Mais d'arrester, nous n'avons nulle espace.
Despeche toy de me livrer ta race.
Rezefe. Que doy-je faire? â je ne souffriray
Que mon sang soit en ce point martiré,   912
Plustost, plustost me deffendray-je en sorte,
Qu'à la parfin le deuil me rendra forte.
J'iray, j'iray me fourrer dans la presse
De mes hayneus, ainsi qu' une Tygresse,   916
Quand de son antre on emporte les fans.[43]
Que dy-je helas, mais vous mes chers enfans,
Vous n'estes point palles, mornes, ny blesmes,
Vous vous taisez? Hé pensez en vous mesmes   920
Vostre danger: et tachez d'esbranler
Le fier hayneus, par vostre doux parler.
Armon. [44]J'avoy conclu de porter en silence,
Mere, nos maus, ainsi qu'en pacience: 924
Mais cuydes tu (puis que de moy tu veus*
Response avoir) que par mes humbles veus,
Je m'avilisse à mendier la vie?
Ha Dieu m'accable, ains qu'une telle envie   928
J'aye de vivre.
Rezefe.   Helas qu'avez vous dit?

[h] Abner fils de Ner. 2.Sam.20.

traisons] 73 traïsons   veus] 73 veus,

Mifibozet. —C'est, c'est SAÜL, qui nos cueurs enhardit,
  Saül, duquel nous n'avons esté nez
  Pour la mort craindre à la mort condannez.   932
Armon. —O fier Joabe, tu te tournes arriere,
  Pour n'estre esmeu de ma douce priere,
  Mais n'aye peur, et l'oreille ne clos
  (Comme l'Aspic)[45] pour n'ouïr mes sanglos,   936
  Nous ne voulons nostre vie allonger,
  Plustost plustost voulons nous l'abreger.
Mifibozet. —O Dieu destourne un tel blasme eternel,
  Que depouillez du regne paternel,   940
  Les nobles fils d'un Roy si magnifique,
  Trainent ainsi leur vie mecanique.
Armon. —Parquoy David fait bien de nous esteindre,
  A celle fin qu'il n'aye plus que craindre: 944
  Car il sçait bien qu'en vivant d'avantage,
  Nous r'eussions eu[46] nostre droit heritage:
  Et que le regne envahy par le traitre,
  Fut revenu dessus son juste maistre.   948
Joabe. —Ce n'est David qui à mort vous veut mettre,
  O preus enfans, pour asseurer son sceptre,
  Mais c'est Dieu seul, qui vostre sang demande
  Pour la plus digne et innocente offrande,   952
  Qu'Israël puisse à son nom presenter,
  Pour d'iceluy la famine absenter,
  Donc au païs vostre sang n'espargnez:[47]
  Mourez pour cil, pour qui vous estes nez,   956
  Et puis qu'il fault qu'un jour vous rendiez l'ame
  (Possible encor par quelque mort infame)
  Ne refusez une mort si honneste,
  Qui maintenant glorieuse s'appreste   960
  A vostre los et renom immortel:
  Certes chascun n'a pas un mourir tel.
  Donc ne soyez de vostre vie chiches,
  A fin qu'en gloire apres vous soyez riches.   964
  Car d'Israël les meres tous les ans
  A vos tombeaux offriront des presens,
  Et sus les monts des vierges la brigade*

brigade] 73 brigade,

Vous pleurera comme la Jeptiade:[1]   968
Où voulez vous vostre mort employer,
Dont vous puissiez avoir plus de loyer?
Rezefe. O quel loyer! certe on a bien affaire,[j]
Quand on est mort,* de guerdon et salaire!   972
Donc tu nous veus encor amadouer.
Va va mes fils dans le gibet clouër,
Va va cruel. Mais Dieu je te supply,
Si tu ne m'as du tout mis en oubly,   976
Et s'il est vray que ton bras punisseur
Des innocents racle le meurtrisseur,
Jette ton œil sus ceste tyrannie,
Et ne la laisse eschapper impunie,   980
Vienne quelqu'un qui ma* vangeance exploitte,
Et qui de bref ce felon à mort mette,
Usant vers luy de rigueur aussi grande,
Qu'il fait vers moy,* que nul ne le deffende,   984
Et sans avoir respit mesme au saint lieu,
Soit immollé devant l'autel de Dieu.[48]
Armon. Cessez cessez ceste vaine colere,
Nous vous allons dire l'Adieu ma mere.   988
Rezefe. Et quoy mes fils me voulez vous laisser,[49]
Et vostre dam vous mesmes pourchasser?
Où courez vous?
Mifibozet.   Puis que la vie humaine,
De tant de maux et de labeurs est pleine,   992
Et que celuy, ses malheurs plustost fine,
Lequel plustost de sa mort s'avoisine,*
Quel fol desir et malheureuse envie,
De vivre tant au monde nous convie?   996
Vaut il pas mieux, puis qu'il convient mourir,
Quitter bien tost ceste vie, et l'offrir
A son païs pour en faire une echange,
Au bruit tant doux d'une vive louange?   1000
Rezefe. Mais les defuncts, ce bruit ne sentent pas.
Armon. Si font, ô mere, ils le sentent là bas.

---

[i] La fille de Jepté de qui voy le II. des Juges.   [j] Ironie.
mort,] 73 mort   ma] 73 m'a   moy,] 73 moy
s'avoisine,] 73 s'avoisine.

Car sans l'espoir de ce dernier salaire,
Rien ne pourroit aux vertus nous atraire.   1004
Rezefe. Est ce vertu quand sa mort on avance?
Mifibozet. Ouy, lors que Dieu nous fait telle ordonnance.
Rezefe. Ah Dieu ne veut le trespas de personne.
Armon. N'est-ce pas luy qui la vie oste et donne?   1008
Rezefe. Mais qui vous rend coupables de la mort.[50]
Armon. —Vaut il pas mieux que nous mourrions à tort,
    Que justement?
Rezefe.   Las ceste fascherie*
    Je n'auroy ja, si pour vostre patrie,   1012
    Vous trepassiez, ainsi que vos germains,
    Avec la pique et les armes aux mains,
    Mais vous mourrez par le mesme supplice,
    Que meurent ceux, desquels on fait justice,   1016
    Comme meurtriers, faussaires et larrons.
Mifibozet. —Pensez, pensez, non comme nous mourrons,
    Mais pourquoy c'est.
Rezefe.   —O vous le seul appuy*
    De mes vieux ans, sauverez vous autruy,   1020
    Pour m'affliger?
Armon.   —C'est raison qu'une seulle
    Pour le profit de tout chacun se deuille.[51]
Rezefe. —Vous aymez donc les autres mieus que moy,
    O fils ingrats! mais las, puis que je voy,   1024
    Dieu, les destins, les hommes, et le sort,
    En mes malheurs conspirer d'un accord,
    Et que des-or toute esperance est vaine,
    Vien vien Joabe, et à la mort m'emmeine,   1028
    Comme mes fils: car il me fault occire,
    Si mon espoux tu veux du tout destruire,
    Je reste encor de luy quelque partie,[52]
    Doncques pren moy pour ta derniere hostie.   1032
Mifibozet. Vivez vivez, car Dieu ne quiert que nous.
Rezefe. Las! aussi bien ne vivray-je sans vous.
Joabe. —Cessez cessez, mere, de divertir
    Vos fils constans, il est temps de partir.   1036
Rezefe. —Ha permettez que pour le moins je roulle

fascherie] 73 fascherie,   appuy] 73 appuy,

Mes pleurs sus eux, et que mon deuil je soulle,
En leur faisant le service dernier.[53]

Joabe. —Cela ne puis-je, et ne le veux nier: 1040
Que pleut à Dieu, que je peusse aussi bien
(Comme je veux) te faire plus de bien.

Rezefe. —O mon support! ô de vostre parente
Le vain espoir! ô fils que je lamente!   1044
O seul honneur de vostre maison veuve,
Qui de ses maux, fait la derniere preuve!
O fils, pour qui j'ay tant de fois prié,
Mais Dieu ne s'est de mon veu soucié.   1048
Vous ne pourrez des hayneux triomfans,
Vanger Saül (ô ses nobles enfans)
Vous ne ferez (dont de deuil j'en soupire)
La gent de Dieu ployer sous vostre empire.   1052
Vous ne serez ainsi que j'esperoy
Gendres en bref de quelque brave Roy.
Vous ne serez conduits avec flambeaus
Par vos parents aus* dortoirs nuptiaus.   1056
Mais ô rigueur, ô deuil, ô cas piteux!
On vous merra pendre au gibet honteux.
Mais recevez, ains qu'aller à la crois
Ces miens baisers pour la derniere fois,   1060
Ce poil rompu, cest humeur de mes yeux,
Et plains de moy visitez vos ayeux.

Armon. Que diron-nous là bas à tous nos freres,
Et à Saül?

Rezefe.   Contez leur mes miseres,   1064
Et les priez qu'ils facent tost venir
Quelque Satan icy haut pour punir
Nos ennemis, et d'un fouët retors,
Vanger sus eux vos innocentes morts.[54]   1068

Joabe. C'est assez dit, mere etanche tes pleurs.
Les pleurs ne font qu'allumer les douleurs.

Rezefe. Ah attendez que leurs yeux soient fermez
De ma main propre. Adieu fils bienaymez.   1072

Mifiboʒet. Adieu parente, adieu douce clairté.

Armon. Adieu le sein dont je fus allaité.[55]

aus] 73 au

Rezefe. Ah recevez ces larmes derechef,
   Ces pleurs, sanglos, et ce poil de mon chef,   1076
   Et me laissez en soulas ceste robbe.[56]
Joabe. Or sus allon: qu'on aille de Merobe
   Saisir les fils,[57] et qu'on les meine pendre
   Avec ceux cy. Je ne puis plus attendre.   1080
Rezefe. Ja mes enfans partir je ne lairray
   D'avecques moy: avec eux je mourray.
Joabe. Ha je voy bien que par force à la fin
   Nous tirerons vos fils de vostre sein.   1084
Armon. Helas! Joabe, excuse je te prie
   La maternelle et juste fascherie:
   Et toy ma mere infortunee et triste
   Contre l'effort des plus grands ne resiste.   1088
   Peus-tu bien voir qu'avecques force et coups,
   On te separe honteusement de nous?
   Vien, vien plustost Joabe, allon nous en,
   Car aussi bien ma poitrine je sen   1092
   Se fendre au deuil de ma triste parente,
   Doncques adieu, adieu mere dolente.
   Je ne puis plus mes larmes contenir.
Rezefe. O mes enfans, je ne sçay soutenir   1096
   Mon foible corps pour le deuil qui m'assiege.
   Mais ils s'en vont. Que feray-je? où iray-je?
   Suyvon, suyvon: mais auray-je le cueur,
   De regarder de leur torment l'horreur?   1100
   Dea pourquoy non? puis qu'ils ont le pouvoir
   De le souffrir, ne le pourray-je voir?
   Allon allon (au moins comme je doy)
   Accompagner le funebre convoy.   1104

Le Chœur
   Voyez combien l'amour, que porte
   Une mere à son enfant, est forte,
   Amour qu'on ne peut demouvoir,
   Ny par glaive, genne, ou menasse,   1108
   Ny par le foudroyant pouvoir
   D'un tyran, ny par son audace.
     Amour pour lequel la Lionne,

Grinsante au deuil qui l'eguillonne,   1112
Franchit sus les monts l'espesseur
De cent veneurs, et grosse d'ire
En mille parts le detrousseur
De ses petits elle deschire.   1116
   Amour, pour lequel la Tygresse
Soufflant sa rage vangeresse
Dedans les bois ne craint l'epieu,
Dont sa peau est ensanglantee: 1120
Mais fiere, se lance au milieu
Des ravisseurs de sa portee.
   Si nous voulons plus clair exemple,
Que le Pellican on contemple,   1124
Qui de son bec fait deborder
Le sang du fond de ses entrailles,
Et pour les siens aviander,
Oze avancer ses funerailles.   1128
   Ceste amour a fait que les meres*
N'obeirent aux loys severes
Du brave Empereur de Menfis,[58]
Qui pour perdre nostre semence,   1132
Vouloit que d'Israël les fils
Mourussent tous à leur naissance.
   Donc ores je ne m'emerveille,
Si une douleur nompareille,   1136
Te vient, ô Rezefe, empongner,
De ce que tes fils on arrache
Hors de ton sein pour les mener
A la mort dure sans relache.   1140
   Mais vous innocentes victimes,
Qui payez des paternels crimes,
Le pitoyable chastiment,
Et pour sauver vostre patrie,   1144
Allez si magnanimement,
Comme aigneaux à la boucherie.[59]
   Quels salaires à vos merites
Suffiront, ô enfans inclites?   1148
Et qu'aurez vous de nous, sinon
Un deuil, une douce complainte,
Et à jamais de vostre nom,
La remembrance au cueur emprainte?   1152

meres] 73 meres,

ACTE CINQUIEME

Le Messager et Merobe

Le Messager. [60]O L'orrible destin, cruel, espouvantable!
  Qui vit oncques de nous chose autant lamentable,
  Depuis que nous avons l'Egypte delaissee?
  Mais voy-je pas Merobe en terre renversee,   1156
  De qui les cinq enfans ont malheureusement
  Avec ceux de Rezefe esté mis en torment?
  La voila qui lamente en une noire robbe.[61]
    Helas Merobe helas!
Merobe.   Je ne suis plus Merobe.   1160
  Je ne suis plus du Roy la fille, mais je suis
  Fille de deuil, de maux, de malheurs et d'ennuis:
  Mais as tu veu, dy moy,* mes fils crucifier?*
  Je te pry conte moy tout leur supplice entier.   1164
Le Messager. Pourrez vous bien prester l'oreille à tel recit?
Merobe. Ouy, ouy, car le malheur ma poitrine endurcit.
Le Messager. —[62]Sachez que sus le mont voisin de la cité,
  De Gabe où vostre pere eut sa nativité,   1168
  Mont, auquel iceluy campa son exercite,
  Le jour qu'il meit à jeun les Palestins en fuite,[k]
  Dessus ce mont là dis-je, on avoit ja sept crois
  Elevees de ranc, quand la tourbe à la fois   1172
  Accourt de toutes pars, et se pressant ondoye
  Comme le flot de l'eau, quand elle n'est pas coye.
  L'un s'ebranche à un Pin, les autres à un chesne,
  Cestuy à un Laurier, cest autre à quelque Fresne,   1176
  Les uns montent dessus des murailles brisees,
  Les autres eloingnez asseurent leurs visees
  De la marge du mont: bref la place rebruit
  Du peuple qui pour voir à grand'foulle se suit.   1180
  Quand nous vimes Joabe avecques un long train,
  Amener les sept fils, qui d'un regard serein
  Temoignent leur grand cueur: car la tache de crainte

[k] 1.Sam.14.

moy,] 73 moy   crucifier?] 73 crucifier,

N'estoit aucunement en leur visage peinte.   1184
Les uns, en les voyant, cruellement joyeus
S'éjouissoyent de voir la faim finir par eus,
Mais leur cueur, leur beauté, l'innocente jeunesse,
Le paternel merite, et aussi leur noblesse,   1188
D'avoir compassion tous les autres semont,
Apres que les enfans eurent attaint le mont,
Et qu'ils virent les crois etendues pour eus,
Qu'ils virent les bourreaus d'un maintien rigoureus,   1192
Et ne virent illec aucune face amie,
Lors ils furent saisis d'une couleur blemie,
Et l'horreur de la mort ou plustost du torment
Leur alla quelque peu troubler l'entendement.   1196
Mais voyans que c'est Dieu qui leur trépas destine
Et qu'il faut accomplir la volonté Divine,
Ils reprindrent leur teint en r'asseurant leur face
Ainsi que le Soleil quand de ses rays il chasse   1200
La nuë qui devant offusquoit sa clairté.
Pourquoy ne mourront-ils au moins en liberté?
Sur ce point les heraus à haute voix commandent
Que lon face silence, à fin que tous entendent,   1204
Quand ainsi le Seigneur de Gabeon parla.
    O Innocents esprits que le roy bourrella
Prenez benignement cette offrande innocente
Que le peuple Isacide humblement vous presente,   1208
Afin que vous daignez ses malheurs alleger.
Doncques ne vous veuillez davantage vanger,
Et souffrez desormais que le terroir Solime
Rapporte à son seigneur l'usure legitime.   1212
    Apres ce les enfans dirent en soupirant,
Est-ce doncques ainsi, ô bien aymé parent,
Qu'en lieu du sceptre tien nous sommes heritiers
De tous tes chatimens. Mais venez ô meurtriers,   1216
Hastez de deslier de cette verte ecorse
L'esprit qui ja desja de s'en aller s'efforce.
    A ces mots un chacun pleure piteusement,
Mais ceux que lon plouroit ne pleurent nullement.   1220
Tandis de Gabeon, les bourreaus inhumains
Empongnent leur hostie, et nus piez et nus mains

L'etendent à la croix. Alors—mais* c'est assez,
Ne veuillez plus ouir de vos malheurs passez. 1224
Car qui seroit celuy qui sans s'evanouir,
Voire mourir de deuil, pourroit le reste ouir?
Encor la propre mere!
Merobe.   —Ha, non non, paracheve,
Et toy deuil preste moy pour le moins quelque treve, 1228
Pour sçavoir mon malheur: car aussi bien mourray-je,
Mais le malheur tost sçeu le malheureux allege:
Conte donc hardiment, tant soit greve la chose,
Veu que plus grieve encor mon cueur se la propose. 1232
Le Messager. —Apres que les enfans furent en croix liez
On leur pertuize helas d'un fer pointu les piez,
Et l'une et l'autre main, si fort, que les bourreaux
Faisoyent sus les gros clous rebondir les marteaux. 1236
Le bois geint sous l'acier: tout autour la montaigne
Double le son des cous, et toute la croix saigne,
Et par force le fer d'entrer dedans persiste,
Tant que le peuple esmeu de pitié se contriste, 1240
Crië, meugle et maudit la famine, laquelle
Est cause d'exploitter une cruauté telle,
De laquelle l'horreur feit au Soleil blaffatre,
Offusquer ses rayons d'une nuë noiratre: 1244
Mesmes en l'air je vy s'en plaindre les oiseaux,
Et les cedres pleurer de leurs sacrez coupeaux.
Mais quand j'aurois icy cent bouches et cent langues,[63]
Dont je peusse à la fois desployer cent harangues, 1248
Je ne pourrois encor suffisamment vous dire
Le dueil et crevecœur, et douloureux martyre
De Rezefe en vos maux la fidelle compagne.
Dés qu'elle vit de loing le haut de la montaigne 1252
Qui fourmilloit de gens, soudain la malheureuse*
Se douta de ses maux, et toute furieuse
Elle se met en voye, et si fort s'en alla
Qu'elle passe à courir puis ceux-cy, puis ceux-là. 1256
Aux fenestres des toicts les meres de Sion
La regardoyent aller avec compassion.
Elle vous[64] fend la foulle, et se haste de sorte

Alors—mais] 73 Alors. mais   malheureuse] 73 malheureuse,

Qu'en fin pres de ses maux son pié viste la porte,   1260
Elle voit les gibetz dont sa peur vient à croistre
Et de pres en plus pres son malheur apparoistre:
Mais quand ell' vit ses fils indignement traittez,
Et miserablement à la croix tourmentez,   1264
Quand elle vit leurs chefs qui sur l'espaule cheent,
Leurs visages mourans, et leurs bouches qui beent
A la mort, et les yeux qui nagent à leur fin,
Elle s'arresta là, comme un rocher Alpin,   1268
Que ny foudres, ny vens, ny les pluyes qui roullent
Journellement du ciel aucunement ne croullent,
Immuable, chenu, horrible et plein de neige,
Ainsi Rezefe estoit: mais las que vous diray-je   1272
Des filz en la voyant? certes alors les pleurs
Que la peur de la mort, les tourmens, les douleurs,
Que mesmes les bourreaux ne sceurent arracher,
Vinrent piteusement à coup se deslacher.   1276
    O femme (dirent-ils) faut-il que tu accroisses
Par ta presence helas, nos malheurs et angoisses?
N'avons nous pas souffert des peines assez grandes,
Sans qu'avecques tes pleurs tout le cueur tu nous fendes? 1280
Retire-toy plutost, et que ta pieté
Ne vaincque de tes fils la magnanimité,
Va te di-je et nous laisse endurer constamment
Si peu qu'il reste encor à souffrir de tourment.   1284
Ainsi de nostre mort jamais ne te souvienne,
Et la fortune ormais plus heureuse t'avienne.
    Ces mots parachevez eveillerent la vois
De Rezefe laquelle en ambrassant la crois   1288
Leur replique en ce point: O fils quels je vous voy!
Est-ce donc cy l'espoir lequel de vous j'avoy?
O vous bourreaux au moins, si vostre cueur fut oncq
Meu de compassion: collez-moy à ce tronc,   1292
Que les monts et coupeaux qui dessus moy verdoyent
Pour clorre mes travaus de grace me foudroyent.
Mais ô fils regardez vostre dolente mere,
Et l'allegez un peu de vostre œillade chere,   1296
Où tournez-vous les yeux? pourquoy fuyez-vous celle
Qui sent egallement vostre peine cruelle?

Car il n'y a que moy en toute cette presse
Avecq qui vous puissiez partir vostre destresse.   1300
Doncques regardez moy et ne me priez point
Que je parte d'icy, veu le deuil qui me point,
Car ains que je le face on verra les oizeaux
Abandonner le vide, et les Daufins les eaux.   1304
Jamais jamais dehors de ce lieu je n'iray,
Ains ma vie ennuyeuze icy je finiray.
Mesmes, en attendant que la fureur me tue,
Icy je garderay d'une haire vestue,[65]   1308
Que de jour les oiseaux, et les bestes sauvages
Ne facent en la nuict à vostre corps outrages.
    Ainsi parla Rezefe, et baisant leurs genoux
Le maternel amour elle divise à tous.   1312
Quand vos enfans venus à leur extremité,
Apres avoir long temps contre la mort luitté,
Souspirerent ensemble, ensemble Adieu se dirent,
Et l'esprit vertueux tous ensemble ils rendirent.   1316
Merobe. —O mon Dieu qu'est ce là? suis-je encor' vive ou morte!
Doy-je lacher le frain au deuil qui me transporte?
Et qui sort de mon cueur en haste impetueuse,
Mais à qui me plaindray-je, ô moy malencontreuse?   1320
Aux hommes ou aux dieux? qui baillera l'accent
A desployer le mal que ma poitrine sent?
Qu'est-ce qui prestera la voix à mon martire?
Qui donra double force à mon cueur qui souspire?   1324
Qui fera de mes yeux d'une larmeuze veine
Rouller incessamment une double fonteine?
Bref qui me fournira de sanglots et de pleurs
Ainsi que de soucis, de chagrins et douleurs?   1328
Qui me consolera? qui me donra confort?
Mais quel confort ô folle! il n'y a que la mort
Qui me puisse alleger. Hé doncques qui sera
Qui pour suyvre mes fils aux enfers m'envoyra?   1332
Qui fera que j'empierre en statue sallee[1]
Ainsi que fut de Lot la femme emerveillée?
Qui fera que je soye en cendre convertie
Par la flambe divine à l'impourveu sortie   1336

[1] Gen. 19.

Comme furent jadis les deux enfans d'Aron?^m
Qui fera que sous moy, comme sous Abironⁿ
Et le mutin Dathan, cette terre se fende,
A fin que toute vive aux enfers je descende?   1340
Helas je n'en puis plus: ô mes fils bien aymez
Pourquoy fustes vous oncq dans mon ventre formez?
Pourquoy si tristement vous ay-je oncques conceus,
Pourquoy vos premiers ris ay-je jamais receus?   1344
Pourquoy vous allaitay-je? et pourquoy jusqu'icy
Vous ay-je entretenus avec tant de soucy?
Pourquoy dans mon giron vous ay-je oncques portez?
Que n'avez-vous plustost esté tous avortez,   1348
Ay-je pris tant de soin et peine à vous nourrir
Pour si honteusement vous voir apres mourir?
Ha quelz astres malins à vos tristes naissances
Verserent des le bers sur vous leurs influences?   1352
O heureuse cent fois, si sans nulle gesine
J'eusse esté de tout temps de lignée orpheline?
O fol qui son espoir en la fortune fiche!
Doncques pour m'appauvrir m'at elle fait si riche?   1356
M'at elle fait hausser pour tomber tout à coup,
Et pour ne m'oster peu m'at elle donné beaucoup?
M'at elle tant aidé à celle fin qu'apres
Elle peust m'offenser! Mais dequoy ces regrets,   1360
Dequoy servent ces pleurs, si mon dueil et malaize
Pour ces regrets et pleurs nullement ne s'appaise?
Meur' meur' plutost Merobe: et d'un cueur magnanime
Montre toy de Saül la fille legitime.   1364
Mouron di-je, mouron: car tant que je vivray
Mon cueur de ses tourmens ne sera delivré.⁶⁶

Fin de ceste Tragedie

^m Levi.10.   ⁿ Nomb.16.

LE NEGROMANT,

COMEDIE DE M. LOUIS
ARIOSTE, NOUVELLEMENT MISE

en François, par Jehan de la
Taille de Bondaroy

LE PROLOGUE

NE PENSEZ plus ouir chose impossible, si on vous dit que les cailloux, et les arbres, de contree en contree suivoyent Orfee: Ne pensez point encor grand' merveille, si Phœbus et Amphion[1] feirent monter les pierres l'une dessus l'autre, et enfermerent de murailles Thebes et la cité de Priam: puis que vous avez veu au temps passé, que Ferrare[2] avec ses maisons, ses palais, ses lieux privez, sacrez et publiques, estoit venuë toute entiere jusques à Rome, et que ce mesmes jour vous voyez Cremonne estre icy venue au milieu de l'hyver, par un chemin facheus et plein d'aspres montaignes. Ne croyez ja ce qui l'a contrainte de venir, que ce soit pour se faire assoudre de quelques homicides, de veus, [100] ou de telles choses, pource qu'elle n'en a point de besoin, et quand elle en auroit, elle avoit bonne esperance que le Pape[3] liberal, luy eust bien faict envoyer planiere indulgence jusques à la maison. Mais seulement elle vient pour connoistre en presence, voir et contempler avec ses propres yeux, ce que la celebre Renommee luy a porté de la bonté, de la rondeur, du courage,[4] de la religion, de la sagesse, de la courtoisie, de l'inclyte splendeur, et de la vertu de LEON dixieme. Et à fin qu'elle n'aye à vous estre moins plaisante et aggreable que fut Ferrare, elle n'est pas venue sans une Comedie toute nouvelle, laquelle veut estre nommee LE NEGROMANT, et se jouëra enhuy devant vous. Or qu'il ne vous semble plus estre chose merveilleuse que Cremonne soit icy: et faites desja vostre compte, que le Negromant de la Fable l'a faict porter par l'air aux diables. Mais quant bien encor ce seroit un miracle: tant y a, que vous avez cette nouvelle Comedie du mesme auteur duquel Ferrare eut LES SUPPOSEZ. Mais s'il ne vous semble ouir le propre et accoustumé langage de son peuple, vous avez à penser, que passant par Boulongne, où il a estudié,[5] il a ouy quelque mot qui luy a pleu, et l'a retint en sa memoire: depuis à Siene, et à Firense, et par toute la Thoscane, il s'est adonné à l'eloquence le plus qu'il a peu: mais en si bref terme, il n'en a tant appris qu'il puisse du tout cacher la prononciation du Lombard. Or si vous oyez sa Comedie avec silence, il espere de vous donner matiere de rire, autant que vous donna Ferrare.

[100v]   LES PERSONNES

Marguerite
Aurelie   *Chambriere*
La Mere d'Emilie
Une Fantesque
Lippe   ⎫
Cambien   ⎬   *Vieillards*
Maxime   ⎪
Abonde   ⎭
Le Fizicien, ou Negromant
Cinthien   ⎫   *Jeunes hommes*
Camille   ⎭
Themole   ⎫   *Serviteurs*
Nebbien   ⎭
Un Facquin

[101]   LE NEGROMANT

ACTE PREMIER. SCENE I
Marguerite, et Aurelie Chambriere

Marguerite. DEPUIS le jour qu'Emilie fut mariee (il y doit
desormais avoir un mois) je n'ay jamais eu le loysir de l'aller
voir, sinon aujourd'huy: et pense qu'elle s'en devra fascher, car
de sa grace elle n'avoit voysine qu'elle aymast[6] plus tendrement
5   que moy. Mais sa chambriere sort de la maison. Où s'en va
Aurelie?
Aurelie. —Nulle part: Je venois, pource que je pensois avoir
entendu un de ceux qui crient de l'herbe. Mais vous Marguerite,
où?
10 *Marguerite.* Je m'en viens deviser un peu avec nostre Emilie.
Aurelie. —Deà si tu l'aymes, ne la vien point molester, ores
qu'enfermee en sa chambre elle est toute melancolique [101v]
avec sa mere.

Marguerite. Que luy est-il advenu?

Aurelie. —Ce que la pauvrette devoit moins craindre. Que mal   15
advienne^a à quiconque feit jamais ces espousailles.

Marguerite. —Chacun les louoit au commencement pour estre un
des meilleurs partis qui fussent en ce quartier.

Aurelie. Marguerite m'amye, ils ne luy pouvoient donner pis.

Marguerite. Si est-ce un beau jeune homme.   20

Aurelie. Elle veut bien d'avantage.

Marguerite. J'enten qu'il est bien riche.

Aurelie. Encores veut elle autre chose.

Marguerite. Il doit estre mal gracieux.

　　Mais qu'elle ne se tienne point en pointe,^{b7} et ne jouste   25
trop fierement avec luy.

Aurelie. —Deà ne crain point qu'ils joustent: car la lance est epoin-
tee et trop foyble.

Marguerite. Doncques ne fait il pas son devoir.

Aurelie. Son devoir?   30

Marguerite. Ne le peut il faire?^c

[102] *Aurelie.* —La malheureuse est aussi vierge comme elle estoit
devant ses nopces.

Marguerite. C'est par mon Dieu grand malheur.

Aurelie. —C'est bien des plus grands malheurs que femme puisse   35
rencontrer.

Marguerite. ^dQu'elle ne s'en donne point tant de fascherie, ou⁸
il pourra bien—

Aurelie. Quand le pourrat-il bien si en quinze, et vint, et trente
jours, il ne l'a peu?   40

Marguerite. —Ils s'en retrouvent, et sont aucuns qui ont esté
quelques ans debiles, qui depuis se sont tournez si bien qu'ils le
peuvent.

Aurelie. —Les Dames doivent elles attendre les ans à se repaistre?
Donc elle beante attendra elle, que le pain luy tombe dans la   45
bouche?^{e9} Mieux eut esté se tenir oysive en la maison de son
pere, que venir à son mary, si elle n'en avoit autre bien. Elle eut
bien eu en sa maison à boire, à manger, à dormir, et semblables
choses.

Marguerite. —Quelque maligne femme, avec laquelle il auroit   50

^a Che nasca una fistola.   ^b Ma non stia in punta e giostri &c.
^c Che non puo.   ^d Lasci andar.   ^e Caschino le biade.

premierement eu acointance, l'aura en ce point accoustré par
envie. Mais s'y a il des remedes à telles choses.

Aurelie. —On en a essayé, et s'en essayent encor[f] assez, et tous
reüssissent en vain. Un qui vient par deça (qu'ils [102v]
55 appellent le Fizicien) promet de faire choses miraculeuses: mais
on n'en a encor eu que fables, en sorte que je doute qu'il n'y aye
pis qu'ensorcellement, et qu'il ne luy mancque, tu me peux bien
entendre.

Marguerite. —C'eut bien esté pour le mieux qu'ils l'eussent donnee
60 à Camille, qui la feit tant de fois demander. Hé pourquoy luy
refuserent ils? Pource que Cinthien est plus riche?

Aurelie. —Il y a peu de difference de biens entre eux: ains ils le
firent, pource qu'il y avoit tousjours eu fort estroite amitié des
leur jeunesse entre les deux beau-peres. Ils s'en sont bien
65 repentis: et si les choses qui sont passees pouvoient revenir, et
estoient à refaire, on y besongneroit mieux à la seconde fois,
qu'on ne feit à la premiere.

Marguerite. —Puis qu'ainsi va, je ne luy donneray point d'ennuy,
A Dieu.

70 *Aurelie.* —Va à la bonne heure: puis retourne Dimanche, car tu la
verras plus à son ayse.

SCENE II
Lippe, et Cambien, vieillards

Lippe. VOicy la premiere rue qu'on trouve en tournant à main
gauche, apres qu'on a passé Sainct Estienne: Et ce doit estre icy
la maison de Maxime, aupres de la[103]quelle se tient celuy que
75 je cherche: et si bien je considere, il demeure en ceste là, ou en
ceste-cy. Possible que cestuy me le pourra bien enseigner. Mais
je le voy: Je le voy par Dieu: c'est celuy mesmes, sans autre, que
je cherche.

Cambien. N'est-ce pas icy Lippe?

80 *Lippe.* Cambien.

Cambien. Quand[10] à Cremonne?

Lippe. O cher Cambien, que je vous voy volontiers!*

[f] Tutta via.
volontiers!] 73 volontiers?

Cambien. —Je le croy: et moy vous semblablement. Quelles bonnes affaires vous aménent?

Lippe. —Nostre Coppe[11] m'envoyoit cy, pour retirer quelques 85 deniers que luy doyvent les heritiers de Neugoce du Dont[11].

Cambien. Quand arrivastes vous?

Lippe. J'arrivay hier sur le vespre.

Cambien. Et bien que fait on à Firense?

Lippe. —On y fait comme de coustume. Mais j'enten que vous 90 vous estes fait Cremonnois de corps et d'ame, et que vous n'avez plus cure de vostre païs, ayant icy pris femme, belle et jeune.

Cambien. [103v] C'ay mon.[12] Que vous en semble! Elle estoit de quatorze ans, quand je la pris, et n'y en a pas encor deux que je l'ay. 95

Lippe. Vous devez bien estre outre les soixante.

Cambien. Je ne pense pas les avoir attains.

Lippe. —Je sçay bien que vous venez à mon signe,[13] et que vous me passez. Soit comme vous voudrez. Pourneant blasmet-on la chose, quand on ne peut faire qu'elle ne soit faite. 100 Toutefois—

Cambien. —Suyvez: quoy? Toutesfois, que voulez vous dire? Vous semble il que j'aye mal fait, ayant en cest aage besoing de repos? Je me suis acquis une fort riche possession.

Lippe. En av'ous si grand douaire? 105

Cambien. —Le douaire est bien petit, mais le revenu en est si grand et à moy si utile, que j'en ay vescu jusques icy, et en vivray tousjours commodément.

Lippe. Je ne vous entens point.

Cambien. —Dequoy c'est une jeune fille gentille, gracieuse et 110 belle, j'en ay une si bonne rente en toute saison.

Lippe. Há combien,[14] mais l'honneur. Ne sont-ce pas choses, dont on deust avoir vergongne?

Cambien. —Combien pensez vous qu'il y en a en ce païs, qui tien[104]nent des femmes plus pour l'usage d'autruy, que pour 115 le leur propre? Et mesmes de ceux[g] qui vont bien vestus, et pense bien qu'ils n'en ont point de fascherie, ny de mal-aise. Or cecy se peut bien nommer Republique.[15]

Lippe. —Cambien, par cela que des vostre jeune aage j'ay connu de vous jusques à ce que vous partissiez de vostre païs, j'ay 120

[g] Et di qui.

tousjours creu le contraire de ceste opinion. Je n'eusse jamais
estimé que la contagion des meschantes coustumes, eut esté
suffisante à vous corrompre si tost. Mais je penserois plustost
que pour rire, et non pour parler à bon esciant, vous faites
125 semblant d'estre autre que vous n'estiez.

Cambien. —Lippe, je ne vous voudrois point cacher, et ne pourrois,
chose que j'eusse en la pensee : et ores, mon amitié estant envers
vous celle mesmes qui souloit estre, je ne veus que l'absence de
deux ans aye eu tant de force que la fiance que j'avois en* vous
130 soit moindre en Cremonne qu'en Firense.

Lippe. —Je vous en remercie de bon cueur : et vous asseurez que
vous aurez de moy la pareille : et quelque chose qu'en mon secret
vous veuilliez deposer, faites-le seurement : car en tout lieu, je
vous la garderay fidellement.

135 *Cambien.* Or escoutez.

Lippe. Dittes.

[104v] *Cambien.* —Il est vray qu'en ceste maisonnette habite une
jeune fille, que les voisins croyent estre ma femme, et ne l'est pas :
mais bien elle est femme d'un noble Jouvenceau Cremonnois.
140 Ores je te diray par ordre pourquoy c'est qu'ils ont ceste opinion.

Lippe. Dy.

Cambien. Tu as connu Fatien le mary de ma seur.

Lippe. —Si je l'ay connu ? Quand il demouroit à Firense, nous
soulions estre compaignons, et une mesme chose.

145 *Cambien.* —Quand il partit de Firense, il vous en devroit bien
souvenir.

Lippe. Voire : je croy qu'il n'y sçauroit avoir cinq ans.

Cambien. Il y en a bien neuf.

Lippe. Il peut estre. O Dieu, comme les ans vont viste !

150 *Cambien.* —Luy venant icy, et sa femme, amenerent une petite
garse, qu'ils avoient prise pour leur fille.

Lippe. —J'ay souvenance de l'avoir veuë, et ay tousjours creu
qu'elle estoit à eux.

Cambien. —Non estoit :[16] c'est la fille d'une femme qui estoit venue
155 jusques là de Calabre. Elle vint :[17] mais le conte est long [105] à
raconter.

Lippe. Soit à la bonne heure.

Cambien. —Mais continuant mon propos, icy vint Fatien, là où

en] 73 eu [but the Italian reads 'in te']

avec ce qu'il avoit apporté de Firense, et pour estre tousjours
sur le traffic car vous sçavez qu'il estoit homme de grand 160
esprit—

Lippe. Je n'en connus jamais de plus attentif au gain.

Cambien. —Il s'acquesta ceste pauvre maison, et apres quelque
autre bagage.[h]

Lippe. —Je le croy, et possible feit il plus grand acquest de biens 165
que de vie.

Cambien. Sans doute. Or escoutez.

Lippe. Dittes.

Cambien. —En ceste prochaine maison est un jeune homme noble
et honneste, nommé Cinthien, que ce Maxime a pris pour son 170
fils, en intention, pour ce qu'il n'en a point d'autre, de le
laisser son heritier. Or vers luy ce jeune fils a telle summission
et obeïssance, que tu dois imaginer que doyve avoir la personne
qui s'attend d'avoir semblable heritage, quand ny par neu de
sang, ny par obligation, ny par aucun respect, mais seulement 175
de franche volonté, il est poussé à luy faire si grand bien. Car
luy voyant Lavinie (ainsi se nomme la fille) et [105v] puis
parlant telle fois à elle, comme à sa voisine, il advint qu'il s'ena-
moura d'elle outre mesure.

Lippe. —Elle doit estre devenue belle, par ce qu'on en peut juger 180
des qu'elle estoit petite.

Cambien. —Elle a assez bonne apparence. Or escoutez. Cinthien
commença premierement à la tenter avec prieres et offres d'argent, à ce qu'elle luy feist part de sa personne. Elle luy respondit
tousjours avecques prudence qu'elle n'estoit point pour estre 185
sienne autrement que legitime espouse, et avecques le congé de
ma seur Nanne, qu'elle nomme pour sa mere. Et le jeune
homme eut fait cela, mais la reverence, et plus encor la crainte
qu'il a de Maxime le retenoit: car iceluy n'eut pas esté pour
l'endurer. Toutesfois si Nanne se fust accordee avecques luy, le 190
mariage se fust des l'heure ensuivy: mais elle voyoit qu'il
n'estoit gueres proufitable de luy donner Lavinie, encourant
l'offense et la malle grace de Maxime. La chose estoit pro-
longee: car elle ne vouloit pas esconduire Cinthien, ny luy oster
toute esperance. En tant Nanne m'ayant faict à sçavoir que 195
Fatien estoit trespassé (ce fut tout en un temps) et mandant, que

[h] Peculio.

je vinsse en ce quartier pour estre avec elle, la conseiller et
conduire, et moy luy voulant satisfaire, comme est le devoir,
dés que je fus arrivé, ma seur me feit entendre ceste menee, et
200   moy parlant plusieurs fois avec Cinthien, et connoissant qu'il
aymoit autant qu'on peut aymer, je ne voulus point laisser
passer ceste occasion, et pris pour remede qu'il espouseroit
Lavinie [106] en secret, en presence de deux fideles tesmoings,
et tout à un temps que je ferois sçavoir en public que je m'estois
205   cy transporté de Firense, seulement pour la prendre à femme,
et que j'estois appellé de ma seur pour me faire ensemble jouis-
sant du bien de Fatien, duquel elle et Lavinie estoient heritiers:
je prendroys le nom de mary, et du reste Cinthien jouyroit en
cachette, jusques à ce que le vieillard Maxime leur donnast
210   lieu.[18] Ainsi pour venir à ses attentes Cinthien espousa en secret
Lavinie, et en secret s'accompaignerent, et en public je feis les
actes des espoux.

    Lippe. —Quelle necessité estoit-il, de feindre que ce fust ta
femme? Le jeune homme ne la pouvoit il avoir en secret sans
215   cela?

    Cambien. —Non, pource qu'estant grosse (ce qui peut advenir
de bref) on l'eut peu mal celer, et cela n'eut peu estre sans le
blasme et l'infamie d'elle et de sa mere.

    Lippe. Je me tays.
220 *Cambien.* La pratique estoit bien succedee.

    Lippe. —Cest (estoit) me desplaist. Il y doit estre advenu quelque
cas desplaisant.

    Cambien. Devinez-le.[1]

    Lippe. C'est que le jeune homme à la fin a changé d'intention.
225 [106v] *Cambien.* Ce n'est pas cela: car il ayme Lavinie à l'ac-
coustumee.

    Lippe. Qu'est-ce donc?

    Cambien. —Je vous le diray. Il n'y a pas trois mois que Maxime ne
sachant rien de ceste trame, et quelques siens amis procurerent
230   qu'Abonde riche citoyen de ceste terre, luy promit et donna la
foy qu'une sienne fille qu'il avoit unique seroit femme de Cinthien. Et les vieillards conduyrent ces fiançailles, devant que
nous en eussions connoissance, et le prindrent si à l'impourveue,
qu'ils luy firent promettre espouser,[20] et le mesme jour la

---

[1] Tu ti apponesti. Tu l'as deviné.[19]

mener en sa maison, et le pauvret ne sçeut dire un seul mot au   235
contraire.

Lippe. —Ainsi Lavinie estoit laissee, et seroit veuve vivant son
mary.

Cambien. —Non, escoutez moy. Nous avons pris une voye telle,
que si la fortune n'est en tout contraire, nous menerons nostre   240
navire un de ces jours en un port asseuré.

Lippe. Dieu le veuille, et comment?

Cambien. —Cinthien jusques icy n'a il essayé ce que son espousee
sçait faire,[j] et est ja pres d'un mois qu'il continue de coucher à
par soy, et s'est feint impotent, et sera tousjours pour se feindre   245
en ce point.

Lippe. —Je ne croy pas cela, car il est impossible: mais je croyroy
bien, qu'il vous abuse.

[107] *Cambien.* —Il ne m'abuse point, non, soyez en certain: et ne
vous sera point difficile à le croire, si vous en avez la connois-   250
sance et pratique. Je vous le diray, car l'espousee l'a dit à la
chambriere. De là la chambriere l'a* rapporté à la mere, et la
mere à Abonde, et Abonde s'en est depuis moult complaint
avec Maxime: et luy qui ne voudroit pas dissoudre tel
parentage, ny que Cinthien eust à perdre si bon party, s'en   255
est allé trouver je ne sçay quel Astrologue ou Negromant, ou
pour mieux dire un qui est moult stilé en telles choses, et luy a
promis donner vint florins, s'il le delivre. Or voyez si j'en sçay
ou non.

Lippe. Qu'esperez vous qu'il doyve succeder de ceste faincte?   260

Cambien. —Affin qu'apres que Cinthien aura esté en ceste continence deux mois, six, neuf ou dix, Abonde estimant à la fin que
le mal doyve estre perpetuel et incurable, retire sa fille en la
maison, et la donne aux autres,[21] et si nous nous pouvons
deffaire de cecy, nous n'ayons depuis que douter. Bien seroit fol,   265
et auroit bien une chose sienne en hayne, qui parleroit plus de
la donner à Cinthien qui a le nom d'indispost et debile.

Lippe. —Le dessein est beau, et peut succeder, pourveu que
Cinthien soit ferme en ce qu'il a proposé.

Cambien. Je n'ay pas peur qu'il se change.   270

Lippe. —S'il poursuit, je le louë pour le plus fidele et vertueux

[j] Non ha fin qui Cinthio assaggiato di che la sposa sappia.

l'a] 73 la

jeune homme, dont j'aye jamais ouy parler. Or [107v] suis-je
bien ayse de vous avoir veu. Dieu soit propice à tous vos sou-
haits. Puis-je faire chose qui vous plaise?

275 *Cambien.* Que vous en veniez loger privément avecques moy.

Lippe. —Je vous remercie: Je suis logé avec ceux du Som. J'ay
affaire avec eux, et m'en puis mal despecher. A peine ay-je eu le
loysir de vous venir voir, et ores ils m'attendent.

Cambien. Je m'en vas jusques là avecques vous.

280 *Lippe.* Si vous n'estes empesché, k venez y.

Cambien. Que voy-je là? c'est Maxime. Il a le Negromant avec soy,
qui en toute maniere veut guerir Cinthien.

Lippe. L'issue en advienne selon que le malade desire, mais allon.
Je n'ay point de temps à perdre.

SCENE III

Le Fizicien, ou le Negromant. *Maxime,*
vieillard. *Nebbien,* serviteur du Negromant

285 *Fizicien.* AVant que nous facions autre chose, je veus Maxime
faire ce que peu d'autres medecins voudroient faire, ou le
voulant ne le pourroient.

[108] *Maxime.* Que voulez vous faire?

Fizicien. Je veux voir premier que la despense commence plus à
290 croistre, si ce mal se peut guerir ou non: car le connoissant sans
remede (ce que je ne veus toutefois presupposer) plus d'honneur
ce me sera, et à vous plus de proufit, si je le vous fais clairement
entendre.

Maxime. —N'ayez doute de ne le guerir. Employez vous seulement
295 avec bon courage à sa guerison. C'est quelque Malie¹ qu'un
homme ou femme luy a fait par envie, et laquelle vous sera facile
à dissoudre.

Fizicien. —J'espere qu'il en doyve estre ainsi: mais aussi ce pourroit
estre l'œuvre de quelqu'un bien entendu en tels charmes, en
300 sorte que la medecine en sera longue ou impossible.

Maxime. —Je ne veux pas croire que ce soit un si meschant charme.

---

k Disconcio.

¹ Malie, mot Italien, duquel mesmes use le Rommant de la Rose, signifie
ensorcellement.

Fizicien. Si ainsi estoit—

Maxime. Si ainsi fust, pacience.

Fizicien. —Si cela estoit ainsi, ne vaudroit il pas mieux le sçavoir
avant que les despens augmentassent plus?   305

Maxime. Ouy.

Fizicien. [108v] —Partant je veux mettre un esprit en un corps mort
qui avec voix intelligible me die la cause de l'indisposition de
vostre Cinthien. Je vous sçauray depuis bien promettre ou de le
guerir, ou vous oster d'esperance.   310

Maxime. Faites comme vous l'entendrez.

Fizicien. —Si j'avois à point^m un veau, mais qu'il fust de lait et
gras,ⁿ* car il m'en faut faire un sacrifice, ceste mesme nuit je
feroy la bezongne.

Nebbien. —Mon maistre en veut faire un festin à quelques siens*   315
disciples.

Maxime. Donnez moy terme.

Fizicien. Pourveu qu'il soit un peu noir, il me suffit.

Nebbien. Je m'attens bien encor de m'en oindre le museau.

Maxime. —J'envoiray à mon bestail, et feray choisir le meilleur   320
qu'y soit.

Fizicien. —Qu'en la teste, et aux espaulles, ou en quelques autres
parties, il soit noir,^o et²² fort bon.

Nebbien. —Quand il seroit plus blanc que neige, il luy plaira,
moyennant qu'il soit de lait et tendre.   325

Maxime. Vous l'aurez à ce soir.

[109] *Fizicien.* J'en feray le sacrifice ceste nuit.

Nebbien. A sainct Godence.

Fizicien. —Or où pourrons-nous trouver une Aube^p neuve qui
n'aye jamais servi?   330

Maxime. Je ne sçay.

Fizicien. —Nous la ferons de vingt braces^q de toile, mais bien
deliee et fort blanche.

Nebbien. Il a besoing de chemises.

Fizicien. —Pour les fanons, et pour l'estole, et pour orner l'aube et   335
l'amict, il faut deux aunes de drap noir.

Nebbien. Son saye est usé: il en faut un neuf.

Fizicien. Ah, j'avois quasi oublié le pentacle.

^m In ordine   ⁿ e morbido.   ^o Oscuro.   ^p Camiscie.   ^q Braccie.

  gras,] 73 gras.   quelques siens] 73 quelque siens

Maxime. J'ay assez de pentoles[r] à la maison.

340 *Fizicien.* Je ne dy pas pentole, mais pentacle.

Nebbien. Il seme le terroy pour faire naistre des chausses.

Maxime. —Je verray si j'en pourray emprunter de quelqu'un qui en aye.

Fizicien. Telles choses ne se prestent pas aizément.

345 [109v] *Maxime.* Comment doncques en aurons nous?

Fizicien. —Je pense à ce que nous ferons. Há voirement il m'en souvient, je croy qu'il n'y a pas encor dix jours qu'un Prestre me vint trouver qui m'en voulut vendre un à pris raisonnable. Il ne fut jamais achepté à moins de six florins,[s] mais il le laisseroit

350 pour quinze livres imperialles.[23]

Nebbien. —Il en fera naistre non seullement des chausses, mais le bonnet, jusqu'aux pantoufles.

Maxime. Ces pennaches la se vendent-ils tant?

Fizicien. Je ne dy pas pennaches, mais pentacles.

355 *Maxime.* —Qu'ay-je affaire du nom? Je regarde à ce qu'ils coustent.

Fizicien. —Si je puis faire qu'il vous le donne pour cent solz, fermez[t] seulement les yeux, et le achetez, je vous en feray bien tousjours avoir quatre francz et demy: et quant est de la toile,

360 et de tout le reste, vous en tirerez tousjours vos deniers avec peu de perte.

Maxime. Faut-il autre chose?

Fizicien. —Je ne vous demanderay plus rien pour ceste heure. Il est vray que j'aurois encor besoing de deux grands flaccons de

365 fin argent, mais vous les pourrez bien avoir par emprunt.

[110] *Nebbien.* Il en fera reüssir autre chose que le saye et les chausses.

Maxime. —J'en ay en la maison sans en chercher ailleurs. Me faut-il plus rien à pourvoir?

370 *Fizicien.* —Il faut icy, et des cierges, et des chandelles, et mainte sorte d'herbes et diverses gommes pour les perfuns, si que le tout coustera quinze ou seize carlins:[u] avisez à les acheter, ou bien baillez moy les deniers et le chariage.[v]

[r] Pentoles, c'est à dire, pots.

[s] Le florin vaut xxv. sols, et la livre imperialle vaut la brelingue Françoise, asçavoir viii solz.   [t] Chiudi.   [u] Le carlin vaut iii sols

[v] e il carico.

Nebbien. —La sansue est à la peau, et ne s'en voudra lever tant qu'il
   y aura sang à sucer.   375
Maxime. —Allon un peu à la maison. Je me delibere que ny par
   diligence ny par despense à moy ne tiendra que je puisse
   aujourd'huy sçavoir au vray si cestuy doit estre guery.
Fizicien. —Or allez et mettez en ordre ce que je vous ay dit, et
   retournez icy viste.   380
Maxime. —Allez leans, car je voy icy venir Cinthien, à qui je veux
   parler sans tesmoins.

SCENE IIII

Cinthien jeune homme, *Maxime*

Cinthien. MOnsieur.
Maxime. [110v]—Escoute un peu, je te veux dire, ce que plusieurs
   fois j'ay eu en fantazie, et ay teu jusques icy, me defiant de mon 385
   penser. Or puis que je te voy venir tout à temps, je te le veux
   encor dire:[24] La pratique que tu as avec nostre voisin Cambien
   ne me semble moult bonne ne louable: mal conviennent ensemble les vieux, et les jeunes.
Cinthien. —Monsieur ceste parole est contraire à ce que vous me 390
   souliez dire, que les jeunes apprennent tousjours en pratiquant
   avec les vieux.
Maxime. —Mal peut-on apprendre, où le disciple est plus sçavant
   que le maistre.
Cinthien. Faites que j'entende ce que vous voulez dire.   395
Maxime. —Si tu ne l'entens je te le diray en lettres d'Apoticaire.[w]
   Il me semble mal convenable, qu'un vieillard aye avecques toy
   si privee familiarité, lequel a si belle et jeune femme, que
   mesmes tu trafiques[x] en sa maison, soit qu'il y soit ou n'y soit
   pas. Tu sçais que par le passé que tu estois deslié du lien de 400
   mariage, je t'ay laissé vivre à ta poste, et ne me donnois
   fascherie, que le voizin eust infamie par toy, car luy n'ayant
   gueres soin de son honneur, beaucoup moins m'en doi-je
   soucier. Mais ores que tu as femme à ton costé, et que les parens
   d'icelle se sont plaints à moy de telle pratique—[25]   405
Cinthien. —Ce n'est point par male intention si je hante en ceste
   maison, et n'y a aucun peché entre moy et ceste jeune fille, ainsi

[w] A lettere di spetiali.   [x] Se comporta, che le bisighi.

Dieu m'en soit tesmoin: mais qui peut refraindre les langues
medisantes, qu'ils ne babillent à [111] leur plaisir?

410 *Maxime.* —Quand ce seroyent menteries,[26] qu'y fais tu? quelle
accointance as-tu avec eux?

Cinthien. —Non autre, qu'amitié bonne et honeste. Mais en
quelle maison voiez-vous des Dames qui ayent quelque grace
ou beauté, qu'il n'y voise* tousjours des gentilhommes les
415 courtiser, soit que les marits y soient ou non?

Maxime. —L'usage en est à louër. Cecy n'estoit pas accoustumé de
mon temps.

Cinthien. —Les jouvenceaus en vostre temps devoyent avoir plus de
malice qu'ils n'ont de nostre âge.

420 *Maxime.* —Non pas, mais les vieillars estoyent plus accors. Je
m'ebahy qu'à present les hommes ne sont gras[y] comme tourtres.

Cinthien. Pourquoy?

Maxime. Pource qu'ils ont tous si bon estomac.

ACTE SECOND. SCENE PREMIERE

Cinthien, Themole son serviteur.

[111v] *Cinthien.* THemole que te semble de ce Fizicien ou Negromant, ou que ce soit?

Themole. Monsieur, il me semble un renard plein de finesse.

Cinthien. Un renard n'est si caut.[z][27]

5 *Themole.* Que sçait-il davantage?

Cinthien. —Je te puis dire qu'en tout il est tresdocte à fait. Il sçait
de l'art Magique ce qu'on en peut sçavoir, et croy que tout le
monde n'a pas son pareil.

Themole. Qu'en sçavez-vous?

10 *Cinthien.* —Son vallet m'en a dit choses estranges et emerveillables.

Themole. —Deà Cinthien, que Dieu vous aide, faites en encor part
à moy.

Cinthien. —Il me dit qu'à sa poste il faisoit illuminer la nuit, et
obscurcir le jour.

15 *Themole.* J'en sçaurois bien faire autant.

Cinthien. Comment?

---

[y] Non siano affatto.   [z] Volpe no si ben cauto.

* voise] 73 voisent

Themole. —Si j'allume une lampe la nuit, et si de jour je clos les
fenestres.

[112] *Cinthien.* —Beste que tu es, je te dy qu'il estaint le soleil par
tout le monde, et fait la nuit par tout reluysante.   20

Themole. —Ceux qui ont des olives et des mouches à miel, luy
devroyent donner salaire.

Cinthien. Pourquoy?

Themole. —Pource qu'il peut diminuer ou croistre le pris quand
il luy plaist à la cire et à l'huile. Sçait-il faire autre chose?   25

Cinthien. Il fait mouvoir la terre quand il veut.

Themole. —Je la remeus telle fois moy mesmes, si je mets un pot au
feu, ou si je l'en oste.

Cinthien. —Tu te railles donc, et te semble ouir des bourdes.
Que dirois-tu de ce qu'il va invisible quand il veut?   30

Themole. L'avez-vous veu aller?

Cinthien. Sot que tu es, comment se peut-il voir s'il va invisible?

Themole. Que sçait-il faire encor?

Cinthien. —Il fait transformer, quand bon luy semble, des femmes
et des hommes en divers animaux, et volans, et marchans à   35
quatre pieds.

Themole. Cela se voit faire tous les jours, et n'est pas un miracle.

[112v] *Cinthien.* Où se voit-il faire?

Themole. En nostre peuple, il se fait en toute cité d'Italie.

Cinthien. Et comment?   40

Themole. —N'avez-vous pas veu qu'un qui est mis sur la victoire,[28]
ou soit controlleur des gabelles, ou juge, ou notaire, ou
soudoyeur des gendarmes, laisse incontinent toute forme
humaine, et prent celle d'un loup, d'un renard, ou d'un
milan?   45

Cinthien. Il est vray.

Themole. —Et quand quelqu'un de bas degré vient estre conseiller
et secretaire, ou qu'il aye l'office de commander aux autres,
n'est-il pas vray qu'il devient un asne?

Cinthien. Tres-vray.   50

Themole. Je ne dy mot de beaucoup qui deviennent boucs.

Cinthien. Tu as une meschante langue Themole.

Themole. —C'est une meschante langue que celle qui dit des songes
et follies[a] pour choses vrayes.

[a] Fole.

55 *Cinthien.* —Tu ne veux doncques pas croire que cestuicy face telles experiences?

Themole. —Ainçois je veux croire qu'il en fait de plus grandes, [113] quand avec simples paroles, sans en demonstrer le moindre effet, il peut arracher des mains de vostre vieillard tresavare,

60 ores des deniers, ores des biens. Quelle autre chose peut estre plus emerveillable que ceste cy?

Cinthien. Tu ne fais que causer, et ne respons point à propos.

Themole. —Parlez moy de choses vrayes, ou pour le moins qui se peuvent croire, et je vous respondray comme il convient.

65 *Cinthien.* —Dy moy cecy: Crois-tu que cestuy soit grand maistre de Magie?

Themole. —Qu'il soit magicien, et excellent, je le puis croire: mais que les miracles que vous me dittes se puissent faire par art magique, je ne le croiray point.

70 *Cinthien.* —La petite experience que tu as du monde en est cause. Dy moy, crois-tu qu'un magicien puisse faire choses miraculeuses?

Themole. —Ouy bien, mais non pas qu'il face l'homme invisible, ou qu'il le face transformer en beste, et telles choses qu'à peine

75 les petis enfans croyroient.

Cinthien. —Tu es opiniatre en ton ignorance. Tu me confesseras au moins, que les esprits se peuvent conjurer, tant qu'ils respondent à ce qu'on cherche entendre d'eux.

Themole. —A dire vray, j'en croy bien peu de ma part, quant à ces

80 esprits: mais les grands personnages et princes et [113v] prelats qui vous croyent, font que je vous croye aussi.

Cinthien. —Or m'accordant cela, tu me peus aussi accorder, que je suis le plus malheureux et infortuné qui se treuve aujourd'huy au monde.

85 *Themole.* Comment? poursuivez.

Cinthien. —Si cestuy vient à conjurer les esprits, ne sçaurat-il pas que je ne suis malade ny debile comme je me feins? et la cause qui me le fait feindre? Ne sçaurat-il pas encor, que par ce moyen je tasche d'oster de moy la fille d'Abonde, et que Lavinie est ma

90 femme? et le sachant, et le raportant à mon vieillard, à quels termes suis-je?

Themole. —Certes tresmauvais. Voulez-vous que je vous declaire une chose que j'ay en la teste, qui vous sera peut estre utile?

Cinthien. Di.

Themole.—A mon advis que cestuy est moult convoyteux de*   95
gaingner.

Cinthien. Je suis de mesmes advis encor. Et bien?

Themole. —Vous devez donc estre certain qu'il se prendra plus
volontiers à quarante qu'à vingt.

Cinthien. Je le croy bien.   100

Themole. [114] —Le vieillard luy a promis vint escus s'il vous
delivre, possible en contant les frais.

Cinthien. Suy.

Themole. —Allez et le retrouvez, et luy faites entendre toute vostre
pensee: Ensemble luy faisant un offre magnanime de quarante   105
florins, et qu'il face tant que ce mariage se deslie.

Cinthien. —Mais de qui trouveray-je quarante livres^b en ce temps,
tant s'en faut que nous eussions des florins?

Themole. —Parlez en avec vostre Nanne et avec Cambien, qu'ils en
trouvent.   110

Cinthien. Ils n'ont point plus de moyen que nous. ^c

Themole. —A fin que cest effet s'ensuyve qui seroit plus utile à
elle^29 qu'à vous, je me fay fort qu'ils mettront plutost^d en vente
leurs lits, ^e leurs meubles, et tout ce qu'ils ont en la maison où
ils se tiennent.   115

Cinthien. —Ce que tu dis^f ne me desplaist point. Or voy si Cambien
est icy, car je me veus conseiller avec luy, et premier que je
n'aye entendu son advis je n'en veux dire un seul mot au
Negromant ny à autres. Est-il à la maison?

Themole. Ils disent qu'il n'y est pas, et qu'il est allé au marché.   120

Cinthien. Est-il allé au marché? Allon-le trouver là.

[114v] *Themole.* —Est-ce pas là le galland qui vous a raconté les
miracles du Negromant?

Cinthien. C'est luy-mesmes.

Themole. O Dieu, comme ce doit bien estre un menteur.   125

Cinthien. —Je ne le juge pas tel, mais bien je t'ay reputé et te
repute incredule.

Themole. —Ne laisson pas d'aller. Ce n'est pas un article pour
lequel je soy tenu heretique, si je n'y croy.

^b Lire.   ^c Il medesimo modo havranno anch' eglino.   ^d subito.
^e Et con le letta.   ^f Il tuo ricordo.

de] 73 de de

SCENE II

Nebbien seul

130 [*Nebbien.*] POur certain c'est une grande confiance que maistre
Lachelin a en soy-mesmes, qu'à peine sçachant lire et escrire, il
fait profession de Philosophe, d'Archmiste, de medecin, d'astrologue, de magicien, de conjureur d'esprits: et sçait de ses[30]
sciences, et de toutes les autres (quoy qu'il se face nommer le
135 Fizicien) ce que sçait l'asne et beuf à sonner les orgues: mais avec
un visaige plus immobile que marbre, il deçoit et ment, et sans
autre industrie il envelope la teste[g] aux hommes. Ainsi il jouit
et me fait jouir des biens d'autruy, en aydant à[31] la follie, de
laquelle le monde a si grande abondance. Nous allons comme
140 sangliers[32] de païs en païs, et par tout où il passe les traces de
luy demeurent tousjours comme de la limace: ou par plus
[115] semblable comparaison, comme du feu, ou du tonnerre.
En sorte que de terre en terre pour se cacher il change de nom,
et se fait d'autre païs: or il se nomme Pierre, ores Jan, or de
145 Grece, or d'Egypte, or d'autre païs il se faint. Il est vrayement
Juif, et de la race de ceux qui furent chassez de Castille.[33] On
seroit long à conter combien de Gentilshommes, d'artisans, de
Dames, et d'autres hommes il a affrontez et pillez: combien il a
appauvry de maisons, combien il en a souillées d'adulteres,
150 ore montrant de vouloir faire engrossir les femmes steriles,
ores d'estaindre les soupçons, ores les debats qui naissent entre
les marits et les femmes. Maintenant il a empieté[h] ce gentilhomme, et le becquetera[i] mieus qu'oncques espervier feit
passereau.

SCENE III

Le Fizicien, Nebbie

155 *Fizicien.* JE pourvoiray bien à tout: laissez m'en seulement le
soing.[34]

Nebbie. —Ouy par Dieu, laissez luy en le soing, il ne vous pouvoit
mieux arriver.[j]

---

[g] Aggira et avvilupa.   [h] Empie.   [i] Beccalo.   [j] Abbattere.

Fizicien. Hó es-tu icy? Je te vouloy tout à poinct Nebbie.

Nebbie. —Vous en voudriez plustot un autre semblable à cestuy   160
qui est là sus en la maison,^k car vous pouvez avoir peu de proufit de moy.

[115v] *Fizicien.* —J'en voudroy plutost de semblables à ceux³⁵ qui
sortent dehors avecques moy, voy, que tu n'as pas bien
rencontré.^l   165

Nebbie. Comment diable avez vous fait?

Fizicien. —Je vais pour acheter le pentacle, les cierges, et les
gommes pour les encensemens.

Nebbie. Je veux que tu acheptes.^m

Fizicien. —Allon lever la toile et le drap à la boutique,ⁿ j'ay eu le   170
brevet:^o je veux qu'ils apportent le veau jusqu'à ma maison.

Nebbie. —Je voudroy que vous eussiez les deux flaccons d'argent
qui montent plus.

Fizicien. —Je les atten à ce soir. Je croy qu'il me les fera con-
signer comme homme bien avisé avec escris et tesmoignages.   175

Nebbie. —Voulez-vous faire à mon sens? des que vous les aurez,
prenez la voye^p de Venise.

Fizicien. —Veux-tu que je déloge avec si peu de butin? Crois-tu
que je n'aye plus d'une traffique en ceste terre pleine de suc,^{q36}
plus que Rome de fraudes et malices? Que si je m'en pars, je   180
puis dire que je pers cent ducats aussi bien que si à mon
escient je les alloy jetter au plus profond de la mer.

Nebbie. —Quelle autre bonne viande,^r hors Maxime, avez-vous,
que vous puissiez grignoter?^s

[116] *Fizicien.* —Je te le diray. Connois-tu Camille,^t un certain   185
jouvenceau petit^u brunet?

Nebbie. Je le devrois bien connoistre, tant je le voy souvent avec
vous.

Fizicien. —Camille est si amoureux de la femme de Cinthien qu'il
en est quasi fol, bien qu'il feit luymesmes devant qu'ils la   190
baillassent à Cinthien tout ce qu'il estoit possible de faire:³⁸ or
ayant notice de ceste debilité et impotence de celuy qui l'a
espousee, lequel ne peut faire entrer son soc dans la terre, il a

^k Che costà la su in casa.   ^l Ve* che non t'apponesti.
^m Vo che tu compri.   ⁿ Fondaco.   ^o cho havuta la poliza.   ^p Volta.
^q Succagine.   ^r Vivanda.   ^s Pellucar.   ^t Poco sale.³⁷   ^u Piccoletto.

Ve] 73 Un

pris nouveau courage et esperance que elle reviendra à luy.
195 Voulant doncques reduire ceste possession à soy pour la
labourer, il s'en est venu à moy luy ayant esté dit que j'avois
entrepris de redresser le manche de la charruë. De prime
arrivee il me meit deux escus en la main : de la me racontant son
amour, il m'a supplié en plourant, que je voulusse proceder en
200 sorte à la cure de Cinthien, qu'il en demoure plus impotent et
debile en ce qu'il est, et tellement qu'il ne puisse jamais connoistre Emilie charnellement. En fin il m'a promis trente florins,
si je faisois desnouer l'alliance.

Nebbie. —L'offre est belle et tu y dois entendre, que bien tost tu le
205 die au pere et beaupere.ᵛ ³⁹

Fizicien. —Deà enseigne moy autre chose que de moucher les
bourses, car c'est mon premier apprentissage. Il y a aucuns
animaux desquelz vous n'avez autre proufit que de les manger,
comme le porc : autres sont qui en te servant⁴⁰ te donnent du
210 fruit tous les jours, et quand ils n'en peuvent plus donner tu les
devores, comme est la [116v] vache et la brebis : il y en a
d'autres encor qui vivans t'apportent beaucoup de gain, et
quand ils sont morts ils ne vallent plus rien, comme le cheval,
le chien, et l'asne. Semblablement on trouve entre les hommes
215 grandes differences : Aucuns qui en passant, ou en navire ou en
hostellerie, te viennent entre les mains, si que tu ne les as plus
à revoir, ton devoir est de les despouiller et derobber sur l'heure.
Il y en a d'autres, comme taverniers et artisans qui ont tousjours quelque Carlin, ou quelque Jullesᵂ en la bourse, mais ils
220 n'ont jamais beaucoup : à ceux-là c'est un tresbon conseil, oster
souvent et peu à la fois. Si je voulois, je leur osterois la peau,
mais il y a peu de gain en une seule fois, et perdrois ce que
quasi tous les jours je pourrois avoir.ˣ Il y en a d'autres aux
villes qui sont aisez de possessions, de logis et de biens meubles,
225 lesquelz nous devons garder pour mordre et non pour manger,
tant qu'il y aura à sucer, or trois florins, or cinq, or dix, ou
douze, mais quand ils veullent changer pais, tond-les jusques sus
le visaige,⁴¹ ou les escorche. En ceste troisiesme bande je metz
Maxime et Camille, lesquels avec promesses et fablesʸ je meine

---

ᵛ Et tu vi debbi attendere che tosto che tu dica al padre é al suocero.
ᵂ Giulio c'est une piece vallant iiii sols.   ˣ Chieggere.
ʸ Favole.

et meneray au long. Cependant je pourvoiray ^zqu'ils ne se   230
seichent point de laict: et puis un jour prenant ma commodité
que je les retrouve gras et en bon poinct, je leur osteray la
peau, et la mangerons. Or à fin que Camille m'aye à rendre
plus de lait, je le pais d'herbes et de fueilles tendres d'esperance,
luy promettant d'enflamber tellement Emilie de son amour, que   235
vueillent ou non vueillent ses parens, aussi tost qu'elle lairra
Cinthien, ne se voudra conjoindre à autre homme qu'à luy: et
luy ay donné à entendre que j'avois desja si bien fait en cecy,
qu'elle se destruit de son amour, et de sa [117] part je luy ay fait
des fausses lettres et ambassades.   240

Nebbie. Avez vous tant mis à me dire ceste pratique?

Fizicien. —Et de sa part, je luy ay encor apportez^a certains
petits dons qu'il a pour tresaggreables.

Nebbie. Ces dons ressemblent aux salades, que les moynes envoyent
pour avoir des tourtes.^b   245

Fizicien. —Je puis bien croire que si je veus despendre un soul j'en
retireray à l'encontre un ducat. Ce matin il m'a donné un
beau rubis que je luy⁴² donnasse en contrechange.

Nebbie. Luy⁴³ donnerez vous?

Fizicien. Si tu me le conseilles je le feray.   250

Nebbie. Non, par Dieu.

Fizicien. Le voicy.

Nebbie. Je l'ay veu.

Fizicien. Fay seulement, pren le Gand, et fay semblant de n'avoir
point les sonnettes.^{c 44}   255

Nebbie. Je ne diray mot.

SCENE IIII

[117v]   *Le Fizicien, Camille*
jeune homme, *Nebbie*

Fizicien. OU va ce jeune amoureux, le plus heureux de tous les
amans?

Camille. —Je vien à reverer le plus puissant de tous les Magiciens,

---

^z Ch'il Taiero* non si secchi di latte. Un di poi toltomi l'agio ch'io li
ritrovi grassi, e morbidi.   ^a Arrecati.   ^b Le torte.
^c Fa pur, to il guanto, e mostrati di non haver il campan'.

Taiero] 73 Tacero

260 et m'encliner à l'idole à qui mes veus, offrandes et sacrifices
sont destinez: car vous estes ma bonne fortune, mon salut, et
mon ame.

Fizicien. —Laissez à part telles paroles, et vous servez de moy, car
vous me pouvez despendre à vostre plaisir.

265 *Camille.* —J'en suis certain, et vous en ren graces eternelles. Mais
dites moy comme se trouve ma treschere et tresdouce.

Fizicien. Attendez. Va t'en* hé, recule toy d'aupres de nous.

Nebbie. —Cestui-cy surpasse tous les hommes à estre secret. O le
bon advis!

270 *Fizicien.* —Telles choses ne se doivent jamais dire devant les
serviteurs, qui rapportent tousjours ce qu'ils sçavent.

Camille. —Je ne m'en avisoy pas: Mais que fait ma belle et douce
Emilie?

Fizicien. [118] —Elle brulle toute de vostre amour, si que je doute
275 si j'attens trop longuement à la mettre entre vos bras—d

Camille. O Dieu!

Fizicien. —Que je ne la voye fondre, comme la cire qu'on approche
du feu ou du Soleil.

Camille. —Las ne la laissez donc pas destruire par moy, et moy
280 mourir apres par douleur. Hastez ce que vous avez à faire: car
vous disans librement, qu'il n'est pas possible que Cinthien
puisse jamais rien avec elle, je me ren seur, que son pere, de
grace, me la baillera.

Fizicien. —Elle me fait elle mesmes ces prieres, mais vous qui
285 aymez et vous laissez regir à vostre appetit, ce vous est assez*45
qu'on le puisse faire aisément, pource que vous n'avez autre
esgard qu'à vostre desir. Si je disois à Maxime que l'infirmité
fust incurable, et que je ne luy feisse aucun remede, ne luy
donnerois-je pas indice, ains signe tresevident de tromperie?

290 *Camille.* Je me veux tousjours remettre à vostre advis.

Fizicien. Aumoins estes vous plus traittable qu'elle.

Camille. N'en fait elle pas ainsi?

Fizicien. —Ainsi? elle est si en colere, qu'elle ne me veut point
escouter: elle se plaint, et me dit, que je prolonge ceste chose à
295 mon escient.

Camille. [118v]—Jamais je ne diray que toute chose ne vous soit

d In braccio.

t'en] 73 ten   ce vous est assez] 73 (ce vous est assez)

possible, veu qu'en si peu de temps vous avez peu embrazer
ceste cy de moy, de laquelle depuis cinq ans que je l'ayme, et
sers continuellement je n'ay jamais peu avoir le moindre signe
d'estre en sa grace.   300

Fizicien. O si je vous faisois voir unes lettres qu'elle vous escrit?

Camille. Que tardez vous à me la bailler?

Fizicien. La voulez vous avoir à ceste heure?

Camille. Je vous en supplie.

Fizicien. —De celles mains plus blanches que lait, et que neige, 305
est sortie ceste lettre: premierement elle vient de la poitrine
d'allebatre et d'ivoyre, où entre^e deux suavissimes et odorantes
pommes elle gisoit.

Camille. —Doncques ce bienheureux papier vient il du beau sein
de ma douce Emilie?   310

Fizicien. Sa belle main l'en tira pour me le bailler.

Camille. —O papier fortuné! ô lettre heureuse! Combien la fortune
t'est prospere! Combien d'envies en devroient avoir les autres
papiers, desquels se font libelles et cedules en ces grossiers
services^{ee46} comme citations, enquestes, instrumens, proces, et 315
mil autres exploits des larrons de notaires, par lesquels en pleine
place ils derobbent librement les pauvres gens. O lin heureux, et
finalement plus honorable, dequoy tu es fragile papier, et [119]
que jamais tu ne fus toyle,⁴⁷ quand encor tu eusses esté la robbe
de quelque prince que ce soit, puis que ma tresdouce maistresse 320
a daigné d'escrire en toy sa pensee. Mais que tarde-je de
t'ouvrir, et entendre combien tu m'apportes de liesse, de joye,
de salut, de bien, de vie?

Fizicien. Arrestez vous. Voulez vous faire comme je vous diray?

Camille. Quoy?   325

Fizicien. Allez, et la lisez en vostre maison.

Camille. Pourquoy non icy?

Fizicien. —Je doute qu'ayant fait tant d'exclamations et de
ceremonies à une carte close et muette, qu'aussi tost que vous
l'ouvrirez et verrez les caracteres imprimez de celle main 330
d'yvoire, et les paroles si souëves, qui procedent^f de son cueur
tresardent, qu'un evanouissement par douceur vous saisisse tel,
que vous tombiez à terre, ou que d'allegresse vous faciez un si
grand cry, que les voisins en accourent tout autour.

^e di.   ^{ee} servisioni.   ^f Si spiccan.

335 *Camille.* Non feray non, laissez me la lire.

Fizicien. —Non feray, allez la lire en vostre maison, et si vous veux
bien conseiller qu'avant que vous la lisiez, vous vous faciez lier à
quelque pierre que vous ne vous puissiez delier.

Camille. Craignez vous que j'en devienne fol?

340 [119v] *Fizicien.* —Je crain voirement que la joye ne vous esleve, si
que vous passiez l'air, et alliez au ciel, et que nous vous ayons à
perdre. Clouez la, voyez la mere d'Emilie qui sort de là. Si vous
m'aymez, allez la lire ailleurs.

Camille. —Je m'en vas voler en haste à la maison, et là pas ne me
345 troublera.

Fizicien. Nous pour le Drap, et pour la Soye, nous irons en la
Boutique.[g]

SCENE V

La Mere d'Emilie, une Fantesque

La Mere. COurage ma fille: car les sages dames trouvent remede
à toute chose fors qu'à la mort. Or demourez avecques Dieu.
350 Há miseres humaines, à combien d'estranges cas est subjette
nostre vie!

La Fantesque. —En foy de Dieu, qu'on ne devroit point prendre les
marits sans les essayer.

La Mere. Há beste!

355 *La Fantesque.* —Quoy, beste? Je dy la verité. Vous n'achetez
chose sans la regarder dedans et dehors plusieurs fois. En sorte
que si vous employez un denier en un simple fagot,[h] [48] vous
[120] le tournez des mains plus de dix fois à le voir et regarder:
et les hommes, dont on a tant de besoing, se prennent aveu-
360 glettes.[i]

La Mere. Je crois que tu sois yvre.

La Fantesque. —Ainçois, je ne le fus oncq:[49] et connois une sage
mienne voisine qui tint un jeune homme en son lit toute nuit
plus de treize mois, et en feit toute preuve* au possible, et
365 quand elle l'eut trouvé ydoine à tel mestier, elle le donna pour
mary à sa fille, qu'elle avoit unique.

La Mere. Tay toy vilaine, as tu point de honte?

    [g] Noi pel drappo, e pel renzo andremo al fondaco.   [h] Fascio.
    [i] Abbarlumi.

    preuve] 73 preuvre

La Fantesque. —Doy-je donc estre honteuse à vous dire la verité?
Que s'il n'a fait encor telle experience de vostre fille, laissez-le
essayer à moy: si je l'essaye je sçauray bien juger si Emilie s'en 370
devra contenter.

La Mere. —O vilaine, deshoneste, et meschante femme, serre^j la
bouche à la malheure, et me suy.

ACTE TROISIEME. SCENE I

Cambien et Themole

[120v] *Cambien.* JE crain que nous n'ayons mal conseillé Cinthien
de descouvrir les secrets de sa pensee au Negromant.

Themole. Há ne craignez, que les ayant pris soubs sa foy, avec tant
de juremens, il les publie jamais.

Cambien. —Je ne le dy pas, pour ce que je craigne qu'il les publie, 5
mais que luy connoissant ores comme vont les choses, il n'œuvre
au contraire, et face avec quelque art diabolique que Cinthien
retire son cueur de Lavinie, et le transporte tout à l'amour
d'Emilie.

Themole. —Les cinquante florins que vous luy offrez, auront en luy 10
plus de force, croyez moy, qu'il n'a vers les autres avec sa Magie.
Allez seulement, aprestez les deniers, et faittes paction avec luy.

Cambien. Je vas à Nanne, et me les feray bailler par elle.

Themole. Portez⁵⁰ cinquante florins.

Cambien. —Ouy bien aisément, pource que la mere de Lavinie à sa 15
mort luy laissa une chaisne^k avec certains anneaux, un carquan,^l
et semblables choses d'or, qui toutes ensemble peuvent monter
au prix de cent escus ou environ. Ma seur l'avoit tousjours
gardee, à fin que s'il advient qu'elles retrouvent son pere, elles
luy puissent faire voir avec cest' enseigne, que Lavinie est sa 20
fille. Ores m'estant [121] escheu ce besoing, je changeray d'intention, et en feray tant engager et vendre, que j'en tireray
bien tost cinquante florins, comme cela vient bien à point.^{m 51}

Cambien. Or je m'en veus aller en la maison.

Themole. Voyla Cinthien, et le maistre. 25

Cambien. —Et bien. Laisse les sans nous, tant qu'ils ayent conclu la
fin de cecy: puis Cinthien nous le fera entendre tout à loysir.

---

^j Sera la bocca in tuo mal punto.   ^k Scatola.   ^l Collanuze.
^m Come vien ben in taglio.

SCENE II

Le Fizicien, Cinthien

Le Fizicien. CInthien soyez seur que vous ne m'avez rien dit que je
ne sçeusse tresbien devant, et bien que je montrasse de vous faire
30　des remedes qui sont salutaires, à qui seroit impotent au service
des Dames, pour cela vos feintises ne m'avoient point induit à
croire que vous en eussiez de besoing, ainçois je m'estois con-
tristé de vos maux, et en avois compassion : et bien que vous ne
m'en priassiez, si est-ce que tout ce que j'ay fait a esté assez plus
35　favorable à vostre souhait qu'autrement.

Cinthien. —Maistre, si par cy devant vous m'avez fait du bien, je
vous en suis obligé, et vous le veux tousjours estre : Et si ne vous
en ayant requis, ny connoissant vostre bonne affection, vous
m'avez esté favorable et bienveuillant, ores que je vous en prie et
40　supplie, si je suis [121v] pour reconnoistre le bienfaict, vous
devez d'autant plus proceder à mon secours.

Fizicien. —Je le feray moult volontiers, et croyez pour certain
d'estre delivré dedans deux jours.

Cinthien. Me voila heureux, si vous le faittes.

45　*Fizicien.* Je le feray certainement.

Cinthien. S'il vous plaist, dittes moy comment.

Fizicien. —Devant que je vous le die, je vous veus prier de ne le
communiquer à personne : et si je l'eusse peu faire sans vostre
sçeu, je l'eusse faict de meilleur courage.

50　*Cinthien.* —Si je vous oblige la foy d'estre secret, craignez vous
que je ne la garde ?

Fizicien. —Je croy bien que vous ayez maintenant ceste intention,
mais soudain que vous serez avec Lavinie, sans vous advertir,
vous le direz : et n'est pas possible que ce que sçait une femme
55　se puisse cacher un jour entier.

Cinthien. —Ny à Lavinie ny autre, je n'en diray le moindre mot.
N'en ayez doute.

Fizicien. Ainsi le promettez vous ?

Cinthien. Je vous le promets et vous en oblige ma foy.

60　*Fizicien.* [122] Je vous le diray doncques, escoutez moy. Si je
disois à vostre pere que vostre mal n'est pas guerissable, à
grand' peine le pourrois-je induire à me croire, pource que les

choses qui desplaisent, mal volontiers se croient: pource il auroit
doute que je le disse à l'instance d'autruy, ou que j'eusse envie
de ses biens, ou desir de retirer ceste commodité de sa maison:[52]   65
mais je pense faire ainsi, que ceste prochaine nuit, vous
trouverez en la chambre que quelqu'un viendra coucher avec
Emilie.

Cinthien. Comment le dittes vous?

Fizicien. —Que vous trouverez un jeune homme, qui viendra pour   70
coucher avec Emilie. Ne m'avez vous entendu?

Cinthien. Je m'y trouveray possible moymesme.

Fizicien. —Je dy un autre sans vous, qui luy donnera abondance
de ce que vous luy refusez.

Cinthien. Elle est donc adultere.   75

Fizicien. —Non est: elle est chaste et tres pudique, mais elle sera
bien tost jugee adultere du vieillard, et partant vous aurez
tresjuste excuse avec elle, et avec tout le monde, de divorce. Et
Maxime sera le premier à l'envoyer à la maison de son pere.

Cinthien. Ah qu'il n'y aye point de scandale et perpetuelle   80
ignominie à la jeune fille.

Fizicien. —Et de quoy vous souciez vous, pourveu qu'ils l'ostent de
[122v] la maison, et que vous soyez asseuré, qu'elle n'aye plus à
retourner à vous.

Cinthien. Cela ne me plaist point.   85

Fizicien. Laissez m'en seulement la charge.

Cinthien. Je ne le veux pas ainsi.

Fizicien. —Laissez moy gouverner.[n] Il n'y a point de meilleure,
de plus preste, ny de plus expediente voye que ceste cy.

Cinthien. En somme, je n'y ay point le cueur.   90

Fizicien. —Venez me trouver en la maison, car par ordre je vous
monstreray qu'il n'y a point icy de danger, ny de scandale,* ny
de blasme, comme vous imaginez: mais pour exploitter l'affaire
seurement, faites que vous me trouviez huit et huit, seize, et
huit, vint quatre, et apres quinze, ce sont quarante cinq, si je   95
compte bien, septante quatre[53] florins. Je les veux fondre en
vostre presence, et pource n'ayez aucun doute que je veuille
derobber. Je feray trois lames, esquelles on escrira avec certains
caracteres, certaines oraisons, et soubs le sueil de vostre huis j'en

[n] Lasciata reggere

de scandale] 73 de-scandale

100   veux cacher l'une, et veux mettre l'autre soubs celuy d'Abonde,
       et la tierce soubs celuy de la maison où se tient Lavinie. Apres
       il faut faire trois images, chascune desquelles vaut en soy quinze
       florins. J'en veux composer une à vostre nom, je veux que l'autre
       soit au nom d'Abonde, et l'autre de vostre vieillard: Ces trois je
105   veux tenir en la maison sept heures continues de jour, et sept
       autres continues de nuit, je les veux conjurer, tant que vous
       verrez dans le terme de trois jours vostre vieillard, et aussi
       Abon[123]de changer tellement de propos, que sans peine, et
       sans que vous faciez autre chose, ils feront que le mariage n'aura
110   plus de lieu entre eux. Ce soir tenez moy l'or tout prest, et plustost
       encor s'il est possible.
       Cinthien. Fault il bien septante trois florins, et non moins?
       Fizicien. Non moins.
       Cinthien. D'où pourray-je prendre ° aujourd'huy tant d'argent?
115   *Fizicien.* —Comment me pensez vous payer les cinquante florins,
       que vous m'avez promis?
       Cinthien. —Je vas vendre tout le meuble qu'il y a en la maison de
       ces miens parens.
       Fizicien. —Ceux que vous avez deputé pour mon payement seront
120   bons pour cest effect. Or voy encor de xv autres, et xxiii apres, ᴾ 54
       et ayant fait l'œuvre, lequel ne passera point le 3ᵉ jour, j'en
       prendray cinquante des miens. Prenez le reste, puis les allez
       trouver.⁵⁵ Ne perdez temps, que je puisse ceste nuit fondre l'or,
       et faire les trois lames et autres images.
125   *Cinthien.* Je feray enhuy ce que je pourray pour vous les bailler.
       Fizicien. Or n'attendez plus: allez et me les tenez prests.
       Cinthien. —J'y vas. Je commence quasi desormais à croire ce qu'il
       y a ja long temps que croyoit Themole. J'avois en [123v] l'esprit
       de luy donner quarante escus, ᵠ et par ses paroles, il les a fait
130   croistre jusqu'à cinquante, et puis apres il m'en veut faire
       adjouter vint et trois: et au commencement il me disoit qu'il ne
       les vouloit pas que tout ne fust fait. Il me va monstrant qu'il
       veut faire des images et des lames d'or. S'il les vouloit prendre.⁵⁶
       Il m'estime bien leger, que si facilement je doyve courir sans
135   autres esperons.

       ° Mettere.   ᴾ Hor vedi* anche de quindici altri ventitré appresso.
       ᵠ Il confond les escus avec les florins.

       vedi] 73 redi

SCENE III

Nebbie, Le Fizicien, Camille

Nebbie. DE ces trois perdrix que vous avez empietees, laquelle
pensez vous manger à la fin?

Fizicien. —Je les iray becquetant une à une, et puis à la fin je
m'attaqueray à la plus grasse, et la mangeray[r] toute.

Nebbie. —Vous voicy une viande[s] toute apprestee. Mettez vous 140
à table quand vous voudrez, si vous avez appetit.

Fizicien. Qui est ce? Camille?

Nebbie. Ouy.

Fizicien. —Je le veux tost manger, qu'à peine les os luy resteront. O
Camille!   145

Camille. O maistre!

[124] *Le Fizicien.* Avez vous veu la lettre?

Camille. Ouy.

Fizicien. Que vous en semble?

Camille. Elle me semble penible et de grand danger:[t] elle voudroit 150
que ceste prochaine nuit je me conduise en sa chambre.

Fizicien. —Comme s'elle demandoit que vous eussiez à entrer en
la prison des lions affamez.

Camille. Et me menace à la fin que si je differe d'aller par devers
elle, elle veut venir devers moy, et que j'en parle avec vous, que 155
vous m'informeriez[u] tresbien de tout le reste.

Fizicien. —Que pensez vous qu'elle die?[58] Camille je vous fais à
sçavoir pour certain, que vostre Emilie a telle envie[v] et telle
rage d'estre avecques vous, qu'en fin elle se delibere ceste
prochaine nuit de s'en fuïr du lit de son mary, et de vous venir 160
trouver en la maison.

Camille. —Helas ostez luy ceste pensee: car ce seroit le plus grand
scandale, qu'il puisse au monde advenir à femme.

Fizicien. —Pensez que j'ay fait outre le possible: et n'ay sçeu trouver
autre remede, sinon de luy donner la foy de vous mettre ceste 165
nuit avec elle: car je feray dormir Cin[124v]thien à ma maison,
soubs l'ombre de luy faire certains bains qui doyvent estre
utiles à son impotence. Ainsi veus-je que vous y alliez.

---

[r] Manicarlami.   [s] Ecco che vien una vivanda.   [t] Canchero. Cancre.[57]
[u] Raguaglierai.   [v] Che voglia.

Camille. Me conseillez vous cecy?

170 *Fizicien.* —Je vous le conseille, à fin que vous la puissiez disposer à ce qu'elle attende encores le terme de quatre jours au plus, qu'avecques licence de son pere, et satisfaction et grace de ses parens et amys, elle puisse legitimement et avecques son honneur venir à vous.

175 *Camille.* —Et comment se pourroit il faire, qu'y allant je ne fusse en danger?

Fizicien. N'en doutez ja: tellefois vous y allez que je n'en sçay rien, mais ores que je le sçay, vous y pouvez aller seurement, comme en vostre propre maison.

180 *Camille.* Comme y doy-je aller?

Fizicien. —J'ay cent moyens faciles de vous y envoyer seurement. Je vous feray prendre, si je veux la forme d'un Chien domestique, ou d'une Chatte. Que diriez vous en vous voyant transmuer en un rat qui est si petit? si en une araignee, si en une puce? Je

185 puis vous changer en autant qu'il y a d'especes d'animaux, et vous faire encores reprendre la propre figure, et vous envoyer invisible. Mais escoutez un peu: vous transmuant en un chien ou en un chat vous pourriez cueillir quelque moisson ou fruict au temps plus commode.[w]* [59]

190 [125] *Camille.* —Je ne veux estre encor ne rat, n'araignee, ne puce, car toute petite chose malheureuse me pourroit trop nuyre.

Fizicien. Vous avez de la pourvoyance.[x]

Camille. Mieux sera que vous m'envoyez invisible.

Fizicien. —Il faudroit trouver une Eliotropie,[60] mais pour

195 l'accoutrer,[y] et la mettre en œuvre comme il faut, nous avons peu d'espace. Je feray bien en sorte que les yeux mortelz ne vous verront pas, mais je veux que les yeux du soleil, qui voyent tout le monde, ne vous voyent point.

Camille. Doncques vous m'envoyerez invisible.

200 *Fizicien.* —Invisible pour certain, mais autrement que vous ne pensez.

Camille. Faites-moy entendre le moyen.

Fizicien. Je vous veux enfermer en un coffre.[z]

Camille. M'enfermer en un coffre!

[w] Cogliere qualche mazzata, et nel tempo piu commodo.   [x] Del provido.
[y] Salar.   [z] Cassa.

commode.] 73 commode

Fizicien. —Dequoy doutez-vous? si je vous enferme en un coffre, 205
croyez-vous que je ne sache pas bien ce que je fais? Je donneray
à entendre que ce coffre soit plein d'esprits, si qu'il n'y aura nul
qui en ose approcher de quatre brasses pres, fors qu'Emilie, et
sa chambriere qui en est consentante.

[125v] *Camille.* Que s'en ensuyvrat-il apres? 210

Fizicien. —Comme les autres seront endormis, la chambriere
viendra à vous, plan, plan. Elle vous tirera du coffre, et vous
couchera au costé d'Emilie. Vous estes aussi triste et peureux,
que si je vous mettois en grand danger.

Camille. Cecy vous semblet-il pas grand danger? 215

Fizicien. —Lás! avez vous doncques si peu de fiance?* Que me
vaut que je vous aye fait connoistre le grand bien que je vous
veux, et ce que peuvent mes estudes avec telles experiences?

Camille. —Ne me pourriez-vous mettre avec Emilie autrement que
par m'enfermer en un coffre? 220

Fizicien. Si feroy bien, mais non pas en si peu d'espace.

Camille. Pourquoy n'attendez-vous un jour ou deux?

Fizicien. —De ma part je seroy bien content d'attendre, puis qu'il
vous plaist, pourveu qu'Emilie voulust attendre: mais elle ne
veut pas passer. Soyez seur de la retrouver cette nuit en la 225
maison.

Camille. —Avant que je souffre cela, je me veux enfermer non
seulement en un coffre, mais en un four allumé. Or sus je me
veux fier en vostre foy.

Fizicien. [126] —Dittes-moy, vostre chambre regardet-elle au 230
Levant?

Camille. Ouy.

Fizicien. —Elle est donc bonne pour mon affaire. Je veux veiller
cette nuit dedans.

Camille. Pourquoy faire? 235

Fizicien. —Pour lire seullement certaines conjurations tres-
puissantes à faire[a] que nul ne se puisse appercevoir de vous:
mais qu'il vous plaise encharger à vos serviteurs que ils m'obeis-
sent, car je les emploiray tous en diverses besongnes.

Camille. Je le feray ainsi. 240

Fizicien. —Mais vous n'avez point de temps à perdre. Allez,

[a] riparer.

fiance?] 73 fiance.

trouvez un coffre où vous puissiez tenir aysément: et m'attendez
en la maison.

Camille. Voulez-vous autre chose?

245 *Fizicien.* Non pour ceste heure.

Nebbie. —Or voila une viande ostee de table. L'autre s'en vient.

Fizicien. Qu'elle s'en vienne hardiment. Car j'ay bon estomac pour
la devorer. Or mets à boire, et m'escoute.

SCENE IIII

[126v]   *Maxime, Le Fizicien, Nebbie*

Maxime. O Maistre je vous voy à temps. Je venois à point à vous
250   retrouver.

Fizicien. Et moy semblablement je vous vouloy.

Maxime. —Je venois à vous faire entendre que tout ce que vous
attendiez de moy est prest.

Fizicien. —Et moy pour descharger sur vous un peu de colere que
255   n'agueres j'avois sur le cueur. Dieu[b][61] m'avoit mis en l'entendement de ne m'entremettre de vos affaires, mais cela est passé.

Maxime. Où avez-vous receu injure de moy?

Fizicien. —Par Dieu, Maxime, je ne pourrois souffrir que ceux de
vostre maison disent de moy ce qu'ils dient: que j'avois demandé
260   le veau pour le manger.

Maxime. Qui a dit ainsi?

Fizicien. Et les flaccons pour les desrober.

Maxime. Qui a dit cela?

Fizicien. —J'ay eu en garde la creance[c] et le thresor du Roy
265   Catholique[62] cent fois aussi tost qu'une, et ils craignent que des
flaccons qui ne pesent pas six livres, doyvent faire que je soye
ce que cent mille florins par cent fois [127] n'ont jamais eu la
force de me faire.

Maxime. —Dittes moy de grace qui a parlé de vous moins que
270   honorablement, car je luy monstreray.

Fizicien. Ce ne fut jamais mon devoir d'accuser aucun.

Maxime. —L'injure qu'on vous a faitte me poise plus que si on l'eust
faite à moymesmes.

Fizicien. —N'en parlez plus: laisson l'aller. Je ne veux pas pourtant

___

[b] Mi havea fatto in animo Dio, non mi voler piu in casa intromettere de le
tue. Poi mi é passata.   [c] La credenza.

que les langues medisantes ayent tant de puissance que de 275
m'engarder de tenir la promesse que je vous ay faitte.

Maxime. —Maistre vous faites le devoir d'homme de bien, et vous
en remercie. J'ay envoyé prendre[d] le veau que vous voulez pour
le sacrifice et m'estonne qu'il n'est icy. Les flaccons sont en ordre
beaux, netz et polis: prenez-les et les emportez où bon vous 280
semble, si autre chose que j'aye en la maison, ou que je puisse
avoir par argent, vous voulez de moy pour ceste besongne,
demandez la, et vous verrez si je me fie en vous.

Fizicien. —Escoutez moy. Je vous veux servir en toute maniere,
mais en vous servant, je feray bien en sorte que je ne donneray 285
point matiere à ces fausses langues qui caquettent, que je vous
veuille tromper: et à fin qu'ils voyent que je ne demande pas le
veau pour le manger, je veux faire le sacrifice en vostre maison.
Je voudroy des choses (car j'en ay besoing de beaucoup) outre
celles [127v] que je vous ay dittes, et ne les ostant point de 290
vostre maison, ils ne diront point ce qu'ils disent. Je me fasche
seulement que la guerison de Cinthien voise plus au long, car si
les flaccons eussent desja esté en ma maison, l'air ne seroit point
obscur,[e] je les consacrerois ceste prochaine matinee, et vous
ferois voir la besongne.   295

Maxime. —Deà que ne les emportez vous. Venez et les prenez.

Fizicien. —Ainçois envoyez les moy, et que vostre vallet ne parte
qu'ils ne soyent consacrez.

Maxime. —Je les envoiray. Quant à vous, retenez-les ou me les*
renvoyez, comme il vous plaira: et faites le sacrifice en ma 300
maison, ou en la vostre, comme plus vous viendra à gré.

Fizicien. —Je delibere de le faire en vostre maison, tant pource que
je vous ay dit (ce qu'on n'a que faire de redire plus) qu'aussi
que je vous veux faire ouir un esprit de vos propres oreilles, me
respondant avec une tresclaire parole, ce qui vous semblera 305
beau et merveilleux.

Maxime. J'en auray plaisir.

Fizicien. —Dans une heure je vous veux envoyer l'autel, lequel
vous ferez mettre à costé du lict où dorment les mariez, pource
qu'il a vertu si merveilleuse, estant là, de faire qu'ils s'aiment 310
ensemble, quand bien il y eust eu hayne capitale entr'eux. Je

[d] Fora.   [e] Non saria oscura l'aria.

les] 73 les,

viendray puis demain au [128] matin quand j'auray eu le surplys[f]
à parfaire l'œuvre en vostre presence.

Maxime. A vostre volonté.

315 *Fizicien.* Mais je veus que soyez adverty, et qu'advertissiez vos
domestiques, partant qu'ils ayment leur vie, qu'ils ne se
hazardent d'ouvrir ou de remouvoir cest autel qui sera fait à la
semblance d'un coffre. Il y eut un fol qui ne me voulant point
croire, osa toucher une chose semblable, mais demandez à

320 cestui-cy qu'il en advint.

Maxime. Qu'il le die.

Nebbie. Il se vit incontinent tout brusler.

Fizicien. Et brusla en sorte, qu'à peine la cendre en demoura.

Maxime. —Vous avez bien fait de m'en advertir, car j'y eusse

325 paraventure touché, ne le sachant point.

Fizicien. Le toucher ne peut nuire, mais qu'on ne l'ouvre pas.

Maxime. —Bien fol seroit qui le voudroit ouvrir. Je declaireray le
danger à tous les miens à fin qu'ils s'en gardent.

Fizicien. —Je tourneray à mon logis, et vous l'envoiray par cestuy-

330 ci. Faites le poser avecques diligence.

Maxime. —Je ne bougeray de la maison: envoyez-le seulement,*
je le feray serrer en la chambre de Cinthien, et moymesmes le
garderay.

[128v]   SCENE V

Nebbie, et Le Fizicien

Nebbie. CEcy est un grand meslange.[g] Or que pensez-vous faire?

335 *Fizicien.* —Tondre ces brebis l'une apres l'autre, et les emoucher,
car elles ont de la toison qui d'or, qui d'argent. En premier lieu
j'emporteray les flaccons de Maxime et les septante trois
florins de Cinthien. Je lairray Camille plus net qu'une poupée
de miroir.[63] Je me veux serrer en sa chambre aussi tost qu'il

340 sera avoyé[h] et clos dans le coffre, et que j'auray mis en œuvre
tous ses serviteurs, à ce qu'ils ne me voyent point tandis que
j'iray crochetant et rompant les bahus,[i] et les aumoires, et que
j'en tireray les robbes et fins draps, et tout ce que il y a dedans,

---

[f] Che sia il camicie fornito.   [g] Cotesto, é un gran mescuglio.   [h] Inviatalo.
[i] Forcieri.

seulement,] 73 seulement

car je sçay qu'il y a grand foison du bien de Dieu. Et tout ce
qu'il y aura de bon, je veux que tu l'attaches gentiment à une 345
corde[j] pour le faire descendre de la fenestre en la rue, et le por-
teras commodement un à un au logis, et t'en ayant fait une
charge aisée, qu'avons-nous à faire sinon de nous en aller en
Levant bien chargez?[k] Et tandis Camille, sans dire mot dans le
coffre, attendra en vain que la Chambriere l'en vienne tirer, 350
nous aurons espace et commodité de partir. Ny mesmes Maxime,
ny Cinthien ne se pourront appercevoir de nostre partement que
nous ne soyons à Ville franche.

Nebbie. [129] Que pensez vous que deviendra Camille?

Fizicien. —Je le donne au Diable, il sera trouvé dans le coffre pour 355
certain, et pris pour un larron ou adultere. Et quant Cinthien
ne l'iroit point encor tirer, si conviendrat-il qu'il se debusque[l]
s'il ne veut mourir de faim: et quand le scandale, la confusion
et le bruit seront plus grands, nostre fuyte en sera plus facile.
Mais allon le trouver et l'enfermer dans le coffre. 360

Nebbie. Allez, je vous suy.

ACTE QUATRIEME. SCENE PREMIERE

Cambien et Themole

Cambien. SOiez en seurté, car je ne luy en bailleray pas un, si
devant je ne luy voy faire œuvre digne du pris.[65] Mais voicy
Themole.

Themole. —Vous deviniez bien que nous avions mal conseillé
Cinthien de descouvrir ses secrets au Fizicien. 5

Cambien. —Vous ne me vouliez pas croire. Qui at-il de nouveau?

Themole. —C'est que le traistre ne tend à autre chose qu'à luy
ar[129v]racher toute l'affection qu'il a vers vostre Lavinie,
pour la transporter toute à ceste autre. Et se departant tantost
de Maxime, il a dit qu'il luy envoyroit ou coffre, ou armaire, 10
certain autel enchanté, que s'il le fait mettre aupres du lieu
où dorment les mariez, aura force de faire qu'ils s'aiment
ensemble, quand bien il y eust hayne capitale entre eux.

Cambien. —Quand parlet-il de l'envoyer?

[j] Spago.   [k] Perche Carsagna[64] in levante ben carichi.
[l] Sbucchi, c'est à dire sorte d'embuche.

15 *Themole.* —Je m'émerveille qu'il n'est desja icy. Il disoit qu'il l'envoyroit aussi tost qu'il seroit en la maison.

Cambien. Il nous a sans doute trompez. Hâ le larron.

Themole. O le paillard!

Cambien. —Mais nous autres bien fols qui luy avons ouvert le 20 chemin par où il nous vient nuyre, et lequel il n'eust peu trouver si nous l'eussions peu taire.

Themole. Or ne l'ayant point teu, que ferons-nous?

Cambien. —Il faut trouver Cinthien, et l'en advertir. Que diable je suis[66]—Mais dittes moy est il en la maison?

25 *Themole.* Non.

Cambien. Me sçauriez-vous enseigner où il est?

Themole. Non.

Cambien. —Si le faut-il trouver quelque part où il soit, à fin qu'il vienne appaiser Lavinie qui ne fait que pleurer si qu'il semble 30 qu'elle doyve fondre en larmes, mais j'en [130] ay esté bien la cause qui luy ay dit que je craignois que le Fizicien ne feist avec quelque art diabolique oster l'amour de Cinthien vers elle.

Themole. —Ah vous avez mal fait. Retournez et luy ostez ceste peur, qu'il n'y a point icy de danger, comme vous luy aviez dit.

35 *Cambien.* —Il y faut autre que moy. Tant qu'elle ne verra pas Cinthien, elle n'est pas pour se reconforter.

Themole. Trouvez-le doncques.

Cambien. J'iray en la place.

Themole. —Allez. Il seroit facile que vous l'eussiez. Vous n'oyez 40 pas. Escoutez moy. Vous le pourrez mieux trouver vous tirant vers le logis du Negromant, car il doit estre avec luy. Mais d'où tournez vous si vistement?

Cambien. Hó, ilz ameinent le coffre que vous avez dit.

Themole. Où est-il?

45 *Cambien.* Venez où je suis, vous le verrez.

Themole. Qui le porte?

Cambien. Un Facquin.

Themole. Seul?

Cambien. Le vallet du Negromant est avec luy.

50 *Themole.* Le Fizicien n'y est-il pas?

Cambien. Non, vous di-je.

[130v] *Themole.* Laissez donc faire à moy.

Cambien. Que voulez-vous faire?

Themole. Je les voy,* avisez à me respondre à propos.

Cambien. —Que dittes vous? mais à qui parlé-je? Où court cestuy?   55
Pourquoy s'est-il party de moy si tost? Je croy qu'il est hors du
sens.

SCENE II

Themole, Cambien, Nebbie, un Facquin

Themole. O Meschante terre!

Cambien. Que diable crie cestuy?

Themole. On ne peut plus icy vivre. Tout est plein de traistres—   60

Cambien. A quoy penses-tu?[67]

Themole. Et de larrons.

Cambien. Qui t'a offensé?

Themole. O le pauvre Gentilhomme!

Cambien. Il semble que tu sois—   65

Themole. O Cambien la grand'pitié!

Cambien. Quelle pitié?

[131] *Themole.* —O cas horrible! Je ne me sçaurois tenir de pleurer
de compassion.

Cambien. De qui?   70

Themole. —Helas d'un pauvre estranger que je vien de voir
detrancher d'un grand coup d'espee que luy a donné sur la
teste un traistre qui l'attendoit au destour d'un carrefour.

Cambien. Qu'as-tu à t'en soucier?

Themole. —Je luy portois amitié, pource qu'il nous estoit domes-   75
tique, homme de bien: et l'avez mesme connu.

Cambien. Qu'en sçay-je rien, si vous ne me le nommez?

Themole. —C'est ce docte Espaignol qui fait profession d'Astrologue, que nous appellons le Fizicien.

Nebbie. Mon Dieu, que dittes vous du Fizicien?   80

Themole. Je ne t'avois pas encor apperceu. N'estois-tu pas son
serviteur? Ton maistre a esté meschamment frappé, et croy
qu'un pendart l'aye tué, qui le guettoit au destour d'un
carrefour.

Nebbie. Helas!   85

Themole. —C'est derriere la teste qu'est le meschant coup, chacun
y court.

voy,] 73 voy

Nebbie. Las pour Dieu enseignez moy où c'est.

[131v] *Themole.* —Va tousjours derriere le Pupagnol[68] jusques au
90   carrefour.[m] Là tourne à main gauche. Cours, cours. Quand tu
seras à sainct Dominique, tourne à main droite, et fais qu'on te
monstre le chemin pour aller en l'hostellerie du Buffle.[n] Mais
que te veux-je enseigner? Tu ne sçaurois faillir, va derriere les
autres: grans et petis, tous y courrent.

95   *Nebbie.* O Dieu!

Themole. —Je ne sçaurois croire que tu le trouves vif.

Le Facquin. Et où mettray-je le coffre?

Nebbie. —O maistre Lachelin malheureux! je vous l'avois tousjours bien predit.

100   *Cambien.* —[o]D'où avez-vous peu songer en si peu de temps ces
mensonges pour l'oster d'autour de nous?

Le Facquin. —Voize où il voudra, je ne luy veux pas courrir apres:
au moins si je sçavois où demeure cestui-cy, il ne me souvient
plus comme il s'appelle.

105   *Themole.* —Je t'en feray bien à souvenir: car je le sçay bien. C'est
de Maxime. Voila l'huys, décharge toy là.

Le Facquin. —Il m'a dit voirement Maxime, venez et me montrez
où je le doy mettre.

Themole. —Voicy qui est de la maison.[69] Montrez-luy où le
110   mai[132]stre l'a dit, en la chambre d'enhaut à costé du lit de
Lavinie.

Cambien. De Lavinie?

Themole. Ne m'entens-tu pas encor?

Cambien. Je t'enten.

115   *Themole.* —Paye apres cest homme et l'envoye. Je veux voir si je
trouveray Cinthien.

SCENE III

Cinthien, Themole, Cambien

Cinthien. JE l'ay esté retrouver et l'ay rencontré, mais qu'il ne
espere pas avoir rien[p] de moy, qu'il ne m'aye depestré de tous
ces maux. Je trouve finalement qu'il n'y a point d'autre remede,
120   que de faire sembler Emilie adultere.

---

[m] Va drieto tu fin in Piupagnolo, fin al canto.   [n] Buffolo.
[o] Il defaut, Che farnetichi, Que fantastiques-tu?   [p] Un picciolo.

Themole. Mais le voicy par Dieu.

Cinthien. —Il me veut donner à entendre que l'affaire pourra facile-
    ment tomber sans infamie aucune. Je suis confus, et ne me sçay
    resoudre en ce que je doy faire.

Themole. —Vous vous en allez tousjours cacher quand nous avons 125
    plus de besoin de vous.

Cinthien. Quel besoin est-ce?

[132v] *Themole.* —Si vous ne courrez viste à consoler Lavinie, je
    doute que ne la trouviez morte.

Cinthien. Ha dy moy Themole, que luy est-il advenu?   130

Themole. —La pauvrette a telle crainte que ce Negromant avec son
    meschant art, ne vous face changer de courage, que elle se
    destruit, et luy est venu un evanouissement d'esprit.

Cinthien. J'en ay crainte.[70]

Themole. Elle se porte fort mal.   135

Cinthien. Je m'en vais à elle.

Themole. Pour Dieu allez y.

Cambien. Cinthien cestuy vous at-il dit comme Lavinie—

Cinthien. Or me voicy.

SCENE IIII

Cambien, Themole, Le Facquin

Cambien. ON n'a sceu trouver remede à un cas si subit.   140

Themole. Payez le Facquin, et l'envoyez au loin, et tost.

Cambien. Tien voila un soul, fay moy encor un service.

Le Facquin. Que voulez vous?

[133] *Cambien.* —Va aux Graces,[71] et di au Vicaire, que je t'envoye
    à luy pour prendre les flaccons d'huile, dont je luy parlay hier. 145

Le Faquin. Il y a une lieuë.

Cambien. —Quand il y en auroit trois. Tu ne veux sinon estre
    payé.[72]

Le Faquin. De la part de qui le demanderay-je?

Cambien. Demande-le de la part du frere de Maxime.   150

Le Faquin. J'y vas.

Cambien. —Va si loin que tu n'arrives jamais devant moy. Or
    verray-je si ce coffre enchanté sçait bien faire, et s'il fait plaisir
    à la Dame, du lit de laquelle on l'approche: car nous le ferons
    faire à Lavinie, et non pas à Emilie, comme pensoit le Fizicien. 155

Themole. Vous parlez bien, mais voulez vous que je vous conseille encores mieux?

Cambien. Ouy bien.

Themole. Allons, et le mettons en pieces, et l'enterrons sous un
160   retraict,^q ou le bruslons plustot qu'on n'en oye plus de nouvelle: et s'il advient qu'ils retournent icy avec le facquin, et la vueillent redemander, vous pourrez franchement respondre, que le facquin ment, et ne sçavent ce qu'ils disent: et leur ouvrez les huis qu'ils la cherchent par tout.

165   [133v] *Cambien.* —Nous nous mettrons en grand hasar de ruiner⁷³ le coffre, car je suis certain qu'il est tout plein d'esprits.

Themole. —Vous donnez encores foy à telle sottize, ô homme idiot! Sur moy soit tout le danger. Donnez moy une coignee, je vous feray voller les esprits en l'air avec les esclas. Mais voicy le
170   vallet du Fizicien qui retourne. Mais il ne courra ja icy. Cambien donnez luy à macher^r quelque autre bourde, et le chassez d'icy. Je veux aller là hault, et me delibere de faire qu'ils ne retrouveront plus jamais le coffre.

SCENE V

Nebbie, Cambien

Nebbie. QU'on trouve aujourd'huy de gens au monde, qui sans
175   aucun proufit prennent plaisir de donner fascherie à cestuy, et à celuy. Mais je suis bien enfant^s moy qui me pensois estre maistre à donner une baye, et je me trouve n'estre encor bon disciple, puis qu'une beste m'a fait courrir si sottement. Je m'en allois le plus que pouvoient aller mes pieds, et avec cry et
180   gemissement, je m'enquestois de tous ceux qui me rencontroient du lieu où mon miserable maistre gisoit blessé ou tué: et voicy que je me sens rappeller de sa voix, je me tourne et le voy aussi sain et entier, que je l'avoy laissé. Il m'interrogue, si j'avois fait remettre le [134] coffre. De joye je ne luy pouvois
185   respondre. A la fin estant retourné à moy, je luy conte ce que l'affetté m'avoit donné à entendre. Alors luy avec une grand' honte (dont j'estois bien digne) il me renvoye chercher le coffre que j'avois laissé en pleine rue, avec si peu d'egard: et ne m'est pas souvenu de dire au Facquin qu'il la portast en la maison de

^q Sott' un Cesso sotteriamola.   ^r A manicar.   ^s Babbion.

Maxime. J'ay beau me tourner cy autour. Je ne le voy point.   190
Où diable s'en peut il estre allé? mais cestui-cy, ce croy-je, m'en
pourra bien informer. Qu'est devenu ce jeune homme qui m'a
donné la course?

Cambien. —Ce ne te doit point estre merveille: car il a coustume de
tenir en l'estable des chevaux bardes,[t] et de les faire courir. Et   195
vrayement il t'aura pris en change d'un cheval.

Nebbie. —En bonne heure. Possible que je luy auray quelque
fois à rendre ce service. Mais me sçauriez vous dire nouvelle du
Facquin, où c'est qu'il a laissé sa charge?[u]

Cambien. —Il fut un temps en doute, où il auroit à mettre le coffre.   200
En fin il se resolut de l'aller mettre en Dogane,[74] et de fait y est
allé.

Nebbie. Ah l'asne, sot et poltron de Facquin!

Cambien. —Tu le pourras bien atteindre, si tu cours un peu. Cours
hardiment, le pris sera à toy.[v] Mais n'est-ce pas icy Abonde?   205
Que ce malheureux vieillart a de ducats!

[134v]   SCENE VI[75]

Abonde, Cambien, Camille

Abonde. J'Ay plus de deuil que je voy ceste chose en la bouche du
peuple, que d'autre inconvenient qui en puisse advenir, et me
deuls de Maxime qui a esté la principale occasion qu'on en fait
des danses[76] en public. Et certes le fol trouvera des herboristes   210
et enchanteurs, et fait une solennelle follie, qu'à peine feroient les
petits enfans.

Cambien. —Te tinsse-je en prison, comme j'auroy de toy six mille
florins devant qu'ils fussent— Mais quel tintamarre est-ce icy?
O Dieu quel bruit je sens! Themole m'aura ruiné, lequel m'a   215
remply toute la maison d'esprits. Qui est ce garçon qui sort si
hastivement en pourpoint? C'est Camille. Que vient il faire
icy? Dieu me soit en ayde. Quand diable est il entré ceans?

Camille. —O le cas epovantable! ô le grand danger, le grand
danger où j'ay esté là hault! En qui me doy-je plus fier, si ceux   220
qui ont reçeu de moy tant de plaisirs, et en reçoyvent tous les
jours—

[t] In stalla barbareschi.   [u] Che costi lascia il carico.
[v] Che'l palio ben sara tuo.

Cambien. Qu'est ce qu'il crie?

Camille. —Me trahissent. O bonté divine, qui ne m'as point voulu
225 laisser encourir une si grande infamie, ny un si grand mal! O
justice de Dieu qui m'as fait entendre telle chose, [135] de laquelle
je ne me doy point fascher, pour sçavoir que j'ay esté en grand
branle de laisser aujourd'huy la vie.[77]

Cambien. —Je me doute que quelque nouveau malheur[w] nous
230 doyve assaillir.

Camille. —Mais de qui pourray-je au moins emprunter quelque
petit manteau pour mettre sur mon pourpoint, et aller soudain
trouver Abonde?

Abonde. Qui est-ce qui me nomme là?

235 *Camille.* —Et luy faire entendre[78] et à sa fille, en infamie de sa
maison—

Abonde. Dieu m'en veuille garder.

Camille. Cherchent ces gallans de faire.

Abonde. —M'est advis que c'est Camille Poquesal. C'est luy
240 mesmes.

Camille. Abonde je ne voulois autre que vous.

Cambien. Il ne peut naistre de cecy que dommage et infortune.

Abonde. —Je vous voy tout en pourpoint, comme pour jouer
possible à la paume. Mais cherchez en un autre qui soit meilleur
245 que moy à cest exercice, car je n'y suis pas fort habille.

Camille. —Ce n'est pas pour jouer à la paume que je vien à vous
Abonde, mais bien pour vous faire entendre qu'on se [135v] jouë
de vous plus que d'une balle, qu'on se jouë de vostre honneur à
grandes couches,[x] et de celuy de vostre fille. Sçachez qu'en ceste
250 maison vostre bon gendre a une autre femme. Mais pour Dieu
retiron nous en une de ces maisons prochaines: car j'ay honte de
me monstrer en public ainsi despouillé.

Abonde. Allon en celle de Maxime.

Camille. —Je veux bien que nous allions plustost en la maison de
255 Maxime, que d'aucun autre, à fin qu'il m'oye.

Cambien. —Themole, Themole va tost derriere eux, et t'efforce
d'ouïr, ce dequoy Camille se plainct.[y]

---

[w] Alcuna gran novita.   [x] Che sei balzato piu che palla. A grand' poste.
[y] Ramarica.*

Ramarica.] 73 places this note two lines later

SCENE VII

Themole, Cambien, Cinthien

Themole. Attendez* attendez: voicy Cinthien qui sort.[79]

Cambien. —Cinthien qu'est-ce cy? Comment Diable, cestuy-là
estoit il leans?   260

Cinthien. —Le Diable l'a tout à point amené: Mais qui a fait mettre
un coffre là-dessus, veu qu'on avoit ordonné qu'il fust mis en
nostre maison?

Cambien. Themole et moy l'avons tout maintenant fait mettre.

Cinthien. —Et vous et Themole m'avez tout maintenant ruiné 265
[136] et avez mis du haut en bas les esperances, que moy et
Lavinie avions jusques icy soustenues à si grande peine.
Pourquoy l'avez vous fait?

Cambien. —Pour rompre le dessein du Fizicien: car nous sommes
tresseurs qu'avec le moyen de tel coffre il taschoit de vous trahir. 270

Cinthien. —Pourquoy ne m'en avez vous dit au moins une parole,
sans me laisser encourir en un tel erreur? Je suis trahy de vous,
et non point du Fizicien. Il y avoit dans le coffre un jeune homme
caché, lequel a aujourd'huy entendu par effect une trame,
ainsi comme il a luy mesme voulu dire[80] par ordre à Lavinie,[z] 275
qui sachant ce qu'il sçait: je suis par Dieu venu au terme, qu'il
me vaudroit mieux estre mort. Or dittes moy où est allé Camille
ce jeune homme qui est sorti d'icy, à fin qu'en le suppliant, luy
donnant, offrant, et me faisant son esclave à tout jamais: je le
vienne esmouvoir à pitié de mon infortune, si qu'il tienne secret 280
ce qu'il a sçeu? Mais il me sera impossible de l'appaiser: car il
a trop juste raison de m'avoir en hayne.

Cambien. —Je vous asseure que vous avez trop tardé: pource
qu'Abonde ainsi que il sailloit de la maison, luy est venu au
devant, lequel luy a conté tout, sommairement comme il 285
pouvoit: car la cholere et marissement[a] ne luy laissoit à peine
exprimer une parole.

Cinthien. —Il n'y a malheureux au monde, avec lequel je ne

---

[z] Il qual ho inteso hoggi per opera Si come tutta egli ha detta per ordine à
Lavinia una trama. [a] E la stizza.

Attendez] 73 AAttendez

changeasse d'estre. Aussi tost que le vieillard le sçaura (car il
290   est necessaire qu'il le sache entierement^b)* O Dieu à quels
termes me trouveray-je?

[136v] *Cambien.* —Faites vostre conte qu'il le sçait. Car Camille et
Abonde, s'en sont allez droit à luy, et sans doute ils luy ont desja
conté tout.

295 *Cinthien.* Ils sont allez ensemble vers Maxime. Je suis totallement
despeché, je suis mort. Ouvre, ouvre toy Terre, et m'ensevely.

Cambien. Ne vous desesperez Cinthien, mais revenez en vous
mesmes: pensez bien et considerez si on peut faire icy aucune
provision, aucun remede.

300 *Cinthien.* —Ny prendre, ny trouver autre remede je ne sçaurois, que
de m'enfuir si loin que jamais Maxime ne me revoye. Je ne veus
pas attendre sa cholere. A dieu: Cambien, je vous recommande
ma Lavinie: je m'en vas.

Cambien. —O lasche et de peu de cœur, où t'en vas tu? Il s'en est
305   allé. Or Themole va t'en à la maison, et t'informe soigneusement
de tout ce qui est advenu, et me le viens redire.

Themole. Je le feray, attendez moy leans.

ACTE CINQUIEME. SCENE I

Maxime, Camille, Abonde

[137] *Maxime.* S I je trouve qu'il soit vray, asseurez vous que j'en
feray tel exemple, que vous vous pourrez appercevoir que cela
me poise, et que je ne repute moins l'injure avoir esté faitte à
moy qu'à vous.

5 *Camille.* —Si vous trouvez qu'il ne soit pas ainsi, appellez moy
par tout, le plus meschant, le plus malin et envieux homme qui
soit au monde.

Abonde. —S'il n'estoit ainsi, croyez moy d'un cas,[81] je connoy ce
jeune homme, de sorte qu'il ne le sçauroit imaginer, tant s'en
10   fault qu'il le dist. Laquelle chose je delibere qu'elle ne restera
pas impunie, et ne la lairray pas passer ainsi legerement.

Maxime. —Attendez Abonde, ne veuillez courrir si furieusement:[82]
il nous en faut mieux informer.

Camille. —D'où s'en peut on mieux informer que de moy, qui avec

^b Di botto.

entierement)] 73 entierement.)

mes propres oreilles ay ouy, et veu de mes propres yeux, qu'en   15
ceste maison vostre Cinthien a et femmes et enfans?

Maxime. Je m'en veux acertener un peu mieux.

Camille. —Entron dedans, menez moy au paragon, ᶜ si vous trouvez
que j'aye dit la moindre parole outre la verité, je consens et
donne congé qu'on m'arrache la langue, les yeux, et l'ame.   20

[137v] *Maxime.* Allons.

Abonde. Allons.

Maxime. —Allons y tous: nous le sçaurons tout à fait. Mais non,
demeurez. Laissez m'y aller seul: qu'on ne face aucun bruit, ny
la chose plus publique qu'elle est, ne pourchassons nous   25
mesmes nostre ignominie.

Abonde. —Allez doncques le premier, et nous appellez quand vous
voudrez.

Maxime. Je le feray ainsi: attendez moy.

SCENE II

Nebbie, Abonde, Camille

Nebbie. JE croy que ces affaittez m'ayent pris pour une pelotte   30
d'un magot: ᵈ⁸³ car l'un avec sa cassade, me frappant m'a
chassé tout d'un coup jusques à saint Dominique.

Abonde. —C'estoit grande follie à vous de vous laisser enclorre en
un coffre, et pour certain vous vous estiez mis en grand danger.

Nebbie. —Je retourne, et trouve l'autre tout appresté avec son   35
autre bourde—

Camille. —Je suis tout estonné de moymesmes toutes les fois que j'y
pense.

[138] *Nebbie.* —Qui est aposté, ou⁸⁴ maine, et faict que je glisse
jusques en Douane. ᵉ A ceste autre, ils me chassent hors de la   40
porte.

Camille. —Vrayement Abonde, je ne le veux point tant attribuer
à ma follie qu'au vouloir de Dieu, qui par tel moyen a fait voir
les trahisons, lesquelles on tendoit à nous deux. Mais voicy un
de ceux qui m'avoient fait enfermer au coffre, et trahissoient   45
vostre fille, et moy.

Nebbie. —Je ne sçay où me tourner: mais voicy celuy qui estoit

ᶜ Menami al paragone.   ᵈ Per una pallotola da Mago percotendomi.
ᵉ Che sta alla posta, e mena, e fa ch'io sdruciolo fin in Doana.

serré dedans. Je me doute que par Dieu ils n'ayent fait quelque
scandale.

50   *Camille.* —Há maraut, pendart, traistre et deloyal, toy et ton
maistre, est-ce ainsi que vous traittez ceux qui se reposent sur
vostre foy?

Nebbie. —Ny moy ny mon maistre ne vous fimes jamais que bien et
plaisir.

55   *Camille.* —Voire, un grand bien et plaisir ce vous eut esté, s'il fust
advenu, que vous m'eussiez fait prendre de nuit en la maison
d'autruy, comme un larron.

Abonde. —Meschans n'avez vous point de honte ny de con-
science de faire sembler une honneste fille adultere, et par vostre
60   fraude donner tache, et infamie aux familles des gentils-
hommes?

Nebbie. Parlez en à luy,[85] il vous sçaura bien respondre.

Camille. [138v] —Je luy en parleray voirement, et bien severe-
ment, mais ailleurs la corde[f] vous fera respondre de cecy, et de
65   vos autres meschantes œuvres.

Nebbie. —Vous direz ce qu'il vous plaira, mais ce n'est ja vostre
devoir, ny des Gentils-hommes de dire ou faire injure aux
estrangers. Et mon maistre sera bon à vous rendre conte de soy,
70   il sera bon.

Abonde. Deà laissez-le sans luy respondre autre chose.

Camille. Va au Diable larronneau. Va au gibet, et t'y pend.

Abonde. —Laissez le aller, et n'entrez plus avant en colere.
Meshuy Maxime nous devroit appeller. Et possible que ce l'est
icy. Non est. Avec quelle hastiveté sort cestuicy? Il semble tout
75   plein de joye.

SCENE III

Themole, Abonde, Camille

Themole. O Grande avanture pour moy! ô la tresbonne fortune,
comme elle a tost changé une si grande peur, et une si horrible
tempeste en un si asseuré et paisible repos!

Abonde. Pourquoy est cestuy si allegre?

80   *Themole.* —Où doy-je courrir? où doy-je voller pour trouver
Cinthien?

---

[f] E ben severamente: ma altrove la fune.

[139] *Abonde.* Que peut estre cecy?

Camille. Je ne sçay.

Themole. —A fin que je luy annonce la plus grand' liesse, la plus
grand' joye qu'il sçauroit avoir.   85

Abonde. Que seroit ce?

Themole. Retrouvant sa Lavinie estre fille de Maxime.

Camille. L'avez vous entendu?

Abonde. Ouy, comment se peut il faire?

Themole. Mais que tardé-je d'aller trouver Cinthien?   90

Abonde. Il n'eut jamais femme que je sache.

Camille. —On a bien des enfans d'autres femmes, qui ne sont pas
mariees. Mais le voicy qui nous fera entendre le tout. Avez
vous retrouvé, Maxime, que je soy menteur?

SCENE IIII[86]

Maxime, Abonde, Camille

Maxime. NON par Dieu. Escoutez moy. Vous cher Abonde, je   95
vous prie et supplie par vostre gentil, courtois et benin esprit,
par nostre tresancienne amitié, que vous pardonniez* le grief
forfait que mon Cinthien a commis envers vous. Excusez l'âge
et les mau[139v]vais conseils des meschans.[87]

Abonde. —En somme vous estes acertené, que vostre Cinthien a   100
trouvé une autre femme.

Camille. Qui en doute?

Maxime. —On ne le doit tant attribuer à la temerité du jouvenceau qu'à l'infaillible divine providence, qui du commencement avoit determiné qu'ainsi devoit estre: car sans ce moyen je 105
n'estois pas pour reconnoistre ma fille, que petite de quatre ans
j'avois perdue, et ja en sont douze que je n'ay peu entendre
nouvelles d'elle. Or là où Cinthien craignoit de plus m'offenser
prenant femme sans mon congé, il se trouve m'avoir fait un
grand plaisir: car je n'eusse peu eslire un plus cher gendre que   110
luy, et ne luy eusse peu donner femme qui luy fust plus
aggreable que ma fille. Seullement vostre interest Abonde
trouble et empesche que ma joye n'est pas complette, mais si
elle fust escheüe sans vous faire tort, asseurez vous que j'aurois
autant de liesse, qu'il est possible d'en avoir en ce monde. Et   115

pardonniez] 73 pordonniez

si je pouvois obtenir de vous que vous souffrissiez mon contentement, et que vous ne voulussiez vous opposer à ce qu'il a pleu
à Dieu, et voulussiez reprendre vostre fille aussi vierge qu'elle
est venue à nous, pour laquelle chose il vous sera aysé de la
120   remarier à un jeune homme aussi honorable et riche que le
nostre, je m'offre tresappareillé à vous, avec tout ce que j'ay en
ce monde.

Abonde. —Si depuis nostre jeunesse, Maxime, je vous ay tousjours
porté amour et reverence, je ne veux point qu'autres que vous
125   m'en soient tesmoins: Et si je vous [140] ayme à present, et suis
vers vous le mesmes que je soulois, Dieu en soit juge, à qui seul
le cueur ne peult estre caché. Mais il ne peut estre qu'il ne me
face mal de voir dissoudre ces nopces, et qu'Emilie retourne ainsi
à la maison: car bien qu'il ne puisse justement advenir
130   ignominie à Cinthien et à elle, toutesfois ce sera donner
argument au vulgaire, de faire une fable d'icelle: ce qui sera
un plus grand destourbier que vous ne pensez à la remarier.

Maxime. —Vous voicy un gendre appareillé qui est un jeune
homme beau, noble, riche, honeste et bon, qui l'ayme plus
135   que soymesme, et la desire avoir. Où la pourrez vous mettre
mieux?

Camille. Ceste bouche soit de Dieu à tout jamais benie.

Abonde. Qu'il parle, et je sçauray respondre à ce qu'il dira.

Camille. —Je l'auray de grace:[88] ainsi de tout mon cueur je vous
140   prie, et supplie que de bon cueur vous me la donniez.

Abonde. Je vous la promets.

Camille. Je l'accepte pour legitime espouse.

Maxime. —Dieu conduise et prospere le mariage sans jamais avoir
noise.

145 *Camille.* Nous en sommes d'accord.[89]

Abonde. D'accord.

Maxime. Plus que d'accord.

Abonde. —Or s'il vous plaist faites que j'entende, Maxime, qui
est ceste vostre fille: où at-elle esté douze ans cachee? [140v] et
150   avec quel indice en estes vous aujourd'huy venu à la connoissance?

Maxime. Je vous le diray, si vous m'escoutez.

Abonde. —Je vous presteray encor volontiers l'oreille à cest office.

Maxime. —Quand les Veniciens osterent Cremonne au More,[90]

ils me taxerent par l'arrest publique à trois mille florins, croyant 155
que j'eusse tint praticque de livrer la forteresse aux Tudesques.
Vous sçavez que je m'enfuis, et tant que la terre leur fut subjette, on ne peut entendre que j'estois devenu. En ce temps je
m'estois retiré en une terre publique de Calabre, où pour ma
seurté en simple habit, et seul je me faisois nommer Anastaise, 160
et cachay encores mon païs me feignant estre Alexandrin : Là
estant, je pris familiarité à une veuve d'icelle terre, de sorte que
partie, pour ce que l'aymois, partie qu'on se fasche d'estre seul,
partie aussi pour avoir meubles et maison, je la pris à femme
et l'engrossis, et me nasquit ceste fille. Je fus là secrettement, 165
tant que de beaucoup de pars nouvelles vindrent des François, qu'ils s'appareilloient promptement, et avec l'Eglise et
l'Empire, d'oster aux Veniciens leur Domaine. Lors pour me
trouver au recouvrement de mon païs, ne voulant pourtant
(quant les choses seroient adverses) me clorre la voye de 170
retourner à me cacher, je dis à Genievre, car ma femme se
nommoit ainsi, que je retournoy en Alexandrie, pour r'avoir
quelques miens heritages, dont s'estoient saisis quelques miens
parens, et quand mes desseins sortiroient [141] à tel issue que
j'esperois, j'avois en la pensee que ma demourance ne seroit 175
plus en Calabre, ou que je la viendrois prendre, ou que j'en-
voyrois personnes fidelles qui l'emmeneroyent. Mais pour
sçavoir quand elle auroit à venir avec un autre que moy, je
divise un anneau en deux pars pour contresigne, et luy en laisse
la moitié portant l'autre avec moy, et luy encharge qu'elle n'eut 180
point à se mouvoir qu'elle ne veist le contresigne. J'arrivay en
ça : mais les choses se prolongeans plus que je ne pensois, plus de
quinze mois passerent devant que je vinsse au dessus de mes
affaires. Apres que j'y fus venu je ne voulus envoyer personne,
ains je vins moymesmes en Calabre pour la r'amener, et 185
retrouvay qu'icelle ayant attendu outre le terme six mois, ne me
voyant et n'ayant point de nouvelle de moy, comme femme qui
suyvoit plus le desir que la raison, s'estoit mise à me suyvre, ayant
premier fait vendre la maison, et tout ce que mal-aysément elle
pouvoit trayner, et ayant chargé tout l'autre meuble sur trois ou 190
quatre sommiers. Entendant cela, en haste et à grandes journees
je me conduis en Alexandrie, et là je retrouvay qu'elle y
avoit esté avec la petite fille, et que s'estant moult enquise d'un

Anastaise, et n'en ayant aucune marque ny enseigne, et n'y con-
195 noissant personne, elle s'estoit mise en haste à retourner vers
Calabre. J'y retourne de nouveau, et manday et remanday par
toute Italie (ce croy-je) messages et lettres sans aucun nombre :
et en douze ans n'en ay sceu avoir aucune nouvelle. Or estant
là-dedans entré avec grand'colere, avec mauvais visaige, et
200 parolles menaçantes, pour entendre cette pratique, la vieille se
jetta à mes pieds : Aiez (dit-elle) Maxime, pitié d'elle, car elle
n'est pas de basse lignee, [141v] comme possible vous pensez,
mais elle est née de mere et de pere nobles. Comme elle recordoit
sa race, j'enten que son pere fut nommé Anastaise, qui estant
205 venu d'Alexandrie, avoit aucun temps habité en Calabre, et l'a
pris femme.

Abonde. —Maxime soyez sage. Je vous veux bien advertir qu'il
y peut avoir de la tromperie, que ceste cy se voulust faindre
vostre fille ayant entendu toute l'histoire par Cinthien.

210 *Maxime.* —Et comme Cinthien l'eust-il peu sçavoir ? car je n'en
laissay jamais sortir de ma bouche la moindre parolle qu'à cest
heure. Jamais chose ne fut celée avec plus grand silence, veu
que j'estimois une grande charge avoir femme, et ne sçavoir où
elle fust. Sans cela encor j'en ay d'autres signes manifestes. Je
215 luy ay reconnue au col une couronne d'Hebene, et m'a depuis
monstré chaines, anneaux et semblables choses qui furent à sa
mere, et que je luy avois donnees. Mais que voulez vous plus ?
voicy qu'elle m'a baillé le contresigne. Cela est suffisant quant il
n'y auroit autre chose. Qui plus est la ressemblance qu'elle a de
220 sa mere me le certifie.

Abonde. Qu'est-il de sa mere ? vous en sçait-elle rendre conte ?

Maxime. —Ouy bien : mais les autres en disent plus qu'elle. Que sa
mere tournant de Calabre s'estoit arrestee⁹¹ à Florence, où
Fatien qui fut le mary de ceste veuve, l'avoit logee, et là estoit
225 venue au terme de ses travaux : et leur laissa la petite fille,
laquelle depuis ils eleverent comme leur propre enfant, car ils
n'en avoyent point d'autre : [142] et luy ostant son nom, qui
estoit Candide, en memoire d'une de leurs ayeules, à ce qu'ils
disent, la nommerent Lavinie.

230 *Abonde.* Je suis trescontent de tout vostre contentement.

Camille. Et moy semblablement.

Maxime. Je vous en remercie.

Camille. Et nous, que ferons-nous?

Abonde. Vous pourrez espouser Emilie quand il vous plaira.

Camille. Et pourquoy ne concluez-vous viste ce qu'on a affaire?   235

Maxime. Il dit bien, qu'il l'espouse sur l'heure.

Abonde. Qu'il l'espouse, allons.

Camille. Allons je vous prie.⁹²

Maxime. —N'attendez point là que Cinthien retourne, car il est
entré secrettement par l'huis de derriere en la maison. Et qui   240
voudra entendre du Negromant, s'y courre apres, mais qu'il se
despeche, car il va si fort qu'il semble que le diable l'emporte.
A Dieu benins spectateurs, et avec aucun signe d'allegresse
faites entendre que nostre fable⁹³ vous a pleu.

Fin de ceste Comedie

LES CORRIVAUS,
COMEDIE.

LE PROLOGUE

IL SEMBLE, Messieurs, à vous voir ainsi assemblez en ce lieu, que vous y soyez venus pour ouir une Comedie: vrayement vous ne serez point deceus de vostre intention. Une Comedie pour certain vous y verrez, non point une farce ny une moralité:[1] car nous ne nous amusons point en chose ne si basse, ne si sotte, et qui ne monstre qu'une pure ignorance de nos vieus François. Vous y verrez jouer une Comedie faite au patron, à la mode et au pourtrait des anciens Grecs, Latins, et quelques nouveaux Italiens, qui premiers que nous ont enrichi le magnifique et ample cabinet de leur langue de ce beau joyau: Une Comedie, di-je, qui vous agreera plus (si vous estes aumoins admirateurs des choses belles) que toutes (je le diray librement) les farces et moralitez, qui furent oncques jouees en France. Aussi avons nous grand desir de bannir de ce Royaume telles badineries et sottises, qui com[65v]me ameres espiceries ne font que corrompre le goust de nostre langue, et vous monstrer au parangon d'icelles le plaisir et la douceur qu'a une Comedie faite selon l'art, comme est ceste cy: et qui n'a moins de grace en nostre vulgaire, que les Latines, et Italiennes au leur. Aussi me puis-je bien vanter que nostre langue pour le present n'est en rien inferieure à la leur, tant pour bien exprimer nos conceptions que pour enrichir et orner quelque chose par eloquence.[2] Nous sçavons bien qu'il y aura quelques uns, qui avec un hochement de teste et froncement de sourcil ne feront pas cas de Comedie comme chose trop commune (ce leur semble) encor qu'elle soit rapportee à l'art d'un Terence, ajoustans que c'est à faire à gens de basse et vile condicion, que de faire des jeus pour donner passetemps aux autres. A ceux-là on respondra (si d'avanture ils meritent response) qu'ils ne sçavent que c'est d'une Comedie faite selon l'art, et qu'on en jouë bien rarement en France de telle sorte: d'autant que les Plautes, les Terences, et les Ariostes y sont rares lesquels, bien qu'ils fussent grands personnages[3] n'ont dedaigné de faire tels jeus. Et si on m'allegue qu'on jouë ordinairement assez de jeus qui ont ce nom de Comedies et Tragedies, je leur rediray encores, que ces beaux tiltres sont mal assortis à telles sottises, lesquelles ne retiennent rien de la façon ny du style des anciens. Au moyen dequoy nous voudrions bien qu'on se desaccoustumast d'ouir et de faire telz jeus et telles malplaisantes farces et moralitez, qui sont de [66] nostre creu, et que cependant on prist la pacience d'ouir une

Comedie toute entiere, naïve, et faite à l'antique. Et telle que si nous eussions sceu bonnement que c'estoit, et la recreation qu'il y a, je suis seur que nous l'eussions pieça faite nostre. Apprenez donc desormais que c'est de l'art d'icelle, que mesmes ceux qu'on estime sçavans n'ont pas entendu, et la plus part de ceux qui s'en sont meslez, ne l'ont pas 40 pratiqué, et puis apres la naturalisons en nostre langue, comme ont desja fait les Italiens. Or est-il ainsi que nous avons appellé ceste Comedie, LES CORRIVAUS, à cause qu'il y a en icelle deus jeunes hommes amoureux, qui pretendent en un mesme endroit. Au reste elle vous representera comme en un miroir[4] le naturel et la façon de faire d'un 45 chascun du populaire: comme des vieillards, des jeunes gens, des serviteurs, des filles de bonne* maison et autres. Escoutez donc soigneusement tout ce qu'on y dira: car si vous faisiez autrement, vous perdriez à sçavoir l'histoire, et parainsi vous auriez un maigre plaisir et passetemps: mais à fin que vous ne ahaniez point tant à entendre le discours de ce qui 50 est icy contenu, je vous vais faire quelque ouverture de l'Argument, qui est tel:

Quant le Roy pour faire son voyage d'Allemaigne[5] envoya son armee en Lorraine, et mesmement pres de Metz, en une ville prochaine nommée Toul, il y eut quelques* citoyens qui de crainte et frayeur s'enfuirent hors 55 de la ville de Metz ne sçachant point ce que nos gens devoient [66v] faire si pres. Entre autres il y eut un bon citoyen veuf, nommé le sire Benard, qui de grand haste s'enfuit avecq un sien fils, et laissa sa maison pleine de quelques meubles, et dedans une sienne petite fille, laquelle il ne peut emmener avecques soy, ou pour n'avoir eu le loysir, estant la garse malade, ou par 60 oubliance, ou pour quelque autre inconvenient: tant y a qu'il n'avoit que ces deux enfans, le fils nommé Philadelfe, et la fille Fleurdelis, laquelle peu de temps apres fut enlevée par un gendarme nommé Fremin de la compaignie du Connestable, apres qu'il fut entré dans Metz. Iceluy l'emporta (par compassion qu'il en eut) en son païs de Picardie, où il la 65 nourrit comme sa propre fille. Depuis il quitta son païs à cause des guerres ordinaires qui y estoient, et s'en vint demourer en ceste ville[6] avec sa fille putative, à fin d'user le reste de ses jours en paix et en tranquillité. Cependant Benard de Metz, ainsi surnommé, revint de sa fuyte en sa maison, et ayant cognu la perte de sa fille et de ses meubles, eut crainte que 70 de là en avant les guerres continuelles ne luy feissent encor perdre davantage, et mesmes son fils unique qui luy restoit, de maniere qu'il l'envoye devant en ceste ville, et le feit venir chez une riche veufve appellee Dame Jacqueline, qu'il cognoissoit de longue main, pour puis apres ayant mis ordre à ses affaires s'y en venir demourer tout à 75 fait. Mais son fils Philadelfe n'eut pas à grand'peine mis le pied dans la maison de son hostesse, qu'il devint bien fort amoureux de sa fille,

bonne] 73 bonne,   quelques] 73 quelque

nommee Resti[67]tue. Et pour le faire court, il feit si bien ses besongnes
du commencement, qu'il obtint d'elle ce qu'il desiroit le plus, et de là en
80 apres son amour si violente se refroidit: et peu à peu mettant en oubly sa
premiere amie, il en feit une nouvelle, mettant toute son affection en une
autre jeune fille sa voysine, qu'on estimoit estre fille d'un Picard. De vous
dire quelle elle estoit, vous le sçaurez à la fin de la Comedie: mais tant y a
que elle ne fut pas seulement aymee de Filadelfe, mais aussi d'un autre
85 jeune homme beau et de bonne grace, qu'on appelloit Euvertre: et pource
que la fille fut refusee à tous les deus en mariage sous couleur de quelques
honnestes occasions: iceux entreprindrent de l'avoir par le moyen qui
leur seroit le plus facile. Or ce Picard avoit en sa maison une chambriere
assez d'aage, qui avoit à nom Alizon, et un serviteur nommé Claude,
90 duquel Filadelfe s'accointa: si bien qu'iceluy luy promit, qu'aussi tost que
son maistre s'en seroit allé dehors, il le feroit entrer où seroit la fille qu'il
aymoit, et qu'alors il feroit d'elle à son plaisir. D'autre costé Euvertre
avec presens et prieres aborda si bien la chambriere, qu'elle luy en
promit autant qu'on avoit fait à Filadelfe, sinon que davantage elle mit
95 cestuy-ci en la bonne grace de sa jeune maistresse. Or sçachez que chascun
d'eux ne sçavoit rien des entreprises de son compaignon, et sans se douter
l'un de l'autre demourerent en cest accord, attendant que le pere de la
fille saillist de son logis pour aller quelque part. Cependant, (mais le
diable y ait part) je ne vous sçau[67v]rois dire le reste: voyci venir ceste
100 Restitue qui fut tant prodigue de soy à Filadelfe, et qui vient de dire quelque secret à sa nourrice. Escoutez doncques un peu que c'est. Adieu tout
le monde.

LES PERSONNAGES

Restitue	*Jeune fille*
Sa Nourrice	
Filadelfe	} *Jeunes hommes*
Euvertre	
Claude	} *Serviteurs*
Felippes	
Alizon	*Chambriere*
Benard	} *Vieillardz*
Gerard	
Fremin	*Picard*
Jacqueline	*Vieille Dame*
Le Medecin	
Filandre	*Maistre du guet de la ville*
Gillet	} *Valletz*
Felix	

[68]   ## LES CORRIVAUS

ACTE PREMIER, SCENE PREMIERE

Restitue jeune fille, *et Sa Nourrice*

Restitue. OR TU as, ma Nourrice, entierement ouy le secret de
mon cueur, et ce qui causoit mes complainctes, qu'il m'a fallu te
découvrir à la fin, ne te pouvant rien celer, quand je m'efforceroy
de ce faire. Mais d'autant que la chose (ainsi que tu peus voir)
m'importe, comme celle qui concerne et mon honneur, et   5
presques ma vie, ne t'esmerveille, si jusques icy, t'ayant tousjours tenuë en suspens, j'ay differé à te la deceler, et si je te prie
encor de la tenir tellement secrette, que personne ne s'en puisse
seulement douter que tu la saches, pour m'aider apres en ce
qu'il me sera de besoing.   10
Nourrice. —Vray'ment voire, comme s'il y en avoit d'autres à qui
vous la puissiez plus seurement communiquer qu'à vostre
Nourrice. Deá, je ne m'esbahy plus maintenant, si vous
faisiez tant de difficulté de me le dire: Aussi je ne sçavoy' que
signifioit cela, Restitue, que depuis un mois en ça, vous ne   15
faisiez autre chose que de vous plaindre, de vous tourmenter, et
de faire des sanglots qu'on eust bien ouy du bout de la ville.
Maintenant vous aviez à me dire je ne sçay quoy, tantost vous ne
l'aviez plus, [68v] maintenant vous vous ravisiez, tantost vous
changiez d'opinion et rechangiez cent fois le jour. Ayant veu le 20
temps que vous et moy menions une vie joyeuse, je croyois que
vous feussiez devenuë une vraye Religieuse, une toute Saincte,
une droicte Magdaleine:[1] Aussi comme le monde avoit desja
reputation de vous, il ne le faut point dire, C'est la plus sage, la
plus austere, la plus cecy, la plus cela, jamais on ne la voit rire, 25
jamais ne sort de la maison, jamais n'est amoureuse de personne: Mais à ce que je voy, c'est bien autre chose, qui faisoit,
que du premier coup vous n'osiez me dire vostre maladie de neuf
mois. Mais quoy Restitue? si n'en faut-il pourtant pleurer, ny
se desconforter ainsi: Et bien, c'est un enfant que vous aurez, 30
Dieu mercy, le monde aumoins sera certain de ne faillir point
de vostre costé. Hé Jesus Maria, nous avons esté (ce me semble)

jeunes, et amoureuses nostre part comme les autres: Et si j'ay
eu autresfois mon pelisson de seize ans aussi bien que vous, voire
35   qu'on m'a (peut estre) autant rembouré que le vostre, mais je
n'entrois point en telles frenaisies de desespoir comme vous
faictes.

Restitue. Há maudit soit le jour que jamais—

Nourrice. —Que servent toutes ces plainctes, et ces larmes? Mais
40   plutost, belle Dame, dechiffrez-moy par le menu par qui,
quand, et comment, vous avez laissé aller le chat au fourmage?

Restitue. Premierement, sçaches que c'est du fait de Filadelfe.

Nourrice. De ce jeune Gentilhomme qui se tient en nostre maison?
[69] *Restitue.* Ouy.

45   *Nourrice.* Mais dictes moy, dictes moy comment?

Restitue. —Aussi tost qu'il fut entré en nostre maison pour y
demourer, selon que son pere Benard luy avoit enchargé à son
depart de Mets leur ville, il s'amouracha de moy.

Nourrice. —C'a esté un grand cas, que je ne me suis apperceuë de
50   cecy!

Restitue. —Si fut son amour de telle sorte, qu'en un instant il
chang'a sa premiere intention de vacquer aux lettres, et aux
armes, et autres exercices, où s'addonnent les Gentils-hommes,
et delibera que je serois moy seulle sa vacation, et son estude, [2]
55   de sorte qu'il venoit la plus part du temps deviser seul avecques
moy. Mais que veux tu que je te die tant? et pourquoy te conté-
je mon malheur, puis qu'il n'y a plus de remede?

Nourrice. —Et bien, s'il est allé seul en vostre chambre, voire jusques
dans vostre lict (comme il est croyable) s'en doit on pourtant
60   desesperer? Prenez que ce soient petites follies en amour que
vous avez faictes, peult estre sans y penser. Il fault seulement
adviser que vostre mere, ny autre s'apperçoive du faict.

Restitue. —C'est cela à quoy je te vouloy prier que tu m'aydasses,
et aussi de faire que je soys bien tost delivree de cest enfant. [3]

65   *Nourrice.* [69v] —J'y pourvoiray: mais dictes moy devant, n'y a il
point pour le present quelque promesse de mariage entre vous
deux?

Restitue. Et bien? que veux tu dire par cela?

Nourrice. —Je le dy, pource que ce ne seroit point trop mal à pro-
70   pos, si les choses venoient bien à poinct, que vous prissiez à mary
ce Filadelfe: Ainsi cacheriez vous vostre honneur soubs ce

manteau de mariage, s'il venoit à estre entaché de quelque
souilleure.

    Mais qu'avez vous à branler la teste? Je gage que vous ne luy
avez point fait promettre la foy.   75

Restitue. —Enda non: Il ne m'est point souvenu de luy en tenir
aucun propos: mais quand il me l'auroit promise, que me
serviroit cela?

Nourrice. —Vous voulez dire qu'il le pourroit nyer, à cause qu'il
n'y a pas de tesmoings, ou bien qu'il s'en pourra en aller quand   80
bon luy semblera, d'autant qu'il est estranger.

Restitue. —Ce n'est pas ce que je crain: Il n'a garde de s'en aller
ma Nourrice, pour deux causes que je sçay bien: il ne bougera
toute sa vie de ceste ville, et s'il est presque impossible, qu'il me
puisse espouser. Or regarde où tu en es.   85

Nourrice. —Comment me dittes vous cela, veu qu'il n'est en ceste
ville, que pour un temps, et qu'il est de Mets en Lorraine, où
se tient encor pour le jourd'huy son pere?

[70] *Restitue.* —As tu point encores entendu comme Filadelfe,
quand il vint apporta une lettre, par laquelle son pere Benard   90
mandoit à ma mere, qu'apres qu'il auroit vendu tous ses
biens, et mis fin à quelques proces qu'il avoit: il s'en viendroit
demourer tout à fait en ceste ville, avec son fils?

Nourrice. Voire-mais, qui meut Benard de quitter son païs?

Restitue. —Que veux tu que je te die? Un homme qui est sur l'aage,   95
qui est veuf, et qui est en continuelles guerres, fait il pas bien de
se retirer en une ville qui est paisible, bonne et seure, et quitter
son païs, auquel il a reçeu et reçoit journellement tant d'in-
conveniens, à cause de la guerre, par laquelle mesmes (ainsi
que m'a dit Filadelfe) il a perdu une sienne fille, quand nos   100
gens entrerent dans Mets.

Nourrice. —Or bien laisson cela. Qui vous engardera d'espouser
vostre Filadelfe?

Restitue. —N'as tu pas encores sçeu qu'il a esté si ingrat envers moy,
que de m'avoir laissee là, et qu'il a rangé du tout son amitié à   105
la fille de ce Picard nostre voisin?

Nourrice. —Voulez vous dire à Fleurdelys, fille du Sieur Fremin,
lequel a quitté son pays, à cause des guerres, pour venir demourer
en ceste ville?

Restitue. —Ouy te dis-je. Filadelfe aime sa fille, dont je créve de   110

dépit. Encor s'il estoit seul à l'aymer, mais à ce que j'ay [70v]
peu entendre, il y en a d'autres, mesmes un jeune homme de
ceste ville nommé Euvertre, fils du Sire Gerard, qui l'ayme aussi
bien que luy, et est mieux aymé d'elle. Songe Nourrice, le tort
115   qu'on me fait.

Nourrice. —Ha c'estoit de cecy, dont Gillet son vauneant de
serviteur me barbouilloit, ayant bien beu, et nos noyses estans
appaisees, que nous avons coustumierement ensemble. Il se
plaignoit à moy qu'il falloit qu'il fust tousjours sur les pieds,
120   tantost pour aller deça, tantost pour aller dela, tantost pour
aller parler à un Claude serviteur du pere de Fleurdelis, duquel
son maistre s'estoit acointé, à fin de l'ayder en ses amours:
desquelles, il ne me souvenoit plus, si vous ne m'en eussiez
ramenteuë.

125   *Restitue.* —Or parle maintenant. Ay-je raison de vouloir son
alliance?

Nourrice. —Je ne dy plus mot: toutefois vous n'avez que faire de
vous tormenter avant le temps. Je trouveray bien maniere de
sauver et vostre honneur et vostre fruit.

130   *Restitue.* Par quelle maniere?

Nourrice. —Dittes à Dame Jacqueline vostre mere, que vous vous
trouvez un peu mal disposee.

Restitue. Comme je suis de fait.

Nourrice. —Et que vous voudriez bien un peu prendre l'air des
135   champs: je suis certaine que selon sa coustume, elle vous
envoyera avecques moy à Bellair vostre metairie, qui [71] n'est
qu'à quatre lieues d'icy.

Restitue. Et bien que ferons nous là?

Nourrice. —Nous trouverons mille moyens pour vous delivrer de
140   vostre enfant, sans que personne s'en puisse appercevoir, car je
vous monstreray que je sçay faire un tour de maitrise.

Restitue. —Vostre advis me semble fort bon: allon espier le temps
pour parler à ma mere.

Nourrice. —Ho ho: mais n'est ce pas icy celuy, dont il est question?
145   Il fait volontiers quelque menee: car il n'a esté d'aujourdhuy
en la maison.

Restitue. Laisson le là, je te prie.

SCENE DEUXIEME
Filadelfe seul

HA je sçay bien, Restitue, sans que plus tu me le donnes à
entendre par te cacher ainsi de moy, que je te fays tort portant
amitié à autre qu'à toy: Mais quoy? qui est celuy qui ne connoit 150
les forces d'amour? Qui ne connoit qu'il est aveugle, jeune et
volage, sans loy et sans raison? C'est par luy que je n'ay non
plus de repos que si j'avois le vif argent soubs les pieds. Et pour
ceste cause, je [71v] n'ay fait que tracasser[4] par toute la ville
pour voir si je trouverrois Claude serviteur de ma cruelle 155
maistresse, à fin qu'il me dize des nouvelles d'elle. Je suis contraint de pratiquer ce vallet, pour estre une bonne ayde, et seur
moyen à mes amoureuses entreprises, lesquelles je ne puis plus
differer, à cause que mon pere sera icy de bref: et luy venu toute
commodité, et tout moyen me sera retranché. Mais ce qui me fait 160
encor plus haster, c'est que j'ay un Corrival, lequel il me faut
devancer, si je puis, à ce qu'il n'aye, premier que moy, la
jouissance de ma chere Fleurdelys. Mais voicy venir à la bonne
heure celuy que je cherche.

SCENE III
Claude et Filadelfe

Claude. LE voicy à la fin, Dieu mercy.   165
Filadelfe. Et bien Claude, quelles* nouvelles?
Claude. —Fort bonnes. Voicy le jour que vous avez le plus desiré.
Filadelfe. Comment?
Claude. —J'ay tant fait que mon maistre s'en ira aujourd'huy
    dehors, et devant qu'il soit une heure, je vous feray entrer où 170
    sera vostre bienaymee Fleurdelys.
Filadelfe. [72] O que je suis ayse!
Claude. Maintenant avisez à vostre faict.
Filadelfe. —J'y ay pourveu: car j'ay apostez deux miens com-
    pagnons qui me doivent ayder en cecy: et de ce pas je m'en 175
    vais me tenir prest à la rue pour entrer aussi tost que vous aurez

quelles] 73 Qu'elles

ouvert la porte. Mais comment me pourras tu advertir quand
ton maistre sera parti?

Claude. —Je vous feray signe par la porte de derriere, que je lairray
180   tout expres devérouillee.

Filadelfe. Quel signe me feras tu?

Claude. —J'auray une torche en main, et en feray trois tours: cela
vous signifiera le tems qu'il faudra entrer.

Filadelfe. —Mais n'y at-il personne en vostre maison qui me puisse
185   destourber?

Claude. —Ne vous souciez point de cela. Il n'y a seulement
qu'Alizon ceste vieille chambriere, dont je trouveray bien moyen
de m'en deffaire.

Filadelfe. —C'est assez. Je m'en iray ce pendant d'icy à la rue, où
190   mes compaignons me viendront trouver. Au reste Claude tu
sçais bien les dons et presens que je t'ay promis, encor qu'il me
soit impossible de te recompenser du moindre plaisir que tu me
fais.

Claude. Je vous prie, ne me parlez plus de cela. Le seul don, que je
195   vous demande en ceste affaire icy, c'est, que vous la teniez
se[72v]crette: et que vous faciez de sorte qu'on ne se doute en
rien de moy, qu'il semble qu'en ce cas je ne sois ny consentant,
ny prestant ayde: mesmement quand vous entrerez dans la salle
où la fille sera, Dieu sçait comme je feray de l'esbahy, de
200   l'estonné, et de l'ignorant!

Filadelfe. Je t'ay desja dit, que je tiendray tout secret.

Claude. —Si vous faisiez autrement, je parirois ma perte, et serois
ruiné: d'autant que mon maistre ne va coup à la ville, qu'il ne
nous recommande la fille mille fois.

205   *Filadelfe.* N'as tu rien fait entendre à Fleurdelis de ma part?

Claude. —N'enny certes Filadelfe: car je sçay bien, que si je luy
voulois parler de vostre amitié, ce seroit abus, elle ne s'y
arresteroit jamais.[5]

Filadelfe. —C'est un merveilleux cas. Suis-je si contrefait, et de si
210   mauvaise grace, qu'elle ne me puisse aymer? Suis-je si contraire,
et dissemblable à elle, et à ses complexions, que nous ne puissions
cy apres vivre ensemble en amitié?

Claude. —Je ne sçay quel dissemblable: si ce n'estoit que je vous ay
ouy dire, que vous n'aviez point de seur, je croyrois qu'elle vous
215   fust de quelque chose, tant elle vous ressemble.

Mais ne me voulez vous autre chose?

Filadelfe. —Non: mais as tu point veu mon vallet que j'avois
envoyé, il y a trois heures, pour te chercher?

[73] *Claude.* Je ne l'ay point veu.

Filadelfe. Il se sera amuzé quelque part à yvrongner.[6]   220

SCENE IIII

Gillet, vallet de Filadelfe: *Filadelfe*

Gillet. VRayement je seroy bien un grand sot, pendant que mon
maistre demeine une vie amoureuse, si de ma part je ne me
jettois aussi sur l'amour: non point de la sorte qu'il fait, car il est
de ces amoureux transis, qui ne s'amusent qu'à une, et sont deux
ou trois ans à lanterner, sans qu'à la fin ils viennent au poinct.   225
Aujourd'huy qu'il m'a envoyé chercher Claude, je me suis à
bon escient ebaudy sur l'amour.

Filadelfe. —Hó voicy mon homme. Je me veulx un peu retirer,
pour voir sa façon de faire.

Gillet. —Car quand j'ay veu que de prime face je n'ay point   230
rencontré mon homme, je me suis embarqué tresbien en ceste
prochaine hostellerie.

Filadelfe. Voicy mon compte. Par Dieu je t'en puniray bien.

Gillet. —Auquel lieu, apres que d'intrade j'ay beu seulement six
ou sept fois, je descens en la cuysine (car je suis plus [73v]   235
amoureux d'y estre, que les Salemandres[7] dans le feu) je trouve
leans la chambriere de l'hoste, belle comme un ange.

Filadelfe. Vrayement voire: c'est une brave Damoyzelle.

Gillet. —Elle m'a pleu bien fort. Pour le faire court, nous accordons
nos pieces ensemble: car penseroit on qu'il y eut chambriere si   240
huppee et si farouche qui m'osast contredire, à moy di-je
qui suis, je ne diray point?

Filadelfe. O le beau personnage que c'est!

Gillet. —De ma nature, je ne me veulx point vouër à une seule
sainte, et quand je trouve des chausses de mesmes mon pour-   245
point, je les prens. Aussi la bonne sourys at-elle pas plus d'un trou
à se retirer? Ainsi par touts les Diables, fault il faire, non point
s'amuser, comme les amoureus de Quaresme,[8] à faire l'Alquemie
en amour, et en tirer la quinte-essence, et qui se trouvent
tousjours, apres avoir bien fantastiqué, les mains pleines de vent.   250

Filadelfe. —Tu parles proprement, ainsi qu'il appartient à un tel homme que tu es.

Gillet. —Há voicy mon maistre. Je changeray propos, sans faire semblant de l'avoir veu.

255 *Filadelfe.* Et viença pendart, d'où viens tu?

Gillet. D'où vous m'aviez envoyé, Monsieur.

Filadelfe. As tu trouvé Claude?

[74] *Gillet.* Ouy.

Filadelfe. —Tu as menty meschant, il m'a dit une fois qu'il ne
260 t'avoit point veu. Ce galland icy ne bouge des Tavernes, asseure toy qu'aujourd'huy je te— Mais il fault bien devant faire autre chose. Il m'a fait oublier ce que je luy voulois dire. J'ay tant d'affaires, que je ne sçay ausquels attendre. Há voyrement, va t'en chez Camille et François, leur dire ainsi que le jour
265 et l'heure est venue que je leur avois ditte l'autre jour: partant qu'ils s'en viennent pour l'affaire qu'ils sçavent en la rue prochaine du logis de Fremin, avec tout l'equipage qu'il faut. Cours viste, és tu revenu? Que grongnes tu entre tes dents maraut que tu es? Ne bouge. Je seroy encor plus beste de bailler
270 quelque message à cest yvrongne icy. Il vault mieux que j'y voise moymesmes. Seulement vien me trouver tantost en la rue, apres que tu auras fait quelque provision d'armes pour toy, à fin qu'en cest affaire icy, tu me serves d'un o en chiffre.[9]

Gillet. —Trop bien cela, Monsieur, laissez m'en faire. Corbieu
275 il n'y a homme plus vaillant que moy. Croyez d'un cas que je ne demoureray pas des derniers: j'enten à fuïr, si la bataille me baste mal.

[74v]   ACTE DEUXIEME. SCENE PREMIERE

Euvertre, un jeune homme: *Felippes*, son serviteur

Euvertre. FAUT il que les biens ayent tant de puissance sur les hommes? fault il qu'une vertu, qu'une grande beauté, et qu'une noblesse soient prisees si peu, s'elles ne sont accompagnees de richesses? faut-il que les pierres precieuses, les Diamans, les
5 Rubis, et les Emeraudes, à qui je compare les bonnes parties de Fleurdelys, soient deprisees* pour n'estre enchassees dans l'or?

deprisees] 73 deprisee

Ne vauldroit il pas mieux avoir une femme qui eust affaire de
biens, que des biens qui aient affaire d'une femme?

Felippes. Et bien Euvertre, que me vouliez vous?

Euvertre. Há te voicy tout à poinct, je t'avois envoyé querir.   10

Felippes. Mais de quoy est-ce que vous vous plaigniez à part-vous?

Euvertre. C'estoit de l'avarice de mon pere.

Felippes. Qu'est-ce qu'il vous a fait?

Euvertre. —Je te le diray: et par mesme moyen tu entendras en
quoy c'est que je te veus employer.   15

[75] *Felippes.* Ne faittes que dire.

Euvertre. —En premier lieu, tu dois sçavoir, que j'ayme une fille
jeune d'un quinze ans, honneste, de bonne grace, et belle en
perfection: et si tous les jours elle devient plus belle et fresche,[10]
comme la rose, qui à l'heure à l'heure sort du bouton, et croist   20
quant et quant le Soleil. Elle s'appelle Fleurdelys, fille d'un
Picard, qui est venu nouvellement demourer en ceste ville,
nommé le Sieur Fremin. Ne la connois tu pas bien?

Felippes. —Pourquoy non? Elle est aymee, à telles enseignes, d'un
Filadelfe voisin de ce Picard.   25

Euvertre. Tu dis vray.

Felippes. —Et bien qu'est il de faire en cecy? Voulez vous que nous
luy rompions la teste?

Euvertre. —Atten que je t'aye dit tout mon affaire. Depuis le
temps que j'ay mis mon cueur en ceste fille (il y a environ deux   30
mois) j'ay tasché par tous moyens d'en jouir: et mesmes il n'a
pas esté jusques là, que je ne l'aye fait demander en mariage:
mais mon pere (qui est avare et chiche, comme tu sçays) à cause
qu'il voyoit le pere de Fleurdelys un peu souffreteus, comme
celuy qui a despendu beaucoup de son bien à hanter les guerres,   35
me contredit aigrement, et me tança fort et ferme, disant que
j'estois trop jeune, et que ce n'estoit pas encor à moy à parler
de mariage: Voyla pourquoy je me [75v] plaignois à cest heure
à part moy: mais somme toute, j'ay deliberé (puis que mon
pere n'y veut point autrement entendre) d'avoir la fille, par le   40
moyen plus expedient pour moy.

Felippes. Venez au poinct.

Euvertre. —Tu dois entendre que Fremin, pere de la fille, a dedans
sa maison une chambriere assez agee.

Felippes. N'est-ce pas Alizon?   45

Euvertre. Ouy.

Felippes. O la bonne Dame que c'est! Passez, passez outre.

Euvertre. [11]—Je me suis si bien acointé d'elle par presens, prieres,
et courtoysies, qu'elle a fait quelque message pour moy à ma
50   Fleurdelys, et m'a mis quelque peu en sa grace, et en son amitié.
Or il n'y a que huit jours qu'elle me dit pour toute resolution
qu'elle me feroit bien entrer où seroit la fille, quand son maistre
Fremin iroit dehors, et qu'estant entré, je feisse ce qu'il seroit en
moy. Partant j'ay deliberé de l'enlever par force, s'elle ne veut
55   consentir à mon vouloir.

Felippes. Mais aussi Euvertre—

Euvertre. —Quel, mais aussi? Há ne me contredi point: cela est
desja en moy arresté.

Felippes. —Deá faites en, comme vous l'entendrez. Et bien que
60   voulez vous faire de moy?

Euvertre. [76] —Ceste chambriere Alizon m'a ce matin averty par
mon lacquais qu'elle avoit quelque chose à me dire. Je me
doute que c'est possible son maistre qui s'en va dehors. Je
voudrois que ce fust aujourd'huy, tandis que mon pere est allé
65   aux champs. Voyla la cause pourquoy je t'ay fait venir icy pres
du logis à ce Fremin, à fin de te prier que tu m'aydes à enlever
ceste fille, s'il en est besoing.

Felippes. Voire-mais, pourrions nous bien faire cela nous deux?

Euvertre. —Calixte mon compagnon me doit ayder: et partant il
70   nous faut retirer en sa maison prochaine de celle à Fremin, à
fin de nous tenir prets, quand Alizon ouvrira l'huis. Il doit aussi
faire provision d'armes pour nous trois.

Felippes. —Si je puis, je ne vous faudray point au besoing, puis
qu'ainsi est. Mais pourrons nous faire cela seurement? N'y
75   aurat-il personne pour nous empescher?

Euvertre. —Qui diable nous empescheroit? Il est bien vray, que
j'ay ce gentil Filadelfe pour corrival: mais que nous sçauroit il
faire, ne sçachant rien de nostre complot?

Felippes. —Je reniebieu, quand nous le rencontrerions, il n'est pas
80   homme pour nous: et si vous asseure, qu'il ne sera non plus à
vostre Fleurdelys, que s'il estoit son frere.

Euvertre. Mais voicy Alizon qui sort de sa maison. Retire toy chez
Calixte, et m'atten là: elle me veut dire possible cela, dont je me
doute.

Felippes. [76v] —Je me veux aujourd'huy donner du bon temps,   85
tandis que ce vieux resveur de mon maistre* s'en est allé pour-
mener hors la ville. Il ne gaignera point tant en un mois que nous
en dependrons en une heure.

SCENE II
Alizon chambriere, *Euvertre*

Alizon. MAis que tous les Diantres me doit-il aujourd'huy advenir,
que j'ay songé ceste nuit le plus terrible songe du monde?[12] Je   90
ne songe jamais telles follies, qu'il ne m'advienne quelque cas
de nouveau, ou quelque triboulle-mesnage. Si est-ce que j'ay
ouy dire autrefois qu'on fait mal de mettre foy à telles choses.
Euvertre. —Que fais tu Alizon, que tu t'arraisonnes ainsi à part
toy? Quand aurons nous la Quasimodo? Parles tu de la vie des   95
Saincts, ou des playes de S. François?[13]
Alizon. —Há Euvertre, j'estoy sortie pour vous trouver, selon que
je vous avois mandé ce matin.
Euvertre. Et bien, que me veulx tu dire?
Alizon. Mon maistre s'en va tout à cest'heure à la ville.   100
Euvertre. —O que tu me fais aise! Et bien comment me feras tu
entrer où sera ma Fleurdelys?
Alizon. —J'ouvriray nostre porte de derriere, devant laquelle [77]
je vous feray signe, c'est à sçavoir de ma quenouille trois tours, à
fin que par cela vous connoissiez quand il sera temps d'entrer   105
par ceste mesme porte.
Euvertre. —Il suffit, je me tiendray prest en la maison d'un mien
compaignon vostre voisin. Mais je crain qu'il n'y ait quelqu'un
chez vous qui puisse destourner mon entreprise. Il me semble
qu'il y a un serviteur en vostre maison qu'on nomme Claude, je   110
serois bien content de ne l'y voir point.
Alizon. —Ne vous chaille: je m'en depestreray bien. Faudrat-il
pas qu'il voise querir son maistre?
Euvertre. —Alizon, si tu fais cela pour moy, je sçay bien où est le
plus beau demiceint du monde, et la plus belle paire de pati-   115
nostres que tu veis de ta vie: je te les donneray, outre beaucoup
d'autres presens que je te pourray faire.
Alizon. —Hó, pour cela non force:[14] mais vous rediray-je, que

maistre] 73 maistre,

vous teniez cecy secret, à fin que Fremin ne se doute point de
120   moy?

Euvertre. —Baste, je te l'ay tant de fois juré: mais veu ce que tu me
promets, il faut diligenter mes apprestz, car je n'ay que
chommer.

Alizon. —Allez, aussi bien voicy desja Fremin qui sort du logis
125   pour s'en aller.

SCENE III

[77v]   *Fremin* Picard. *Alizon*

Fremin. ALizon, tandis que je m'en vais à la ville pren bien garde
sur Fleurdelys, entens-tu? et ne bouge de la maison. Quand
tout est dit, si l'affaire ne me pressoit j'eusse esté content de ne
bouger: car le cueur me dit je ne sçay quoy de mauvais. Quoy
130   que ce soit, ne la laisse point sortir hors du logis.

Alizon. —Ma foy, seigneur Fremin, si vous m'eussiez creu, il y a
long temps que vous ne fussiez plus en la crainte et peine où
vous estes touchant vostre fille, vous l'eussiez mariée tresbien
en un bon lieu que je vous avois dit. Vous en avez fait à vostre
135   teste: or bien, soit. Mais à qui la pensez vous marier? à un
Prince, volontiers.[15]

Fremin. —Penses-tu que si j'eusse trouvé quelque party raisonnable
pour elle, que j'eusse tant delayé? Tu sçais bien comme j'en suis
sollicité tous les jours, et mesmes d'un Euvertre fils de Gerad
140   Gontier riche citoyen, mais son pere ne s'y est pas bonnement
accordé.

Alizon. —Vous en ferez à vostre plaisir: si est-ce qu'en bonne foy
il me semble que vous la faites trop jeusner.

Fremin. —Il t'est advis que toutes femmes te ressemblent. Tu
145   m'entens bien.

Alizon. —Mais au rebours, il vous est advis que tout le monde est
aussi froid comme vous.[16]

[78] Fremin. —Il est bien vray, que je ne m'y échauffe pas tant que
tu voudrois bien.

150 Alizon. —Mais, mon dommage, qui presques n'en pouvez plus. Et
si vous en faites encor quelques uns des vostres, c'est si peu
souvent que cela ne se doit mettre en ligne de compte.

Fremin. —Or bien laisson cela: si on me demande tu diras que je

suis allé parler au Capitaine Chandiou, et que je ne tarderay
guieres.   155

ACTE TROISIEME. SCENE I

Jaqueline vieille Dame. *La Nourrice*

Jaqueline. METTEZ peine de vous réjouir, Restitue, je veux ce
que vous voulez: Si vous tenez chaudement dessus vostre lict.

Nourrice. —Hé ma foy, vous faites tresbien Dame Jacqueline, de
luy accorder qu'elle s'en vienne avecques moy prendre un peu
l'air aux champs. Aussi bien elle se trouve toute mal.   5

[78v] *Jaqueline.* —Je ne refuse point qu'elle n'y* voise, et moymesmes je luy eusse tint compaignie, n'eust esté que j'atten tous
les jours le pere de Filadelfe. Mais il me fasche que je ne sçay à
la verité ce qu'elle a ainsi à se plaindre.

Nourrice. —Que voudriez-vous qu'elle eust la pauvre fille? Ne   10
pensez vous point qu'estre tousjours à une ville à n'avoir aucun
plaisir, d'estre tousjours dans une chambre enfermee, ou dans
une Eglise à prier Dieu, cela ne soit assez suffisant pour la
rendre mal disposee?

Jaqueline. —Dieu me la veuille garder: je serois bien marrie qu'elle   15
eust mal la pauvre fille, car oultre que je n'ay qu'elle d'enfant,
je te puis bien dire en son absence, que c'est la plus honneste
fille du monde: elle n'est point mondaine, elle ne fait point
parler d'elle comme un tas d'autres: elle ne hante point avec les
jeunes hommes, comme je sçay qu'on dit de nos voisines: elle est   20
tousjours en priere et en oraison: elle vit proprement en sainte.[17]

Nourrice. —O comme vous en dittes bien la verité!* Elle est pleine
d'un bon fruit: ceux que la hantent en sçavent bien que dire.

Jaqueline. —Mais voicy le medecin que j'avois mandé à ce qu'il
vint voir sa maladie avant qu'elle s'en allast aux champs, car   25
on n'y recouvre pas des medecins aiseement.

Nourrice. —Le diable y ait part: je gage que le cas va mal pour
moy.

n'y] 73 ny   verité] 73 verite

[79]   SCENE II

Le Medecin, et les Susdittes

Le Medecin. SElon les signes que m'a dit le garçon, ce doit estre icy
30   quelque part son logis. Mais seroit-ce point bien là la Dame
que je cherche?

Jaqueline. Ouy, Monsieur, c'est elle.

Le Medecin. —Je suis venu, à vostre mandement, sçavoir ce que
vous vouliez de moy.

35   *Jaqueline.* —C'est pour voir ma fille qui se porte mal: et pource
que je la veus envoyer aux champs, j'eusse bien voulu que
devant vous m'eussiez dit à la verité que c'est qu'elle a, à fin
qu'elle se gouverne selon ce que vous luy aurez ordonné pour
sa santé.

40   *Nourrice.* —Pleust or à Dieu que cestuyci devint tantost aveugle,
ou ceste-cy sourde.[18]

Le Medecin. Dequoy se plaint-elle?

Jaqueline. —Rien d'autre chose: sinon qu'elle a perdu l'appetit, et
luy prent par fois quelques douleurs d'estomac, quelques
45   evanouissements et tranchees.

Le Medecin. —Ce ne sera rien, non: toutesfois je ne vous en sçaurois
rien dire à la verité que premier je ne l'aye veuë, [79v] voire
son urine s'il en est question.

Jaqueline. C'est bien dit: entron dedans.

50   *Le Medecin.* —Entron: mais le diable y ait part, j'ay oublié mes
lunettes.

Nourrice. —Ne laissez pas d'entrer. Il n'en faut ja si c'est pour voir
la fille, car elle est assez grosse, et par trop voire. Helas! je gausse
icy à part moy, et si n'en ay point d'envie. Ce beau Medecin ne
55   faudra pas de dire que la fille est grosse, aussi tost qu'il l'aura
veuë. Il a esté mandé si soudain et si à l'impourviste qu'il ne m'a
esté possible de l'emboucher. Encor il est nouvellement venu en
ces quartiers, et ne cognoist point la fille, de sorte que pensant
qu'elle soit mariée, il cuidera bien faire de dire la verité. Au pis
60   aller je vas voir ce qu'il fera.

SCENE III[19]

Claude et Alizon

Claude. PUis que je ne voy plus personne en la rue il est temps de faire le signe que j'ay promis à Filadelfe.

Alizon. —Puis que Claude et Fremin s'en sont allez, il faut que j'aille bailler l'assignation à Euvertre.

Claude. —J'ay desja ouvert l'huis de derriere par où ils doyvent   65
entrer.

[80] *Alizon.* —Je vien tout à point de trouver nostre huys de derriere deverouillé par je ne sçay qui.

Claude. —Qu'est ce que j'oy parler derriere moy? Há c'est Alizon, ceste vieille diablesse. Que le diable face maintenant une   70
Anatomie de sa cervelle: elle me gastera tout.

Alizon. —Ne voye-je pas là Claude? Hó bon gré en ait ma vie, il me destourbera.

Claude. —Si faut-il trouver façon de m'en depestrer vistement. Viença que fais-tu icy?   75

Alizon. Toymesmes qu'y fais-tu?

Claude. Que veus-tu faire de cette quenouille?

Alizon. Et toy, que veus-tu faire de cette torche?

Claude. C'est pour aller querir mon maistre.

Alizon. —Que ne le vais-tu donc querir, sans aller ainsi tournoyant   80
à l'entour d'icy.

Claude. —Et toy-mesmes, que ne vais-tu filler avec ta quenouille chez les voisins, comme est ta coustume?

Alizon. Il ne me plaist pas.

Claude. O Dieu, cette femme me fera, à peine que je ne dy— [80v]   85
Mais Alizon, je ne me veux fascher contre toy. Va t'en et fay ce que je te dy.

Alizon. Mais Claude je te dy que je n'en feray rien.

Claude. Tu n'en feras donc rien, ô vieille sorciere!

Alizon. Non, te dis-je, vilain, infame.   90

Claude. —Et va va, n'as tu pas esté autrefois pour tout potage une bonne, tu m'entends bien?

Alizon. —Dy, dy hardiment. Tu en as menti meschant, je ne suis point telle. Par la mercy dieu je te feray desdire cette parolle.

95 *Claude.* —Mot, n'en parlons plus. Ce ne m'est honneur de debattre
avec toy. Alizon je te prie va t'en, et me laisse là.

Alizon. Va t'en toy-mesmes.

Claude. Si tu me fais une fois lacher le manche de ceste torche—

Alizon. —Par la mercy Dieu si tu approches, je te bailleray si verd
100 dronos de ceste quenouille.

Claude. —Par la mort, si tu me fasches, je te rompray ceste folle et
lourde teste:[20] mais je suis encor plus fol de m'arrester à elle.
Que diable m'en souciay-je? Doy-je differer pour elle ce que j'ay
entrepris?

105 *Alizon.* —Il s'en va doncques: que fust-il pendu par le col. [81] Il
n'est pas qu'il ne veuille faire quelque diablerie, puis qu'il avoit
si grande envie de me chasser. Tant y a qu'il faut que j'attende
qu'il se soit un peu plus esloingné, devant que je face ce que j'ay
promis.

SCENE IIII

La Nourrice, Alizon

110 *Nourrice.* J E voudroy que ce beau medecin et tous les medecins du
monde fussent au diable. Que maudite en soit la race. N'avoy-je
pas bien dit, qu'il ne failliroit point de dire à la mere, que sa
fille estoit grosse? J'avois beau luy faire signe de l'œil, des doigts,
et du pied, marchant sur le sien. Vrayement nostre complot
115 d'aller aux champs est bien rompu à ceste heure.

Alizon. —Je veux sçavoir dequoy se plainct ceste cy. Au, mon Dieu,
mon Dieu, quel bruit oy-je en nostre logis? Il me semble que
j'oy entrer des gens à la foulle par l'autre porte. Seroit-ce point
Euvertre? si ne luy ay-je point encor fait signe. Je vais voir quel
120 tintamarre c'est. Hó, j'oy Fleurdelys qui crie à l'ayde.

Nourrice. —O que volontiers je trouverois Filadelfe, pour luy dire
injures, et pour luy conter le beau chef d'œuvre qu'il a faict en
nostre maison! Helas, quelle pitié c'est de voir maintenant la
pauvre fille, qui se debat et s'arrache les cheveux![21] et voir
125 d'autre costé la mere qui pleure, qui crie, qui tempeste, et avec
un million d'in[81v]jures presse sa fille de luy dire qui luy a fait
ce deshonneur. Encore si son amy ne l'eust abandonnée! Há
Restitue, Restitue, tu donnes bien exemple aux jeunes Damoy-
selles de ne se fier tant à ces jeunes hommes qui ont le visage si

poupin et poly sus la fleur de leurs beaux ans, car tout appetit 130
soudain se faict en eux, et soudain se meurt, ainsi que feu de
paille. Ils font ny plus ny moins que le chasseur qui poursuit par
grand travail sa proye, et par monts, et par boys, et par vaux :
l'aura il prise, il ne s'en soucie plus. Ainsi est-il de ces jeunes
gens, auront-ils eu la victoire sus vous autres Dames, et obtenu 135
ce que plus ils desiroyent, ils vous laissent là, et lors vous vous
plaignez d'estre faittes serves qui paravant estiez maistresses.
Non que je vous deffende d'aymer, seulement je vous admon-
neste de fuir ce premier poil follet inconstant et leger, et de
cueillir les fruicts non trop verdelets ny trop aigres, qu'ils ne 140
soyent aussi trop meurs. Hó, hó, d'où vient cestuicy si eschaufé
avec ceste broche, et ce cabasset en teste ?

SCENE V

Gillet, et la Nourrice

Gillet. DE demourer là vertu-bieu ? et parmy des espees nues,
en-han !

Nourrice. —Hó parmanenda c'est Gillet. Tant mieus : je sçauray 145
qu'est devenu son maistre.*

Gillet. —Or y voize qui voudra : de moy, je me sauve pour y [82]
retourner autrefois. Corps-bieu je me veux un peu epargner.
Recepvoir là des coups de baston, Hen ! et avec des jeunes fols
amoureux frappans sans dire gare. Vertubieu !   150

Nourrice. —Je ne sçay s'il est encores faché contre moy des injures
que nous nous entredismes hier au soir en la cuisine, apres soupper,
et dequoy nous primes tous deux la chevre. Hó, Gillet, d'où
viens-tu ainsi avec ceste broche ?

Gillet. —D'où je vien, vertubieu ? Corbieu je vien d'une belle entre- 155
prise. O comme j'en ay abbatu, froissé, assommé, et rué par
terre ! J'en ay cuidé embrocher un tout vif s'il ne se fust retiré.

Nourrice. —Mais dy moy à bon escient que c'est, et pourquoy tu es
ainsi accoustré.

Gillet. Tu n'es pas secrette à demy.   160

Nourrice. Si suis, ne te chaille de cela.

Gillet. Sache qu'on a fait à mon maistre Filadelfe—

Nourrice. —Où est-il ton maistre ? Que fust-il au diable, ou

maistre.] 73 maistre,

bien qu'il se fust rompu et le col et les jambes, quand premiere-
165   ment il mit le pied en nostre maison, tant il y a fait un bel
esclandre.

Gillet. Comment? qui at-il? quoy? qu'est-ce?[22]

Nourrice. —Je te le diray une autrefois: achéve seullement, à fin
que je sache où il est.

170 [82v] *Gillet.* —Que veus-tu que je te die tant? On luy a fait signe,
nous sommes entrez à la foulle, il a pris la fille par dessous les bras,
elle s'est escriee, une vieille survenue je ne sçay d'où a crié encor
plu's fort qu'elle, un autre jeune homme est venu au bruit de ces
criardes, il nous a destournez, ils s'en sont entrebattus, et moy
175   d'escamper.[23]

Nourrice. —Je n'enten rien à ce que tu dis: mais tant y a, tu t'en
es enfuy vilainement, laissant (peut estre) ton maistre au besoing.

Gillet. —M'amie tu n'entens point encores que c'est que du camp.
Penses-tu qu'une bonne fuite ne soit pas meilleure qu'une
180   mauvaise attente?

Nourrice. Comment? tu tranchois nagueres tant du brave.

Gillet. —C'est follie de parler à toy, qui n'entens point comment
c'est qu'on fait à la guerre.

Nourrice. Há vrayement tu es un beau marmouset.

185 *Gillet.* —Marmouset! Corps bieu, je te fourreray ceste broche au
travers du corps: ne fay que dire: mais ma foy, la chair ne vaut
pas l'embrocher. Où sont, où sont ores les paillars qui ont
assailly mon maistre? Que ne les tiens-je ores icy? Corps bieu je
les— Hó Dieu n'en est-ce pas icy un qui vient? Me voyla mort.
190   Il me cherche. Où m'enfuiray-je? Je te prie Thomasse revanche
moy.

Nourrice. Comment? tu estois tantost si hardy.

[83]   SCENE VI

Felippes, Gillet, et la Nourrice

Felippes. ME voyla echappé, Dieu mercy, de la main de ces
meschans sergens du guet: Et puis vous tenez là sans fuir, pour
195   voir s'ils ne vous meneront pas bien et gentiment en prison.[24]

Gillet. —Hó c'est mon compaignon Felippes, le serviteur de
Gerard. Je ne me soucie gueres que je ne face bien paix
avecques luy.

Felippes. —Te voicy donc, Gillet. Et viença, beau sire, n'est-ce pas toy qui viens de porter les armes contre Euvertre mon jeune maistre? je ne sçay qui me tient que je ne te— 200

Nourrice. —Hé, pardonnez luy, aussi bien at-il esté des premiers à s'enfuir.

Gillet. —Je ne me suis point enfuy, non: je me suis sauvé seulement: je ne t'ose dire Felippot, que tu en ayes fait ainsi. 205

Felippes. Va, touche là, tu és bon compaignon.

Gillet. —Et bien qu'est-il de nos maistres? Qu'est-il devenu de leurs differents et de leur meslee?

Felippes. —Les voyla tous deux qu'on meine en prison, et Clau[83v]de serviteur de Fremin, que bon gré en ait ma 210 vie.

Nourrice. En prison Filadelfe? et comment cela?

Gillet. Dy nous un peu comme le cas est advenu.

Felippes. —Ainsi que mon maistre et moy suyvant le signe que nous avoit fait la Chambriere Alizon, courrions à la maison de Fre- 215 min, pour faire lascher prise à ton maistre, qui s'estoit desja saisi de la fille Fleurdelys, et qu'iceux contestoyent fermement ensemble, en faisant un merveilleux bruit avecques leurs espées nuës, les gens de la rue ont commencé bien fort à se scandaliser, et nous blasmant dequoy nous voulions forcer publiquement 220 une fille, se sont pris à jetter des pierres et du feu. A ce bruit, Filandre le maistre du guet de ceste ville, est je ne sçay comment survenu avecques ses sergens, et mettant la main sur eux trois, les a menez ou en prison, ou en son logis, je ne sçay lequel. Les autres qui accompaignoyent Euvertre et ton maistre s'en 225 sont enfuis qui deça qui dela.

Nourrice. Au moins il n'y a personne de blessé.

Felippes. Non, dieu mercy.

Gillet. —Je ne m'en soucie donc plus. Sur ma foy je suis d'advis de prendre le moins que nous pourrons les matieres à cueur: car 230 Nostradamus dit, qu'il n'y a rien plus contraire pour ceux qui veulent vivre à leur aize. Que nos maistres qui ont fait la faute, en portent la folle enchere s'ils veulent.

[84] *Nourrice.* Aussi feront-ils, je t'en asseure, s'ils sont en tel lieu.

Gillet. —Or qu'ils s'appointent là s'ils le trouvent bon: et qu'ils 235 s'entregrinsent les dens comme deux chiens qui rongent un os: ce pendant donnons nous du bon temps.

Felippes. —Par dieu tu as raison Gillet. Je ne vis jamais homme qui entendist mieux les matieres que toy.

240 *Gillets.* —Voulons-nous doncques bien faire? Allons nous rafreschir bien et beau dans une hostellerie icy pres où j'ay esté ce jourd'huy: là nous ferons des Gentilhommes, aussi bien de ces maistres icy on n'en a jamais autre chose.

Felippes. —C'est bien dit: mais tu n'as point fait provision de gibier 245 surquoy nous puissions decharger l'hacquebute.

Gillet. —Mon amy, il y a là dedans la plus belle garce du monde, chambriere de l'hoste.

Felippes. Allons donc: mais helas, nos maistres?

Gillet. Quoy, nos maistres?

250 *Felippes.* Allon, allon, qu'on ne nous voye plus ainsi.

Gillet. Adieu Nourrice.

Nourrice. —Allez allez, voyla de gentils serviteurs! Mais à ce que je voy, Restitue est bien vangee de Filadelfe. O que Dame Jacqueline sera estonnee d'ouir cecy? O que Benard de [84v] 255 Mets son pere sera bien plus estonné mais qu'il vienne! D'autre costé que dira Gerard le pere d'Euvertre? Et Fremin quand il sçaura qu'on aura voulu ravir sa fille? Quant à moy je m'en vais me cacher quelque part, sans rien dire à personne de ce que j'ay ouy.

SCENE VII

Alizon

260 NE vous souciez de rien, non, Fleurdelys, et ne pleurez. Tenez vous à la maison, je m'en vais où je vous ay dit. Or si je ne me vange de Claude, je veus qu'on ne parle jamais de moy, si je ne l'en paye, si je n'en fais faire à Fremin telle punition que le pendart qu'il est— Hó, hó, il sçaura à tout le moins si je suis telle 265 qu'il pense. Je feray que tout le fais retombera sur ses epaulles, puis qu'aussi bien il est en prison comme les autres. Mais il me semble que Fremin disoit qu'il s'en alloit chez le Capitaine Chandiou. Il me le faut aller trouver là.

ACTE IIII. SCENE I

Gillet tout seul

MAIS ne voicy pas un grand malheur: Nos beuvettes ont esté
entrerompues en l'hostellerie par la soudaine arrivée du Sire
Benard, pere de mon maistre: j'ay [85] pensé en me derobant
d'en venir icy advertir dame Jacqueline: Mais comment le
pourray-je dire aussi à mon maistre? O Fortune que tes faicts   5
sont merveilleux,²⁵ qui as choisy ce jour malencontreux, pour
faire venir cestui-cy de Mets, païs si loingtain, à fin que pour sa
bienvenue, on luy die de si plaisantes nouvelles de son fils, et
qu'il vienne empescher nostre collation, qui est pis que tout.
Mais le voicy desja avec son serviteur, il y aura bien tantost à   10
crier: mais dequoy me souciay-je? à eux le debat. Ce pendant je
m'en retourne trouver mon compaignon que j'ay laissé audict
lieu, laissant passer les plus chargez.

SCENE II

Benard, vieillard. *Felix*, son vallet

Benard. JE disois que nous ne trouverions jamais le chemin, tant
ceste ville est grande, et les rues fascheuses à tenir. Que t'en   15
semble Felix? N'es tu point bien las?

Felix. —Comment Diable ne seroy-je las, apres avoir tant tracassé
parmy ceste ville, et apres avoir eu tant de maux à venir de
vostre païs de Lorraine jusques icy? Encor si nous nous fussions
rafreschis en l'hostellerie où nous sommes descendus: mais je   20
n'ay jamais eu le loisir de me ruer tant soit peu en cuysine, tant
vous aviez de haste de venir voir vostre fils.

Benard. —Pour certain, il me tarde beaucoup que je ne le voye.
[85v] Je crain qu'il ne soit tombé en quelque inconvenient, ou
qu'il ne soit amaigry depuis que je ne l'ay veu. Mais dy moy ne   25
suis-je pas bien heureux de m'estre venu habiter en une si bonne
ville que ceste cy, et d'avoir quitté nostre miserable païs, subjet
à tant de guerres?

Felix. —J'ay grand' peur que nous n'ayons laissé un purgatoire,
pour venir en un enfer.   30

Benard. —Vis tu jamais ville, où les gens fussent plus courtois et
mieux appris?

Felix. Au diable l'un qui nous ait presenté à boire.

Benard. —Tu ne respons à propos. Je te dy, que c'est icy la plus
35   belle ville du monde, où il y aye les plus belles rues, les plus
belles maisons, les plus belles Eglises, les plus belles Religions,
et les plus beaux Palais.

Felix. —Or vous estimerez ce qu'il vous plaira, mais je ne trouve
rien plus beau en ceste ville, que ces rostisseries si bien arrangees,
40   dont les bonnes odeurs me sont venues en passant.²⁶

Benard. Tu ne parles que de ce qui t'est propre, beste que tu es.

Felix. Et quoy, ne sçavez vous pas bien—

Benard. Tay toy: sachons qui est ceste-cy qui sort.

SCENE III

Dame Jacqueline, Benard, Felix

[86] *Jacqueline.* HA vray dieu, que ma fille m'a bien trompee!
45   *Benard.* Je croy que c'est-icy le logis où se tient mon fils.

Jacqueline. —Où trouveray-je moy malheureuse, où trouveray-je
ce meschant paillard, qui a deshonoré ma fille?

Felix. A qui en veut ceste cy tant eschauffee?

Jacqueline. —Par la mercy dieu, je luy arracherois les yeux avec les
50   ongles, et le dechirerois en pieces, si je le tenois.

Benard. Il me semble connoitre ceste cy.

Felix. —Mon maistre, disoy-je pas bien que nous estions en enfer?
Voyla Proserpine²⁷ qui en sort.

Jacqueline. —O que son pere, n'est il maintenant en ceste ville!
55   comme je parlerois bien à luy, de m'avoir envoyé un tel gallant.

Benard. —Ce m'aist-Dieux, c'est Dame Jacqueline à qui j'ay envoyé
mon fils, ou mes yeux me trompent. Je veux parler à elle. Dieu
vous gard Dame Jacqueline, vous soyez la* bien trouvee. Comment vous portez vous? Que fait mon fils Filadelfe? Ne me
60   connoissez vous plus? je suis—

Jacqueline. —Hé Dieu vous gard Seigneur Benard. Hó vous voicy
donc tout à poinct: je ne demandois pas mieux pour vous dire à
tout le moins injure. Or à la mal'-heure, doncq soyez vous venu,
beau Sire, qui m'avez envoyé un si meschant fils, que la [86v]
65   malle-mort vous puisse casser les os, et les jambes à tous deux.

Felix. Quelle* salutation!

la] 73 l'a   Quelle] 73 Qu'elle

Benard. —Tay toy, je crain que ceste Femme icy ne soit devenue
hors du sens, depuis que je ne l'ay veuë.

Jacqueline. —Je voudroy que vostre fils se fust rompu le col, quand
premier il mit le pied ceans.   70

Benard. Mais que vous a il fait, mon fils?

Jacqueline. —Qu'il m'a fait, mercy Dieu! Je voudroy qu'il fust au
gibet, et vous aussi qui me l'avez envoyé.

Felix. —Dame, je vous prie ne parlons point de noises: nous
n'avons point souppé, je ne sçay pas comme vous l'entendez: 75
parlons d'entrer en vostre logis, je vous supplie, car nous sommes
bien las et alterez.

Benard. Te veux tu taire, beste?

Jacqueline. —Mais venez ça meschant, et affronteur, m'avez vous
envoyé vostre fils pour me ruiner? Je ne sçay qui me tient que   80
presentement je ne vous— meschant trompeur que vous estes.

Felix. —Quelle Courtoisie Parisienne! A ce que je voy, nous
sommes taillez de ne soupper point. Mon maistre disiez vous pas
que les gens de ceste ville estoient si courtois?

Benard. [87] —Sus retire toy d'icy, pendart, puisque tu ne te veux   85
pas taire.

Felix. J'ayme donc mieux m'en aller repaistre quelque part.

Benard. Va t'en au grand Diable.

Felix. —Mais plustost je m'en iray au petit Diable de ceste ville
reprendre l'usure du temps que j'ay perdu à ne boire point. Or   90
debattez tous deux tout vostre saoul.

Benard. —Mais venez ça, Dame Jacqueline, qui vous meut de me
dire injures, à cause de mon fils? Dequoy vous plaignez vous de
luy? Puis-je mais de quelque chose? Telles injures sont mal-
seantes en une telle personne que vous, et plus encor en mon   95
endroit.

Jacqueline. Encor auray-je tort de me plaindre, infame.

Benard. Que ne me dictes vous donc que c'est?

Jacqueline. —C'est que vostre fils a deshonoré ma maison, pour le
bon traictement que je luy ay fait.   100

Benard. Comment cela?

Jacqueline. Il a violé ma fille, puis qu'il fault que je le die.

Benard. Violé! Est-il possible? ce n'est qu'un jeune garçon que luy.

Jacqueline. —Quel jeune garçon? Jeune garçon qui a fait à ma
fille [87v] un autre garçon, desolee que je suis.   105

Benard. —Lás! fault-il maintenant que le pere reçoyve reproche
pour son fils? Moy qui tout joyeux m'en venoy user le reste de
mes jours en ceste ville, qui pensoy trouver icy la paix avec mon
fils et ceste femme, j'y trouve, helás une plus forte guerre que je
110 n'avois au lieu, dont je suis venu.

Jacqueline. —C'est, c'est plustost à moy à me plaindre qu'à vous:
Qui trouveray-je desormais, qui voudra de ma fille pour
femme? Elle n'ozera plus hausser le front devant ses autres com-
paignes: elle ne s'ozera plus trouver aux bonnes compagnies,
115 ny aux assemblees publiques. Pensez que desja tout son cas se
sçait par toute la ville: On en fera des comptes et chansons parmy
les carrefours. On ne tiendra plus d'autres propos chez les
accouchees, que d'elle et de moy. Nous serons monstrees au doit
d'un chacun.

120 *Benard.* —Mais où est-il ce meschant garçon? Que je le voye, que
je parle à luy, et qu'à tout le moins je descharge en partie mon
cueur sur luy.

Jacqueline. Il n'a esté tout aujourdhuy en nostre maison.

Benard. —Où le chercheray-je doncques? Lás, j'ay plus de
125 besoing de repos que de travail.[28] Ceux cy que je voy ne me le
pourront-ils point bien enseigner?

Jacqueline. Peut estre que si. Voicy un mien voisin qui le connoist
bien.

SCENE IIII

[88]   *Fremin, Alizon, Jacqueline, Benard*

Fremin. MAIS aussi sçais tu bien que Fleurdelys n'est de rien
130 coupable en cest affaire icy? ny toy mesmement?

Alizon. —Ne vous ay-je tant de fois dit, que ce meschant Claude
est cause de tout, et que ça esté luy qui les a fait entrer avecques
armes dans la maison?

Fremin. —Si ne puis-je oster de ma fantasie qu'en ce cas tu n'ayes
135 tint le sac. Et ça esté bien ma faulte de te l'avoir baillee en garde.

Alizon. —Mais plustost de ce que vous avez tant mis à la marier:
je me doutoy tousjours bien, qu'il en adviendroit autant.

Fremin. —Jan,[29] je t'asseure qu'elle sera mariee au premier qui
m'en parlera: je voudroy seulement avoir trouvé ses parents.

140 *Jacqueline.* —Seigneur Fremin, ne nous sçauriez vous dire, où est
Philadelfe, ce jeune homme qui se tient en ma maison?

Fremin. Alizon, cestuy là n'est-il pas l'un de ces deux jeunes
hommes que tu dis avoir esté menez en prison?

Benard. En prison, mon fils Filadelfe!

Fremin. Comment? ce Filadelfe est-il vostre fils?   145

Jacqueline. Ouy.

Fremin. —Vrayement beau Sire, vous avez un gentil fils, bien
complexionné, et de bonnes mœurs! Mieux eust vallu ne
l'avoir jamais engendré, veu le scandale qu'il m'a fait
aujour[88v]d'huy.   150

Benard. —Helás, où suis-je arrivé! J'entre d'un bourbier en un
autre, et de fiévre en chaud-mal. Tout le monde se plaint de mon
fils. Auquel entendray-je?

    Mais dictes moy pourquoy mon fils est prisonnier.

Fremin. —Mon amy, vostre fils est à bon droit, où je le demande, 155
je vous en asseure. De moy il me fault entrer en ma maison
pour y mettre ordre, et sçavoir de ma fille la verité.

Benard. Há miserable que je suis!

Alizon. —Vous avez un tresmechant fils. Il s'est mis en effort de
ravir avec gens armez la fille de cestuicy, de laquelle il s'estoit 160
amouraché, il y a bien deux mois.

Benard. Helás, me voyla—

Jacqueline. —Il ne s'est donc point contenté de l'amour deshonneste
qu'il a portee à ma fille, sans faire encore l'amour à cestecy, le
meschant qu'il est!   165

Alizon. —Mais ainsi qu'il entroit de force en nostre maison, et
qu'il avoit desja mis la main sur la fille, voicy venir Philandre le
maistre du Guet qui l'a tresbien mené en prison, avec un autre
jeune homme qui avoit fait mesme entreprise.

Benard. Me voyla mort à ce coup.   170

Jacqueline. —Or mourez quand vous voudrez: je m'en revois à
no[89]stre maison tancer encor ma fille à bon escient, et luy
conter ces nouvelles.

Benard. Attendez encor un peu, pour vous demander—

Jacqueline. Je n'ay pas loisir: demeurez icy à parler en l'air si vous 175
voulez.

Alizon. Il m'en fault aussi en aller: voyla mon maistre qui
m'appelle.

Benard. —[30]Hé Dieu! Dieu de Paradis, que feray-je? que diray-je?
de quel costé me tourneray-je? Tout ainsi que de toute personne 180

je suis delaissé, au cas pareil toute consolation, tout espoir, tout
confort me delaisse. Ay-je eschappé tant de fortunes, tant de
perils de guerres, tant de malencontres, pour me voir destruit à
jamais, et mon fils devenu meschant? Qu'est-ce de la perte des
185   biens temporels, d'une petite fille perdue à Mets par les Guerres,
de la mort de ses parens, et de la perte de ses amys, au pris de
cecy? O mauvais fils, bourreau de ma vie, et meurtrier de ma
renommee? t'avoy-je envoyé en ceste ville pour y faire telles mes-
chancetez? Maudit soit le jour, l'heure, et le moment que je
190   t'ay jamais mis au monde!* O que cecy deust bien apprendre
tous hommes maintenant à ne souhaiter point tant d'avoir enfans, et combien qu'en leur jeune aage, ils donnent grande
esperance d'eux, il ne fault rien aujourd'huy pour les corrompre.
Ha si maintenant j'avois icy ma fille Fleurdelys, que j'ay perdue,
195   ce maudit Philadelphe se pourroit bien tenir asseuré que je le
reniroys pour fils. Mais puis que je n'ay plus que luy, je voy
bien que je seray contraint de pourchasser sa delivrance plustost
que de le laisser en ceste sorte: mais je suis si lás qu'à peine
puis-je advancer un pied [89v] devant l'autre. Or revoicy celuy
200   que je doy courtiser, si je veux tirer ce meschant de prison.

SCENE V

Fremin, et Benard

Fremin. TES grandes complaintes (homme de bien) tes pitoyables
pleurs, et tes durs sanglots m'ont contraint de sortir icy, veu
mesmes qu'ils pourroient bien esmouvoir à pitié, par maniere
de dire, les pierres et rochers, voire les plus revesches bestes du
205   monde: Je suis venu te donner secours, ayde et conseil: moy
qui suis homme, et par tant l'humanité n'est point hors de moy.[31]
Benard. —Je ne sçay comment je vous doy remercier d'une si
amiable, et honneste offre: et veu vostre courtoisie, je ne puis
croire que vous soyez de ceste ville, où ils sont si mal-gracieux.
210 *Fremin.* Aussi ne suis-je, estant né en Picardie.
Benard. —A la bonne heure. Puis donc que si liberallement vous me
promettez toute douceur, je vous prie ne veuillez avoir esgard
au tort que vous pretendez que mon fils ait fait à vous, et à
l'honneur de vostre fille, et que vous coulliez au long de sa

monde!] 73 monde?

grande faute. Ne veuillez tourmenter ma pauvre et chetive 215
vieillesse d'informations, de procedures, de citations, et de
chiquaneries. Ne me jectez point en proye à ces gourmans et
gloutons d'avocats [90] de ceste ville, qui en moins de rien
succeroient toute ma substance, mes os, et mon avoir.[32]

Fremin. Vous dictes vray de cela.   220

Benard. —Je confesse le tort de mon fils: mais relaschez luy quelque
chose de vostre bon droit. Songez que c'est d'une jeunesse, et
d'une folle amour: et qu'il ne tienne à vous qu'il ne soit delivré.
Je me soubmets à toute telle satisfaction qu'il vous plaira.

Fremin. —Mon amy, je sçay bien que vault tout ce que vous avez 225
dit, car j'ay esté parmy le monde en beaucoup de lieux pour le
sçavoir, et mesmement à Mets, d'où je sçay bien que vous estes.
J'entens bien que c'est d'amour, et de jeunesse: et si j'estoy
en mon païs, comme je suis en cestui-cy, je me tiens tant vostre
amy, que de cecy ny d'autre chose je ne ferois que ce qu'il vous 230
plairoit.

Benard. Helás, je vous en remercie.

Fremin. Et sans cela, je me dois tant plus condescendre à vostre
volonté, comme plus vous abusez, touchant le païs, la maison,
et le lieu d'où est ceste fille Fleurdelys.   235

Benard. Je voudroy n'ouïr jamais ce nom de Fleurdelys: mais
achevez.

Fremin. Pourquoy cela?

Benard. —Il rengrege mes vieilles douleurs,[33] d'autant que j'ay
perdu une mienne petite fille de ce nom, et ne sçay pour le [90v] 240
present, s'elle est vive ou morte.

Fremin. Voyla grand cas! où la perdistes vous?

Benard. En la ville de Mets.

Fremin. En la ville de Mets! et quand?

Benard. —Quand les François entrerent dedans la ville. Mais pour- 245
quoy vous enquestez vous ainsi? Cela ne fait que m'attrister
d'avantage d'en parler: achevez ce que vous me vouliez dire.

Fremin. —Non, non, je suis content de sçavoir cecy: et pour cause,
comment la perdites vous?

Benard. —Je la laissay par mesgarde dans ma maison de grand'- 250
haste que j'avois pour eschapper hors la ville, quand les
Françoys se vindrent camper devant Toul, ville prochaine de
Mets: car nous fusmes quelques Citoiens qui eusmes peur, ne

sachants quelle issue devoit advenir d'une si grande Armee du
255 Roy si pres de nous: joinct aussy que nous favorisions plutost le
party de l'Empereur que du Roy, et par ainsi lon nous pouvoit
estimer mauvais françois. Bien est vray que si j'eusse sceu, la
Ville devoir estre rendue de telle sorte, je n'en fusse ja sorty.
Quand donc le Connestable de France entra avec quelques gens
260 armez dans la ville, et à la foulle, quelques uns de sa compagnie
trouverent ma maison. Mais que me sert de dire tout cecy?

    Fremin. —O Dieu pourroit ce bien estre ce, dont je me suis
dou[91]té du commencement? Vous laissates donc vostre fille
seulle en vostre maison: et quel aage pouvoit elle avoir?

265 *Benard.* Cinq ans.

    Fremin. —C'est justement pour venir au compte. Et se nommoit
Fleurdelys?

    Benard. Ouy. Mais à quel propos tout cecy?

    Fremin. —Attendez un peu. Si vous la revoyiez d'aventure, la
270 recognoistriez vous bien?

    Benard. —A grand'peine: toutefois s'il m'en resouvient bien, il me
semble qu'elle a un petit seing rouge soubs l'oreille gauche,
comme d'une petite fraize, ce qui luy est advenu d'une cheute.
Mais mon Dieu, seroit-il bien possible que vous m'en puissiez
275 dire des nouvelles, puis que vous en enquestez si curieusement?

    Fremin. —O Dieu me permettrois tu bien aujourd'huy ce que j'ay
tant desiré de fois? à fin que je ne soys plus en peine, et en charge.
Or entendez à ceste heure, ce que je voulois tantost dire, et puis
apres regardez si c'est vostre fille, celle dont je parleray. Je
280 disoys donc que je me dois tant plus condescendre à ce que vous
voulez, comme plus vous vous abusez, touchant le païs, et le pere
de ceste fille que vostre fils a voulu ravir, et qui se nomme
Fleurdelys.

    Benard. Quoy? n'est-ce pas vostre fille?

285 [91v] *Fremin.* —Non, encores que la plus part des gens de ceste
ville ait pensé qu'elle soit mienne, mais je n'eus oncques enfans:
et quant à ceste-cy, elle est de Mets.

    Benard. —Dictes moy s'il vous plaist, comment donc est elle
tombee en vos mains?

290 *Fremin.* —Pour vous dire la verité, je n'ay encores sçeu au vray qui
estoit son pere. Or tel que vous me voyez, j'ay suivy les armes,
l'espace de vingt ans, et presques en la compagnie du Con-

nestable que vous venez de nommer, et estois l'un de ceux qui à
la foulle entrerent avec luy dans Mets: là où (comme celuy qui
cherchois à loger avec beaucoup de mes compaignons) j'entray 295
dans une maison, où il n'y avoit personne fors qu'une petite fille
âgee de quatre ou cinq ans, mais bien quelques meubles.

Benard. —O fortune, me donnerois tu bien cest heur, que de me
rendre ma fille!

Fremin. —Tout aussi tost que la fille me vit, elle m'appella son 300
Pere, ce qui m'outrepercea si bien le cueur, que je la pris et la
fis porter en ma maison en Picardie, là où je l'ay fait tousjours
nourrir, comme mienne, par ma femme, dont je n'ay lignee.

Benard. Quels habits avoit elle quand vous la pristes?

Fremin. —Une petite robbe de taffetas changeant, et une perle 305
pendue à son oreille. Souvent appelloit ce nom de [92]
Laurence.

Benard. —C'estoit le nom de sa Nourrice.[34] Or c'est donc ma fille
pour certain: je n'en veux plus douter. Je vous prie que je la
voye, que je la voye viste: je ne la verray jamais assez à temps. 310

Fremin. Je ne demande autre chose, entron dedans.

Benard. Je verray bien s'elle resemblera à sa feu mere.

Fremin. Croyez, Sire, que vous la trouverez bien belle, et de belle
taille.

ACTE CINQUIEME. SCENE I

Gerard, pere d'Euvertre

MAis est-il bien possible que mon fils ait eu la meschanceté,
la malice, et la hardiesse, d'entrer par force d'armes dans une
maison, à fin d'outrager l'honneur de la fille de leans? A-il fait
telle follie, et tel scandale en si peu de temps que j'ay esté absent
de la maison? n'a-il point eu de honte? n'a-il point craint son 5
pere? Je suis si coleré et si fasché, que si je ne descharge bien tost
mon courroux sur luy, je suis pour mourir. Pleust à Dieu que je
luy eusse accordé d'espouser ceste fille, [92v] puis qu'il m'en
rompoit tant la teste, car je croy bien que le trop rigoureux
refus, que je luy en fis, luy a fait entreprendre cecy. Voire-mais, 10
voicy celuy pour qui je suis venu icy, à fin de le delivrer de la
prison, où lon m'a dit qu'il est.

SCENE II

Fremin, Benard, Gerard

Fremin. Bien qu'il me face presque mal de perdre ainsi ma fille
putatifve que j'ay tant aymée, si suys-je bien contént qu'elle
15   ayt recouvert son Pere. Mais ne vous disoy-je pas bien qu'elle
estoit honneste, sage, et belle?

Benard. Ouy vrayement, dont je seray toute ma vie tenu à vous,
qui me l'avez si bien nourrie, et eslevée. Mais avez vous veu
comme elle estoit honteuse, et esbahie quand je luy levoys un peu
20   les cheveus dessus l'oreille gauche pour voir si je la recognois-
troys à ce sein rouge que je vous disois?[35]

Gerard. Je ne veux encor rompre leur propos.

Fremin. Mais comme elle pleuroit de grande joye quand elle vous
a recognu? et comme naturellement elle enduroit les embrasse-
25   ments de son Pere?

Benard. —Que diriez vous de mon fils, qui a esté si malheu[93]reux,
que d'aimer sa sœur par amour deshonneste, et vouloir commettre villennie en son endroit?

Fremin. —Faulte de cognoistre ses parens: mais que diriez-vous de
30   ce que je me vien d'aviser? De le marier à ceste Restitue dont
vous me parliez, et donner Fleurdelys à cest Euvertre qui m'en
a tant importuné.

Gerard. Nomme-il pas mon fils?

Fremin. Seroit-ce pas bien faict?

35   *Benard.* —En doutez vous? vous ay-je pas dit que je m'accorde à
tout ce que vous me direz?

Gerard. Dieu gard Seigneur Fremin, on m'a dit que mon fils—

Fremin. Sire, voicy le pere d'Euvertre dont nous parlons.

Gerard. A fait quelque esclandre devant vostre maison?

40   *Fremin.* —Sire Gerard ce n'est pas à moy qu'il se faut adresser
touchant cela: c'est à cestuy cy pere de la fille que vostre fils
ayme tant.

Gerard. Comment n'estes-vous pas donc son pere?

Fremin. —Je n'estoy que son pere putatif, car voicy son vray pere
45   nouvellement arrivé en ceste ville. Nous vous conterons tantost
comme il l'a recognuë.

Gerard. Hó mon gentilhomme donc: je vous prie—

[93v] *Benard.* —Mon amy je sçay bien ce que vous me voulez dire:
et serois bien ingrat si je ne vous faisois une pareille honnesteté,
et courtoisie, que m'a faicte ce bon Seigneur icy, qui m'a   50
courtoisement accordé semblable requeste que la vostre,
pensant encor que de ma fille fust la sienne.

Fremin. Mais sça'vous Gerard ce que nous disions à cest' heure?

Gerard. Quoy?

Fremin. —Vous avez fait difficulté quelquefois de marier vostre fils   55
à la nouvelle fille de cestui-cy, à cause que je ne pouvois pas
bailler grand argent pour le mariage: Or n'en faictes plus, puis
que la fille a maintenant un autre pere trop plus riche que moy,
luy qui est des plus grands citoyens de Mets.

Gerard. —Vrayement vous me grattez où il me demange. Je ne   60
demande pas mieux, que ceste alliance soit faicte, pourveu qu'il
en soit content.

Benard. Le plus content du monde.

Fremin. —Il ne reste donc plus que d'aller appaiser Dame
Jaqueline, et la faire certaine de tout nostre complot, à fin   65
qu'elle n'ait plus occasion de se mescontenter de vous.

Gerard. —Hau, Seigneur Fremin, voyla Philandre le maistre du
guet, qui vient tout à point: Je suis seur qu'entendant tout
cecy, il delivrera aysément vos gents.

[94] *Fremin.* —Vous sçavez qu'il est bien à nostre commandement,   70
pour les plaisirs que nous luy avons faicts autrefois.

SCENE III

Philandre maistre du guet, *et les susdicts*

Philandre. JE ne sçay comment le sire Gerard, le Seigneur Fremin,
et Dame Jaqueline entendent, que je tienne dans mon logis de
leurs gents comme en prison: Je suis bien de leurs amys et leur
voudrois faire plaisir avant que la chose allast plus avant.   75

Fremin. Monsieur nous vous prions—

Philandre. —Há, voicy ceux que je cherchois: et bien que voulez-
vous dire de vos gents?

Fremin. —Nous vous prions dis-je d'entrer s'il vous plaist avec nous
dans ce logis de Dame Jaqueline, pour entendre une chose bien   80
merveilleuse: et puis apres nous parlerons des prisonniers.

Philandre. —Entron: mais vous sçavez ce que j'en pourrois faire

par raison, car je ne les puis tenir ainsi long temps[36] en mon
logis, sans les bailler en main de Justice.

85   *Benard.* —Entron doncques tous. Mais je ne sçay où est allé ce
[94v] pendart* de mon vallet.

SCENE IIII

Gillet, Felix, Felippes serviteurs

Gillet. FY de ceux qui espargnent des rentes.[37] Mais que te semble
de la garce que tu sçais?

Felix. —Elle me semble bonne bague, on met de pires pierres en
90   œuvre.

Gillet. N'avons-nous pas fait une vie de Gentilshommes?

Felix. —Quant est de moy je me passeroy bien de Paradis, si j'avoy
tousjours à mener une telle vie en ce monde: et remercie la
fortune qui m'a fait aller (sans que j'y pensasse) en l'hostellerie
95   où vous estiez vous deux.

Gillet. —C'est Dieu qui t'a conduit si bien à propos, volontiers
qu'il sçavoit bien que tu demandois tels gens que nous. Nous
estions bien en train quand tu es survenu, mais tu nous a remis
en besongne. Tu n'en dis rien Felippot, qu'as-tu, que tu es ainsi
100   melancolicque?

Felippes. —J'ay peur que ce vin que j'ay beu ne m'entre trop avant
dans la teste: il commence à me gaigner desja.

Gillet. —Mais, Felix, allon voir nostre vieil maistre, et luy dire
qu'il est venu tout à poinct pour payer nostre escot.

105   [95] *Felippes.* —Et moy que deviendray-je? Mais quand j'y pense,
je voudroy bien sçavoir qu'est devenu mon jeune maistre, et où
il est maintenant. Há voirement il ne me souvient plus qu'il est
en prison: je suis yvre, ce croy-je! il est temps que je pense à luy.
Mais qui sont ceux qui sortent du logis de Dame Jaqueline?
110   Hau, j'entrevoy ce me semble mon vieil maistre. Que Diable
fait-il avec le maistre du guet de ceste ville? Me voudroit-il
bien faire prendre par luy? Il vaut mieux que je m'en fuye.

pendart] 73 ce pendart

SCENE V

Philandre, Fremin, Benard,
Gerard, Jaqueline

Philandre. PUis que Dieu par mystere, et par sa providence, a
voulu permettre telle chose, il ne faut pas qu'il tienne à moy
seul que tout ne vienne à bonne et joyeuse fin.   115

Fremin. —Monsieur, puis qu'il vous plaist nous les delivrer à pur,
et à plein, voulons-nous bien faire, à fin d'en avoir du passetemps?

Philandre. Comment?

Fremin. —C'est que vous les faciez venir tous liez et garrotez sans   120
les advertir de rien, pour leur faire au moins belle peur, et pour
voir la mine et contenance qu'ils feront.

[95v] *Philandre.* —C'est bien dit: Je les vais faire venir presentement, car ce n'est qu'icy aupres qu'ils sont.

Gerard. —Allez. Vrayement nous pouvons bien dire de Philandre,   125
qu'il est seul entre les gens de Justice qui soit droit et rond: la
plus part des autres sont avares, et par trop amateurs de leur
profit particulier, qui pour une petite apparence de droit, et de
raison font à pochetées un million de petis proces, et les amon-
cellent.   130

Fremin. Maintenant ne sommes nous pas tous contens?

Benard. O que je suis aise de voir tels bons appointemens!

Jacqueline. —De moy, je suis seulement fachée du mauvais accueil
que je vous ay fait en vous disant injures.

Benard. —Hé Dame Jacqueline ne pensez plus à cela, il n'y a celuy   135
ny celle qui par juste collere, n'en fist bien autant.

Fremin. —Mais sçavez-vous que je vien de songer, et qu'il seroit bon
que vous fissiez?

Benard. Dittes je vous prie.

Fremin. —[38]Vous sçavez que ceste bonne Dame est femme de bien,   140
honneste, et riche.

Benard. Je n'en fais doute.

Fremin. Elle est seule, elle n'a personne qui ait regard et com[96]
mandement sur elle. Elle est bonne mesnagere, bien logée, bien
ameublee de ce qui luy faut. Elle n'a que debattre n'avec[39] un   145
beau fils, ne belle-fille, ne belle sœur, ne cousins, ne cousines, ne
parents du costé de feu son mary.

Benard. Que voulez-vous dire par cela?

Fremin. Que de vous deux ne fissiez qu'une bonne maison.

150 *Benard.* Comment?

Fremin. —Puis que le Fils espouse la fille, je dy que le Pere espouse la mere.

Benard. Moy que je l'espouse!

Fremin. Ouy, vous.

155 *Gerard.* C'est par mon Dieu bien advisé à Fremin.

Benard. —Mais que dictes-vous? me conseilleriez-vous bien vous autres, moy qui viens sur les soixante ans, que j'espouse une qui n'en a gueres moins?

Gerard. —Faictes cela si vous m'en croyez: vous serez bien logé
160 avec elle, aussi bien n'avez-vous point encor de maison en ceste ville.

Benard. Que vous en semble Dame Jacqueline?

Jacqueline. Mais à vous?

[96v] *Benard.* Je m'en rapporte à vostre vouloir.

165 *Jaqueline.* Et moy au vostre.

Benard. J'en suis donc contént de ma part.

Jaqueline. Et moy aussi de la mienne.

Fremin. —Or Dieu soit loué donc de tout. Il nous faudra faire par ainsi trois Nopces pour deux.

170 *Gerard.* Hau, ne sont-ce pas icy nos gens qui viennent?

Benard. Ouy. Il nous faut faire bonne mine.

SCENE VI

Philadelfe, Euvertre, Claude
serviteur, *Philandre, Fremin,*
Gerard, Benard

Philadelfe. HElás nous veut-on desja faire mourir!

Euvertre. —Où nous méne t'on maintenant? pleust à Dieu jamais n'avoir esté né.

175 *Claude.* —Je pariray bien maintenant ma perte à quiconques voudra, chetif et miserable que je suis!

Philandre. [97] —Il ne faut point crier avant qu'on vous escorche: on vous appreste bien d'autres jeus, et d'autres festes.

Philadelfe. —Je voudrois estre mort desja: Hé que dira mon pere
180 mais qu'il sache cecy au lieu où il est si loing maintenant!

Philandre. —Or songez à vous: voicy ceux qui vous doivent juger, et donner leur derniere sentence.

Euvertre. Comment, nostre proces est-il desja fait?

Philandre. —N'appellez point de ce qu'ils jugeront, si vous estes sages.   185

Claude. J'ay la mort entre les dents.

Philandre. —Tenez messieurs les Juges, voicy des prisonniers que je remetz entre vos mains, pour en estre fait ce que vous en ordonnerez. Sus sus mettez-vous à genous, et n'abaissez point tant les yeux comme vous faictes.   190

Euvertre. O Dieu! est-ce là mon pere que je voy! O terre, ouvre-toy, et me cache.[40]

Claude. Helas, voyla mon maistre, je suis mort.

Fremin. —Que regardez-vous tant cest homme icy Philadelfe? il semble que vous l'ayez veu autrefois.   195

Philadelfe. —Hé Dieu! seroit-ce bien là mon pere, qui est venu de Mets icy! Há, lás! je voudrois maintenant estre cent pieds sous terre.

[97v] *Fremin.* —Il a honte, et desplaisance de son peché, qui est un bon signe en luy.[41]   200

Benard. —Je ne me sçaurois plus tenir, il faut que je l'embrasse, O mon fils, mon amy!

Fremin. Mais voyez l'affection paternelle!

Philadelfe. —Mon pere je vous prie de me pardonner la faute que j'ay commise, et ne me punir selon que j'ay offensé.[42]   205 J'advoüe avoir grandement failly.

Euvertre. Mon pere je vous supplie me pardonner aussi.

Benard. —Voire mais, Philadelfe, outre l'offense que vous avez faitte aujourdhuy, vous ne dittes pas ce que vous avez fait à la fille de Dame Jaqueline.   210

Philadelfe. —O Dieu sçait-on cela? Maintenant je consens qu'on me punisse: je ne veux plus qu'on me pardonne.

Fremin. —Si ne serez vous pas punis selon que vous avez tous trois merité: Premierement pour esclarcir le faict—

Philandre. Voicy vostre sentence.   215

Fremin. —On vous advertit, Philadelphe, que la fille que vous avez voulu enlever par force est vostre propre sœur charnelle.

Philadelfe. Qui! Fleurdelys est-elle ma sœur?

[98] *Fremin.* Ouy, on vous contera tantost comme on l'a recogneuë.

220 *Gerard.* —Secondement, vous Euvertre, on vous advertit que vous espouserez ceste sœur que vous avez voulu ravir : par ce moyen ne soyez plus en discord, et vivez comme freres.

Euvertre. Il ne tiendra pas à moy.

Benard. —Tiercement, vous Philadelfe espouserez Restitue que
225 voicy, qui se porte bien à ceste heure : c'est celle que vous avez tant aymée au commencement : car aussi bien j'espouseray sa mere.

Philadelfe. O que j'en suis ayse !

Philandre. —Or voyla en quoy vous estes condamnez. Sus donc
230 qu'ils soyent déliez.

Philadelfe. —Est-il bien possible, qu'il soit vray ce qu'on nous dit et ce qu'on nous fait ? Song'ay-je point ?

Euvertre. —Je ne puis quasi mettre foy à ce que je voy de mes propres yeux. Pourrois-je bien avoir tant de biens, de plaisirs,
235 et de contentemens pour un coup ?

Claude. —Quand à moy je ne pense point que ce soit songe, puisque à veuë d'œil et à bon escient on me deslie.

Gerard. —Or maintenant que je voy mon fils en liberté, me voyla le plus content et satisfait du monde.

240 [98v] *Benard.* —Et moy qui pensois venir demeurer icy sans y trouver parent, ny amy : j'en ay Dieu mercy autant que si j'y fusse tousjours demouré, quand je n'aurois que ceux qui sont icy presens.

Fremin. —Et moy qui estois aussi estranger, suis-je pas bien
245 heureux d'avoir l'amitié et le support de vous autres ?

Philadelfe. Mais comment tout cecy est-il advenu ?

Fremin. Sus entron au logis, nous avons bien à vous en conter.

Philadelfe. —Avant que d'entrer, je vous prie mon pere, de faire du bien pour l'amour de moy à Claude que voicy serviteur à
250 Fremin, car il m'a voulu faire beaucoup de plaisirs.[43]

Benard. —Je ne l'oubliray pas, ne vous chaille. Or Seigneur Philandre, et vous tant qu'estes icy, ne faillez d'honorer par vostre presence les trois nopces.

Philandre. Aussi ne ferons-nous.

255 *Philadelfe.* —A Dieu Messieurs : et faictes bruit des mains, en signe que nostre jeu vous a pleu.[44]

Fin de la Comedie des Corrivaus

NOTES

SAÜL LE FURIEUX

De L'Art de la Tragédie

For comment on detail and on the debts to Du Bellay and Charles Estienne, see the editions of West, Weinberg and Forsyth.

1. Daughter of Antoine de Bourbon's sister, and Duchesse de Nevers in succession to her father.

2. Henri II (d. 1559), father of François II (d. 1560).

3. Antoine de Bourbon (d. 1562), King of Navarre by his marriage to Marguerite's daughter Jeanne, and father of Henri IV.

4. The Second and Third Wars of Religion, September 1567 to March 1568 and October 1568 to August 1570.

5. Thyestes; *un autre* may be Antony.

6. Bèze, Théodore de, *Abraham sacrifiant* (1550); Goliath: Coignac, Joachim de, *La Desconfiture de Goliath* (1551) or Des Masures, Louis, *David combattant* (1563).

7. This applies to any fifteenth- or sixteenth-century Passion Play.

8. Common in *moralités* and *sotties*, and in non-dramatic works.

9. Epics.

10. Selection of subject matter (*disposition*, ll. 58–76, is its arrangement).

11. Weinberg traces these references to Suetonius.

12. *Regrets* CXLIX.

13. Title-role in a lost tragedy by Jacques de la Taille. The next references are to Euripides's and Seneca's *Hercules furens* and Ariosto's *Orlando furioso* (1516).

14. *De Incertitudine et vanitate scientiarum* (1527–8).

15. VI. xiv. §9 (378).

Sources

Mainly 1 Samuel xvff. (1 Kings in Catholic Bibles) in a lightly Catholicised version of the Genevan translation, printed by De Tournes in 1551, 1553 or 1554. More material comes from Josephus's *Antiquities* VI. xiv–VII. i (read in Bourgoing's 1562 translation) and Zonaras's *Chronicles* (probably in Maumont's undated and much expanded translation, *Histoires et chroniques du monde*, 1). Literary sources for Saül's delirium are the *Hercules furens* of Seneca (939ff.) and perhaps of Euripides (922ff.) and Sophocles's *Ajax* (257–973), though to begin *in medias res* with the hero's madness is without precedent. The arts of witches are enumerated by Virgil, Horace, Ovid and various compendia; but LT seems chiefly to use Lucan, *Pharsalia* vi. The typically Renaissance debate on suicide is an amalgam of classical commonplaces.

Personnages

Escuyer: Maumont's Zonaras refers to Saul's *escuyer*, Millet's (1560) to his *coustellier*; LT identifies one of the servants of 1 Sam. xxviii. 8 with the armour-bearer of xxxi. 4.

Phytonisse Negromantienne: a witch who practises necromancy, raising the spirits of the dead. *Gendarme:* in sixteenth-century France, a gentleman cavalryman; *soldats* were common infantrymen. *Levites:* the Israelite priestly house.

Setting

The Israelite camp between Mount Gilboa and Endor, supposed to be near by.

1. 1 Sam. xxvii–xxx.

2. The subject pronoun *il* is understood, as often in LT's time.

3. God of the Philistines, see 1 Sam. v.

4. 1 Sam. xi and xiv.

5. In Renaissance texts marginal signs often indicate *sententiae* (maxims).

6. Exodus iii. 8.

7. 1 Sam. xiv and xvii.

8. Judges xv. 15; *nombres à valeur indéterminée* are poetic Latinisms.

9. Paradox, of Biblical origin; cf. F 435.

10. Classical omens permit some apt stage business.

11. Numbers i. 44ff. justifies the continuous presence of the Chorus on stage.

12. Saul was the first king of Israel, but not by conquest; the emphasis is on his role as a judge.

13. While still imitating Seneca, LT omits all the classical names.

14. Scanned and probably pronounced *regardet-il*, cf. N f.103v *blasmet-on*.

15. *Mare malorum*, Erasmus, *Adagia*; cf. *Hamlet* iii. i. 59.

16. Lyric cæsura? perhaps read *ores* for *or*'.

17. A classical *topos* (e.g. *Æn.* ii. 305–8, Hor. *Carm.* ii. ix and Ovid *Ex Ponto* i. 4), but cf. also various Psalms (e.g. lxxvii).

18. Adjective for adverb, see *Deffence* ii. ix; cf. 324, 382, 1358 etc.

19. 'To consider Agag's (natural) rank and rights rather than my (acquired) power'; cf. Garnier, *Les Juifves*, 284–5.

20. 1 Sam. ix.

21. 1 Sam. xi.

22. Buckler; the explanation is from Josephus, *Antiq.* vi. v. §1 (70): 'this he did, that when their left eyes were covered by their shields, they might be wholly useless in war' (tr. Whiston).

23. 1 Sam. xiii; but again LT follows Josephus, vi. vi. §1 (96): 'for the Philistines of Gebal had beaten the Jews...and had forbidden them...to make use of iron in any case whatsoever'.

24. 1 Sam. xiv.

25. 'Because you killed...and grieved...' 1 Sam. xxii.

26. Forsyth treats fully this theme of Divine pardon.

27. Stichomythia, used sparingly by LT. Werner traces the arguments to Josephus and Cicero, *Tusc. Disp.*

28. The moon is brought down by spells until it deposits foam on the grass; this is used to anoint and raise the dead (*Pharsalia* vi. 505–6).

29. 'I have to gain information through her art' rather than 'I have decided to go by her art' ('j'ay advisé à me rendre...'). LT prefers *s'adviser* to *adviser*, and sixteenth-century French often uses *se rendre* for *devenir* + adjective (see Littré, *rendre*, sense 36).

30. Ex. xiv.

31. Samuel prophesied that Israel would regret asking for a king (1 Sam. viii).

32. Composition by prefix was frequent in the Renaissance, cf. S 974, etc.

33. 'Dung, fewmets' (Cotgrave); for divination by this means and the others, see Rabelais, iii. xxv; but such lists are common in Renaissance encyclopædias.

34. Epanorthosis; cf. Mellin de Sainct-Gelais, *Sophonisbe* (1556), episode 1: 'Du camp, hélas! non plus camp, mais desconfiture', not found in Trissino's *Sofonisba*, which Sainct-Gelais is translating.

35. Ablative absolute: 'Saül always being suspicious of David through the great malevolence of anger'.

36. 'Have you still to learn...?'

37. Infinitive as noun (*Deffence* ii. ix).

38. Old Testament religion had no idea of a heaven for the dead.

39. The stages of this conjuration parallel *Pharsalia* vi. 695ff. The traditional names of the devils have various sources. Satan is the tempter of Job 1, Leviathan the monster of Job xli; Belial personifies wickedness, Deuteronomy xiii. 13 etc. The tribal gods of Canaan became devils in Christian thought: Belzebus is Baal-zebub (2 Kings i. 2), and Belfegor(e) Baal-peor (Numbers xxv. 3). For Lucifer, see Isaiah xiv. 12.

40. Optative subjunctive.

41. 'If you were invoked by a Thessalian' (held the most expert witches).

42. Mod. 'Songé-je'.

43. Not in the O.T., unless 1 Sam. xv. 31 implies it.

44. *Tantost* replaces De Tournes's *demain* to preserve unity of time.

45. Cf. *La Famine*.

46. Probably pronounced with the second *e* mute, rhyming with Saül's uncompleted sentence.

47. 1 Sam. ix. 2.

48. Numb. xxii. To view Balaam's death (ibid. xxxi. 8) as a punishment for prophecy is unusually severe.

49. Cf. note on F 283.

50. Conventional means of introducing a formal messenger-speech.

51. A Latin symbol for disdain (cf. *Deffence* i. i).

52. Gath, the capital of Achish; *Astarot:* Ashtaroth or Astarte, revered in the Near East as Queen of Heaven, though 1178 and F 387 indicate that LT took the name for a god's.

53. A Horatian and Senecan *topos*, though the first hemistich is apparently a pseudo-Latinism invented by Ronsard. Diminutives such as *logette* were favoured by the Pléiade.

54. Jacob. Turning from Renaissance love of fame, l'Escuyer's arguments are now Biblical; cf. especially Hebrews xi–xii.

55. Lines from Josephus counsel a putative royal audience.

56. The Chorus is Christian in condemning suicide, though the simile in 1133–6 is Ciceronian (*De Repub.* VI. xv).

57. LT neatly motivates the exit of the Chorus, which he does not use in Act V of either tragedy.

58. Cf. 1 Kings xxi. 13. O.T. and Renaissance awe of an anointed king, however wicked, is reflected throughout Act V.

59. To assume that the Amalekite was a liar was the traditional way of reconciling 1 Sam. xxxi and 2 Sam. 1.

60. Saül would want to know which side the stranger was on, and perhaps whether he was sufficiently well-born to kill a king.

61. Rending one's garments was an O.T. sign of grief.

62. Epic cæsura? or for *oncques* read *onc*.

63. Sc. 'he being my adversary'; or for *mon* read *son*?

64. The Amalekite prophesies David's misfortunes related in 2 Samuel.

65. Possibly *de*, more probably *en* is to be suppressed.

66. *Ce* is evidently to be elided here, but not in 1371.

67. A minor character's suicide serves, as in Garnier's *Porcie*, "pour...ensanglanter la catastrophe'.

68. This lament is mainly from 2 Sam. i (the Song of the Bow), with additions from 1 Sam. xx and Maumont's Zonaras.

69. The Song itself. For the Pléiade, poetry confers immortality.

LA FAMINE

Sources

Only an outline is found in 2 Sam. xxi and Bourgoing's Josephus, VII. x, from which the Argument is quoted; this is further simplified by omitting a line about Mephibosheth, Jonathan's son, spared by David, which would raise moral problems that LT does not wish to treat. The literary models are Seneca's *Œdipus* 1–211 and *Troades* 409–813, and to a lesser extent Euripides's *Hecuba*. In Act I David's fears are conveyed in an imitation of *Œdipus*, while Joabe (absent from 2 Sam. xxi) economically replaces Jocasta, Creon, Manto and Tiresias. There is no imitation of *Troades* until Act II. LT builds his main plot round the hiding of the children in the tomb, only one of many episodes in Seneca's play. Merobe is substituted for Seneca's colourless Old Man. The tomb-scene splits into three to create suspense. In Acts III and IV Joabe plays the parts of both Pyrrhus and Ulysses. The role of Euripides's Polyxena (334ff.) is shared in Act IV between the two boys. In Act V reminiscences of *Troades* and *Hecuba* are integrated into the historical situation.

Personnages

Connestable : in sixteenth-century France, the equivalent of the commander-in-chief. *Merobe :* in De Tournes's Bibles the boys' mother is Merob, not Michal as in the A.V.

Setting

Probably a neutral area serving alternatively as David's palace and as the approach to Saül's tomb, which is a sepulchre with an entrance-gate (unlike Hector's burial-mound).

1. The Zodiac.

2. 1 Sam. xiv. 47. Idumea is Edom, and Evea is Ivah (2 Kings xviii. 34).

3. LT links Ex. iii. 8 and Virgil, *Georg.* i. 225–6.

4. See Leviticus xi. The details here come from Josephus on the Siege of Jerusalem (70 A.D.; cf. Garnier, *Juifves* 709–18); perhaps ultimately from Deut. xxviii. 53–7.

5. Virgilian simile, cf. *Æn.* vi. 309–10. LT suppresses Seneca's allusions to funeral rites.

6. See Gen. xlv–xlvi. *Fare:* Pharos; *l'hermitage Lybique:* 'the lonely deserts of Libya'.

7. Gen. 36 should read xxvi.

8. Matthew iii. 9.

9. See note on S 629–44, 1 Kings xi. 7 for Chemosh and Moloch, and 1 Kings xviii for Ba[a]l.

10. David's vow has no tragic irony (ctr. *Œd.* 247ff.).

11. The cynical Joabe prefigures Satan of Matt. iv. 3.

12. Adunata. *Pin,* ship (metonymy).

13. Unlike Saül and Œdipus, David eschews divination.

14. LT freely interprets De Tournes's rendering of 2 Sam. xii. 25, 'Le Seigneur…envoya Nathan le Prophete, pour le nommer Jedidia'.

15. The line lacks a syllable, unless *loix* is two syllables by diæresis (*Maniere,* f. 17).

16. A Latin commonplace.

17. Into the imitation of *Troades* is woven from the outset a complex of O.T. ideas: creation *ex nihilo,* conception of God's wrath, imputation of fathers' sins to children (see Ex. xx. 5).

18. Adamant, the hardest metal, usually steel, sometimes diamond (see S 911) or loadstone. Cf. Hor. *Carm.* III. xxiv. 5–7, and LT, *Le Blason des pierres precieuses* (1574), f. 9.

19. 'Naturally dark'; a commonplace (cf. Hor. *Carm.* II. ix, and Bèze, *Abraham* 575ff.) expressed with anaphora.

20. For *S'* perhaps read *Qu'*, dependent on *tant.* If *S'* is maintained, sc. 'and' or 'yet' (Latin *sic*).

21. 'Sçavez vous', by normal syncope, cf. N 103v and C 93v.

22. The dream, though derived directly from *Troades* 438–60, has Scriptural precedents. The unity of time is LT's.

23. Egyptians, by metonymy. Cf. Ex. vii. 3.

24. *Troades* 461–8 is acceptably close to 1 Sam. ix. 2.

25. Scriptural references mute the Senecan overtones. Saul was killed by Achish, king of Gaza, Gath and Ashdod. See *Saül, passim* (and S 1008 for Ashtaroth).

26. Judah was David's tribe, Benjamin Saul's.

27. Ner, father of Kish (Cis); Ishbosheth, son of Saul.

28. The infant Moses cast down and trampled on the crown Pharaoh gave him in play. Though the 'sacred scribe' pronounced this an adverse omen and advised killing the child, his life was miraculously preserved (Josephus, *Antiq.* II. ix. §7).

29. Cf. *Œd.* 206–9. Throughout this scene LT deftly combines Senecan and Scriptural material.

30. The names come from Joshua ix. 17.

31. 2 Sam. xxi not specifying how 'the Lord answered', LT incorporates short versions of Œdipus's recourse to Tiresias and Manto (*Œd.* 291–402) and of the reported speech of Achilles's ghost (*Troades* 168–202).

32. The rite proposed is so close to a classical one that Latinisms are apt.

33. Representing the Gibeonites by their Prince (cf. *Troades*), LT speeds up the action of 2 Sam. xxi. 2, and expands that of xxi. 3–6 by imitating *Tro.* 203–352, though losing the liveliness of the altercation.

34. Gen. ix. 6. See Forsyth, *La tragedie française...*

35. Since pathetic situation, rather than moral dilemma, forms the basis of sixteenth-century tragedy, David's problem is glossed over.

36. *Tro.* 515; LT uses *enjambement*, but suppresses the weak *solet*.

37. By Merobe's well-motivated exit (ctr. Old Man in *Troades*) Rezefe's pathetic isolation is underlined.

38. Joabe opens on a cheerful note, cunningly hiding until 708 (ctr. Ulysses) the fact that the children are to be the sacrifice.

39. A list of tortures is common in Renaissance tragedy; the details are mainly from hagiography, though *le poullain* is anachronistic.

40. Joabe and later Rezefe follow the soldiers into the tomb.

41. This chorus blends Christian and pagan commonplaces, e.g. from Plutarch (see Forsyth, *La Tragédie...*, pp. 111–12) and Montaigne (I. xix).

42. Perhaps pronounced *receveront* by epectasis (cf. *Maniere*, f. 16), though Ronsard condemns such devices (*Art Poétique*).

43. A common image (e.g. Seneca, *Medea* 863–5); cf. 1111–22 and S 1284–6.

44. Modelled not on Seneca's pathetic Astyanax but on Euripides's stoical Polyxena, the boys have the spirit of Saül's elder sons.

45. Ps. lviii. 4–5.

46. Tmesis.

47. Joabe appeals to the Renaissance values of fame and patriotism.

48. Rezefe prophesies Joabe's death, 1 Kings ii. 28–34.

49. Now Rezefe opposes her sons, with arguments recalling those of Mary with Christ in Passion Plays from Greban onwards.

50. Not interrogative: 'On the contrary, [it is God] who is condemning you to death.' Throughout, Rezefe protests against her sons' resignation to the death allegedly willed for them by God.

51. A discreet echo of John xi. 50. *Tout chacun:* 'each'.

52. Cf. Muret, *Julius Cæsar* 492–3: 'Nondum peremptus Cæsar est: pars illius / Maneo superstes'; and Grévin, *César*, ed. Ginsberg, 931–4.

53. Rezefe wishes to perform anticipatory funeral rites.

54. Rezefe gives Satan the role and attribute of a Fury.

55. *Hecuba* 424; but such particularity is a tragic commonplace.

56. This detail, which rhymes so happily, is from *Troades* 809–10.

57. Merobe's children have stayed hidden in the tomb since Act II.

58. The wily Pharaoh of Exodus i; irony.

59. Biblical, e.g. Isaiah liii. 7.

60. The anonymous messenger's speech and dialogue with Merobe follow a pattern typical of sixteenth-century tragedy: expression of sorrow, brief statement, one or more requests (often supported by *sentences*, cf. S 924) for a fuller account of the misfortune, full formal narrative.

61. Merobe has changed her royal 'garment of divers colours' (see 2 Sam. xiii. 18) for mourning.

62. Details from Passion literature add local colour to an account largely derived from *Hecuba* and *Troades*.

63. The oratorical *topos* of inexpressibility.

64. Ethic dative.

65. Symbolic garb replaces the Biblical Rizpah's practical precaution.

66. Like *Saül*, *La Famine* ends with a typical lament (cf. Wolfgang Clemen, *English Tragedy before Shakespeare* (London, 1961), pp. 226ff.): opening apostrophe to God, questions on how to lament appropriately (cf. especially Du Bellay, 'Complainte du Désespéré', 1–12), historical parallels (here combined with a death-wish), contrast of past and present, theme of Fortune (supported by a *sentence*) and final wish for death. The omission of the normal *plange mecum* stresses Merobe's isolation.

LE NEGROMANT

Source

This is the first known French translation of Ariosto's verse comedy *Il Negromante*, in its first version (completed 1520; ed. M. Catalano, *Ariosto, Le Commedie*, Bologna, 1933). As marginal notes prove, LT uses the inferior edition printed by Zoppino (Venice, 1535, here referred to as Z), which accounts for some misunderstandings. A. Cioranescu (*L'Arioste en France...*Paris, 1939) and E. Bottasso identify the source incorrectly; see an article in preparation for the Modern Language Review. While the notes here aim to elucidate obscurities and infelicities in the translation, the article will also stress passages where LT overcomes the handicap of Z's mediocrity.

1. He built Thebes by playing a lyre, gift of Phœbus. The stones moved into place spontaneously, as when Phœbus built Troy.

2. Scene of Ariosto's earlier comedy *I Suppositi*, performed in Rome in 1519. Cremona is the scene of *Il Negromante*.

3. Leo X, before whom *I Suppositi* was, and *Il Negromante* was intended to be, performed.

4. *de la rondeur, du courage.* Z: 'del candor (,) de l'anima'.

5. Ariosto read law at the *Studio* (University) of Bologna.

6. Should read 'aymast pour sa grace', 'pe' sua gratia'.

7. 'Let her not stand on punctilio', 'on her dignity'.

8. Added mistakenly by LT; Ariosto means 'he may improve'.

9. Z: 'fin, che caschino / Le biade' (for 'finché creschino / Le biade', 'until the corn grows').

10. Italian ellipsis: 'when did you arrive...?'

11. Proper names; Z's 'Nengoccio da la Semola' is better rendered as '...du Som' (f. 107v).

12. For 'Si ay mon', 'I have indeed'.

13. Metaphor from archery: 'you have reached my mark'.

14. No doubt for 'Há Cambien', with the Italian.

15. A pun such as might be made on 'commonwealth'.

16. An archaic idiom frequent in comedy.

17. Z, and so LT, wrongly substitute 'she came' for 'she died'.

18. 'Should make way for them' (by dying).

19. This afterthought is a better rendering of the Italian.

20. Should read 'promettre, espouser' with the Italian.

21. Should read 'à un autre'.

22. Should read 'est'; Z has 'e ottimo' for 'è ottimo'.

23. LT reckons: 12 or 15 deniers (the smallest French coin) = 1 soul; 3 sols = 1 carlin; 4 sols = 1 julles; 8 sols = 1 livre; 20 sols = 1 franc; 25 sols = 1 florin; *escus* and *ducats* ranked still higher. But money equivalents varied throughout the century, even from town to town.

24. Z: 'Hor quando altri concorrere / Ci veggo...' 'Since I see that others agree with me, I mean to tell you now...'

25. Z, and therefore LT, omit four lines here.

26. 'Pur ciancie!' 'Utter rubbish!'

27. LT neglects the colon in 'Volpe no: si ben cauto', 'He is not a fox, but he is cautious'. The reply is, '[In] che scïenzia / Sa egli piú?' 'In what is he most learned?'

28. LT translates literally Z's misprint 'sopra la vittoria' for 'sopra la vittuaria', 'in charge of victualling'.

29. Should read 'à eux'; Z has 'a lei' for 'a lor'.

30. No doubt for 'ces', 'queste...scïenzie'.

31. Should read 'aydé par'; the Italian uses an absolute construction, 'aiutandoci / La sciochezza'.

32. Z: 'Cingheri' for *zingani*, gypsies.

33. All Jews who refused to accept Christianity were banished from Castile in 1492 (cf. Montaigne, I. xiv).

34. To Maxime off stage (*cestuy* of Nebbie's second speech).

35. Showing coins.

36. Z: 'succagine' (for *scioccaggine*, foolishness).

37. Pocosale is Camille's surname (cf. f. 135). E. G. Gardner translates it 'Witless'.

38. LT omits 'Per averla per moglie', 'to obtain her in marriage'.

39. The sentence is incomplete in the Italian, and LT omits the second *che*: 'for as soon as you tell...'

40. Should read 'si tu les sers' ('servendoli').

41. Z: 'sul viso' (for 'sul vivo', 'to the quick').

42. 'To her'.

43. For 'le luy', as often in Old French.

44. Better editions read 'Fa pur tu il gonzo, e mostrati / Di non aver le capre', 'play the blockhead and pretend to know nothing'. Following Z, LT perhaps understands 'seize the opportunity' ('take up the gauntlet') 'and pretend to be deaf' (cf. 'avere male le campane').

45. LT translates Z's 'pur che' as *qu* and prefixes 'ce vous est assez' to make some sense. The true reading is 'par che', 'it appears to you that it can easily be done'.

46. This renders Z's meaningless 'In servisioni' (for *inquisizioni*, one item in Ariosto's catalogue of legal procedures).

47. The translation should run, 'than ever you were as cloth'.

48. Z: 'fascio' (for *fuso*, spindle).

49. 'Anzi piú sobria' (Z: 'Anci pur ebbria') '/ Unqua non fui' should be translated, 'On the contrary, I was never more sober'. Z, followed by LT, lacks eight lines later.

50. Z: 'Porta' (for *Potrá*, 'can she raise fifty florins?').

51. Z misleads LT by omitting Themole's name as speaker of this phrase.

52. 'To extract this advantage from his house'.

53. For 'septante trois' (see below). Z and LT have omitted a line of a calculation fraudulent in all versions.

54. Z: 'di quindici / Altri ventitré' (for 'di giungerci / Altri ventitré', 'to add twenty-three more').

55. The Italian should be translated, 'I'll take my fifty and you shall have the rest. Go and find them.'

56. Z makes a new sentence of 'Se li vorrebbe prendere', 'He wants to take them for himself'. LT misinterprets *se* as *si*.

57. Camille's exclamation, 'Plague on it!' is omitted from the text.

58. The translation should run, 'Do you think she is joking?'

59. Z has omitted a line, and LT has failed to make sense of the Necromancer's warning: 'you might get a blow from a cudgel, or at least be driven from the room.'

60. The heliotrope stone conferred invisibility; cf. Boccaccio, *Decameron*, VIII. iii, and LT, *Le Blason des pierres...*f. 7v.

61. Z misprints *Dio* for *di*. Ariosto's words should be translated, 'I had intended not to interfere again...'

62. The King of Spain, cf. f. 115.

63. LT misunderstands *bambola di specchio*, mirror-glass.

64. Z's meaningless reading for 'Per Garfignana'. LT does not try to translate.

65. To Lavinie off stage (see below).

66. This expression of panic should read 'Que diable sais-je?' LT is misled by Z's punctuation.

67. Z has 'credi' for *gridi*, 'what are you shouting?'.

68. Z has 'Piugagnolo' for *pizicagnolo*, pork-butcher's shop.

69. Themole pretends that Cambien is a servant.

70. Z: 'N'ho tema' (for 'Non tema', 'don't be afraid').

71. A church outside Cremona.

72. The translation should run, 'And suppose it was three? Would you rather be paid off instead?'

73. 'If we destroy...'

74. Custom-house, municipal depository for incoming merchandise.

75. The first twelve speeches of this scene are all soliloquies; cf. note 19 on C.

76. *Cerchi*, small gossiping circles.

77. The Italian should be translated: 'such a business, that I ought not to regret the great risk of death I have run today in getting to know it.'

78. Here Z's 'di lui il preterito / Scorno' (for 'quanto, a suo perpetuo / Scorno') has disappeared. It may be that LT's rendering (possibly 'quelle honte à luy') was omitted by his compositor.

79. This speech is the last line of Scene vi in the Italian.

80. Among other variants, Z has 'he said' for 'I said'. Camille thus blurts out to Lavinie what he has overheard, which in better versions he keeps to himself.

81. The translation should run: 'If it were not, believe me, [true and] more than true...'

82. The translation should be 'rush into a rage'.

83. A ball played with by a monkey; LT tries to make sense of Z's 'pallottola / Da Magho', for 'pallottola / Da maglio', a ball in the game of pall-mall, from which come all Nebbie's images here.

84. Should be *et*: 'who is ready, and plays his stroke'.

85. The Necromancer himself.

86. LT sees Maxime as entering after Themole, and starts a new scene here.

87. Ellipsis: 'Let his age, and the bad advice of villains, be his excuse.'

88. Willingly, gladly (Italianism). A formal ceremony of betrothal takes place on stage.

89. Z has transferred this phrase (properly a question) from Maxime to Camille, making nonsense of Camille's eager reply two lines later, which LT gives to Maxime in a misguided effort to restore balance.

90. Lodovico Sforza, 'il Moro', tyrant of Milan, Cremona and other towns, overthrown in 1499 by the French and the Venetians; Cremona fell to the latter in September. In 1508 the Pope and the Emperor formed the League of Cambrai with France to repel Venice from Lombardy, which they did in less than six months.

91. LT has confused *fermata* and *infermata*, 'fallen ill'.

92. In better texts than Z Camille goes on to speak the epilogue.

93. 'A...false tale, unlikely thing reported; also, a Comedy' (Cotgrave).

LES CORRIVAUS

Sources

As Jeffery rightly says in *French Renaissance Comedy*, half the plot is direct from Boccaccio's *Decameron*, v. v, with its two lovers' simultaneous night attempts on the same girl and discovery that she is the sister of one. Nardi (*I due felici rivali*, 1513), Parabosco (*Il Viluppo*, 1547) and Cecchi (*I Rivali*, before 1550?) all add an earlier love-affair for the brother, but this obvious way out of the awkward situation in which he is left by Boccaccio could have been hit on unaided by LT, who uses none of the dramatists' other elaborations. His first-hand recourse to the *Decameron* is proved by verbal equivalences not in the Italian plays, and by his taking Restitue's name from *Dec.* v. vi. Much of the rest (exposition by a girl who confesses to her nurse a love-affair with a student, and complication of his father's arrival, eventually leading to a happy ending) may well be from Ariosto's *I Suppositi*; again, direct recourse to the prose version can be shown. The servants' carousings, confidences, squabbles and cowardice, and the quarrelling parents' final marriage are Terentian. The few other motifs (concealed pregnancy, comic doctor, dispute between parents and confrontation of parents and culprits) may come from farce or even real life. We have used E. Bianchi, *Boccaccio, Il Decameron* (Milan, 1952), and C. Segre, *Ariosto, Opere Minori* (Milan, 1954).

Prologue

Edited in part by Weinberg. Renaissance prologues aim 'to establish a relationship with the audience...by discussing comic practice and theory' and to lead them 'over the boundary of illusion' (Jeffery, pp. 113–16); cf. LT's self-interruption at the end.

1. Cf. this and the next dozen lines with *Deffence passim*, especially I. iii, II. iv and II. v.

2. Weinberg (*Modern Language Notes*, LXI, 1946, pp. 262–5) traces this sentence to C. Estienne's preface to *Les Abusez* (1548); though cf. also *Deffence*, I iv.

3. LT ignores Plautus's poverty, and holds that Terence was not a slave, or else (cf. A 137) that his plays are misattributed.

4. The essence of comedy according to Cicero and Donatus.

5. Henri II's campaign against Charles V; the French under the Constable Anne de Montmorency occupied Toul and Metz (April 1551).

6. LT has a Parisian audience in mind throughout.

Personnages

LT renames Boccaccio's characters, often significantly. *Maistre du guet:* probably (cf. f. 94) a citizen taking his turn as watch-commander, not a permanent *prévôt* or *bailli*.

Setting

Paris (f. 86v), supposedly in 1561 (ff. 75 and 91). The setting is probably the conventional comic multiple one, a town square surrounded by the façades of the houses of Jacqueline (where Restitue might appear in an open loggia), Fremin, Calixte (f. 76) and perhaps Philandre (f. 95v).

1. Type of the repentant sinner. For the next four lines, cf. *Supp.* III. iii. speech 10.

2. Cf. *Supp.* I. i. speech 26.

3. She may be thinking of abandoning the child to a foster-mother; abortion and infanticide (suggested by Toldo) were capital offences.

4. Filadelfe's Petrarchism comes comically 'down to earth' (Jeffery, p. 161).

5. Cf. *Dec.*, p. 385, §4.

6. Claude leaves before Gillet enters; LT often begins or ends a dialogue with a soliloquy, not marked as a separate scene.

7. Salamanders were alleged to live in and on fire.

8. Sexual continence in Lent was a counsel of perfection.

9. Gillet counts for nothing ('o'), but o allied with 1 = 10.

10. Cf. *Dec.*, p. 384, §8.

11. Cf. *Dec.*, p. 385, §6.

12. A brief parody of the tragic dream, cf. F 321ff.

13. Obscene jokes: Euvertre feigns to believe that Alizon is praying, a pretence of bawds in Italian comedy; but both Quasimodo (Low Sunday, but see Huguet) and *playe* (cf. *Pantagruel*, xv) can refer to a woman's pudenda.

14. Alizon makes a show of refusing the presents.

15. Cf. *Supp.* III. ii. speech 8.

16. Cf. Terence, *Heaut.* 216.

17. Cf. *Supp.* III. iii. speech 10.

18. Cf. Terence, *Andria*, 463.

19. Scene iii expands *Dec.*, p. 386, §4–§9. Jeffery (pp. 166–7) argues that its 'flat improbability' was acceptable in 'a whole style of acting in the Renaissance', where asides fostered an intimate relation between actor and audience.

20. Cf. *Supp.* IV. ii. Possibly LT was helped by the version of J.-P. de Mesmes (1552), which here reads 'Si tu aproches, je te donneray si vert dronos de ce baton.—Si je prens une pierre je t'en rompray bien ceste fole et lourde teste.'

21. Cf. *Supp.* III. iii. speech 23; the ultimate source is Terence, *Eun.* IV. i.

22. Terentian reiterated interrogations.

23. Epitome (cf. especially Terence, *Adelphi*, 88–92). Gillet summarizes *Dec.*, pp. 386, §9–387, §1, as does Felippe (f. 83v). Act III does not bear out Jeffery's observation (p. 125) that at the half-way climax the lover 'wins the girl'.

24. An ironic address to the prisoners off stage.

25. Cf. *Supp.* v. iii.

26. Cf. *Pantagruel*, xxvii.

27. As wife of Pluto and, in late sources, mother of the Furies, Proserpine seems to take on some of their attributes. Jacqueline is here generally modelled on Pythias (*Eun.* IV. i).

28. Cf. *Supp.* IV. vi. speech 12.

29. A vulgar exclamation of emphatic agreement.

30. A parody of a tragic lament, with echoes of *Supp.* IV. viii. speech 1 and III. ii. speech 8.

31. *Heaut.* 86 and 77.

32. Cf. *Supp.* IV. viii. speech 13.

33. Cf. *Supp.* v. v. speech 36.

34. Cf. *Supp.* v. v. speech 57.

35. With the entire recognition-scene described here cf. *Dec.*, pp. 388, §9–389, §4.

36. A hint that the unity of time is not broken.

37. 'Save their revenues' (comic pomposity).

38. Cf. *Adelphi*, 926–39.

39. 'She has nothing to fight over with either...'

40. A tragic cliché, cf. F 647.

41. Cf. *Adelphi*, 643.

42. 'Non secundum peccata nostra facias nobis', a familiar petition in Latin litanies of the time, e.g. the Ordo Romanus.

43. Terentian lovers often intercede for their slaves.

44. The Terentian *plaudite*.

GLOSSARY

Unacknowledged quotations are from Randle Cotgrave, *A French and English Dictionary* (London, 1660).

Ab(b)oyer à (S 1319, F 591): to desire ardently.

Absenter (F 954): to drive away.

Accompaigner, s' (N 106): to have intercourse.

Accort (F 456, N 111): 'circumspect, foreseeing'.

Accou(s)trer (N 125, C 82): to equip, prepare; (N 102) to bewitch, hamper, inhibit (cf. Montaigne, I. 21).

Acertener (F 812, N 137): to assure, inform.

Affetté, affaitté (N 134, 137v): clever, sly cheat.

Ainçois, ains (*passim*): (but) rather; *ains que*, before.

Allarme (S 935): attack! fight on! *aux Allarmes* (S 1144), in arms, on active service.

Amuser, s' (A 156, C 73): to occupy oneself, delay, waste time.

Apoticaire, lettres d' (N 110v): large letters used to label wares for sale.

Appareil (S 41): army in battle-array; *appareiller* (S 250, N 140), to prepare.

Appointer (S 575, C 84): to reconcile; *appointement* (C 95v), reconciliation.

Archmiste (N 114v): alchemist.

Arrest (F 222): (divine) decree; *faire arrest* (S 303), to oppose, withstand.

Attainte (S 528): aim, end.

At(t)iltrer (S 340, 818): to appoint in advance.

Avant-certein, avant-seur (F 463, 560): sure in advance; *Avant-chien* (S 1423), 'the lesser dog-star, which appeares when dog-daies begin'; *avant-crainte* (S 688), premonition; *Avant-science* (S 518), foreknowledge.

Aviander (F 1127): to feed.

Avoyé (N 128v): on his way.

Bague (C 94v): baggage (in normal and slang senses).

Baster (F 573): to be sufficient; *baster mal* (C 74), to turn out badly.

Benire (F 490): variant of *bénir*; *benisson* (F 137), blessing.

Biens (S 187): good things, qualities; *bien de Dieu* (N 128v), best-quality goods.

Bourrelle (F 512): (fem. adj.) punishing, tormenting.

Branle, en (N 134v): in danger.

Bref, de (S 215, F 107): soon.

Brevet (N 115v): note, order.

Camp (S 30, C 82v): army; *asseoir un camp* (S 271–2), to encamp.

Cas (S 607, N 131, 137, C 76v): affair, thing.

Cassade (N 137v): 'cheating pranke, deceitfull trick'.

Chaille, ne vous (F 813, C 77): (pres. subjunct. of impersonal *chaloir*) be assured, don't worry.

Charge (N 141v): burden, grief; *estre en charge* (C 91), to have a responsibility; *laisser passer les plus* *chargez* (C 85), not to go half-way to meet trouble (proverbial, cf. Des Périers, *Nouvelle* I).

Chaud-mal (C 88v): 'A continuall feaver, or burning Ague'.

Christ (S 1254, F 550): the Lord's anointed (king).

Clorre (F 1294), *clause* (3rd pers. sing. pres. indic., F 596), *clos* (2nd pers. sing. imper., F 935): to close, conclude; *clouez* (2nd pers. pl. imper., N 119v), fold up (a letter).

Conjurer (S 750, F 28): to unite, conspire; *conjuree* (S 633), invoking (with Latin use of passive in active sense).

Controuveur (F 897): deviser.

Couches, à grandes (N 135v): with high stakes.

Couller au long de (C 89v): to pass over.

Coup, à (F 15): immediately; *ne... coup* (C 72v), not once; *pour un coup* (C 98), all at once.

Couronne d'Hebene (N 141v): ebony rosary (Italianism).

Creux, creus (S 282, F 724): depth, deepest part.

Crochet (F 728): hook, claw.

Croul(l)er (F 76): to shake.

Déa, Dea, Deà (S 1094, F 857, N 127v, C 68): (monosyllabic) 'a tearme of expostulation'.

Deduire (A 62): to compose.

Delayer (F 774, C 77v): to delay.

Demourance (N 141): dwelling, residence.

Dent (A 114): envy, malice (Latinism).

Dépit, depité (S 775, 1388, F 291, 360): furious; *dépiter* (S 1027), to disdain.

Dequoy (S 411, N 103v): because, inasmuch as; (interrog. pronoun, N 125), (of) what?

Desservir (F 769): to deserve.

Destourber (C 72): to disturb,

trouble; *destourbier* (N 140), difficulty.

Destourner (S 376): 'to take away craftily'; (C 82v) to draw off, divert the attention of.

Domestique (N 131): friendly, intimate.

Dommage de leurs chefs, au (S 578–9): at the risk of their heads, to their own disadvantage; *mon dommage* (C 78), dear me (cf. Italian *peccato*).

Dortoir (F 1056): bedchamber (Latinism).

Droit (F 946): rightful.

Dronos (C 80v): 'thwacks'.

Ebrancher, s' (F 1175): to climb into branches.

Emmanné (F 130): 'full of, or bedewed with, Manna'.

Emoucher (N 128v): to milk, clean out (Latinism).

Encombre (F 751): trouble, misfortune.

Encontre (F 698): 'a meeting... chance, fortune'; *encontre val* (S 4), down.

Enda (C 69v): indeed.

Enfondrer (S 810): to sink, drown.

Engarder (F 552, C 70): to prevent.

Enhuy (N 100): today.

Ennuy (S 1047, F 510): torment; *ennuyeux* (S 118), tormenting.

Enveloper la teste à (N 114v): to deceive (Italianism).

Envier (F 677–8): to grudge, stand in the way of (Latinism).

Erithrez, flots (F 236): the Red Sea.

Eslargir (S 188): to give liberally.

Eslite (S 127): choice, selection.

Esperer (S 437): to anticipate, expect.

Espiceries (A 99, C 65v): scented confections.

Estomac (S 126): breast; (N 111) appetite (punning on physical and sexual acceptations).

Estonner (S 362): 'to...daunt, appall'.
Estranger (S 1065): to drive away.
Estre (S 326, 1211, N 136): state of life.
Excuser (N 139): to take into consideration; *s'excuser dessus* (F 898), to throw the blame on.
Exercite (F 1169): army (Latinism).
Exploitter (F 981, 1242): to wreak, perform.

Familleux (F 191): hungry.
Fantesque (N 100v): maidservant (Italianism).
Fascherie (F 1011, N 110v): grief; *fascheux*, (*passim*) grievous, (S 119) 'peevish'.
Favorable (S 800): favoured.
Feindre (S 1081): to hesitate.
Felon (S 1377): grim, proud.
Fier (*passim*): fierce, proud, cruel, violent.
Fin (S 90): boundary.
Finer (S 835, F 346): variant of *finir*.
Force, non (C 77): it doesn't matter.
Fourrer, se (F 915, C 82v): 'to enter boldly...pierce far into'.

Gauche (S 158): sinister, ominous.
Germain (S 1250): closely related, own.
Godence (N 109): enjoyment (Italianism).
Grincer, grinser (S 190, F 1112): to grind or gnash the teeth, palpitate (cf. *Cléopâtre captive*, l. 1087).

Hacquebute (C 84): arquebus (as obscene metaphor).
Heure, à l'heure à l' (C 75): just now (Italianism).
Hommager (F 171): to do homage.
Huppé (C 73v): proud, stuck-up.

Impourveu(e), à l' (F 1336, N 106v): unexpectedly.

Inclite, inclyte (F 1148, N 100): glorious.
Inhumé (S 891): unburied (Latinism).
Intrade, d' (C 73): on entering (Italianism).

Ja ja, ja desja (S 155, F 271, 1218): already; *ja ne, ne...ja* (F 557, 1012, N 99v), never.
Journée (F 307): battle.

Lairray (etc.) (*passim*): fut. of *laier*, variant of *laisser*.
Libelle (N 118v): writ.

Mais que: (N 108v, 128) provided that; (C 84v, 97) when.
Malle grace (N 105v): disfavour; *malle-mort* (C 86v), violent death.
Malheureux (N 134): wretched, vexatious.
Marissement (N 136): vexation.
Marteler (F 692): to torment.
Mauvai(s)tié (S 1258, F 769): wickedness.
Mecanique (F 942): base, vile.
Mener au long (N 116v): to keep dangling (Italianism).
Merra (F 1058): 3rd pers. sing. fut. of *mener*.
Merveilleux (S 348): awesome.
Meschance (F 531): wickedness.
Mesmement (C 66): particularly; *de mesmes* (C 73v), to match. *Mesme(s)* is sometimes found with Mod. Fr. meanings but not in Mod. Fr. positions.
Mot (F 645, C 80v): hush!
Moucher (N 116): see *emoucher*.

Oeillade (F 1296): loving look; *œillader* (S 1325), to gaze at.
Orfelin (F 363): bereaved; *orpheline* (F 1354), barren.
Ormais: (F 558) now; (F 1286) henceforward.

Palestin (S 208): Philistine; *Palestine* (F 98), Philistia.

Par-: intensive prefix, as in *parainsi* (F 662), *parfin* (S 230, F 410), *parfond* (S 644), *parmanenda* (C 81v, see *enda*).

Paragon (N 137): confrontation.

Parenter (F 542): to make sacrifice in honour of (the dead), avenge (the dead) by sacrifice (Latinism).

Passer (N 125v): to accept.

Pelisson, rembourer le (C 68v): to have intercourse (Italianism).

Perenniser (S 132): to immortalize.

Perte, parier sa (C 72v, 96v): to risk destruction, stake one's head (cf. Baïf, *Le Brave*, II 2).

Petiller (F 362): to hail down (cf. *Cléopâtre captive*, l. 1311).

Piété (F 725, 1281): family feeling, affection.

Plan, plan (N 125v): softly (Italianism).

Poise (N 137): 3rd pers. sing. pres. indic. of *peser*.

Poullain (F 728): rack.

Poupin (C 81v): 'prettie'.

Pouppe (F 235): poop, ship (by synecdoche, as in Latin).

Pourchasser (S 397, N 137v, C 89): to procure.

Propre (**mort**) (A 28): natural (death).

Que: used for *qui* (A 81, F 1323, C 78v); for *ce que* (C 66, 90, 95v); for *en quoi* (S 795); for *pourquoi* (F 350); *qu'ainsi soit* (F 533, 623), in proof whereof, to prove it.

Qui: used for *si quelqu'un* (A 34, S 672); for *vous qui* (C 78); *qui...qui* (N 128v, C 83v), some...others.

Racler (F 978): to destroy.

Regard (C 95v): authority.

Regroumeler (S 715): to mutter repeatedly.

Religion (C 85v): convent.

Respit (F 985): respect.

Retroussé (F 374): curly and up-standing (cf. Montaigne, II. 17, *poil relevé*).

Rire (S 673): transitive, as often in the C16.

Route, mettre en (S 764): to rout.

Sabouler (F 486): 'to tread under the feet'.

Sac, tenir le (C 88): to be an accomplice.

Sacmenter (F 151): to massacre.

Sans plus (S 1237): simply, without more ado.

Saye (N 109): jerkin.

Sein(g) (C 91, 92v): birthmark.

Semence (S 649): race, seed (in Biblical style).

Si: (S 1282, C 69v) yet; (S 563, C 69, 76) also; *ou si* (S 434, 708) introduces the last of several interrogations; *si suis* (C 82), yes, I am.

Solime (F 1211): of Salem, Jerusalem.

Soudoyeur (N 112v): paymaster.

Surplis (S 700): priestly robe.

Tan (F 304): gadfly; 'frenzie, madnesse'.

Tant que: (S, Arg., F 1240) until; (S 1488) so long as; *tant seulement* (F 587), only.

Terme (N 108v): margin, extension of time.

Tourbe (S 135, F 1172): crowd.

Tourte (N 117): rich loaf or pie.

Triboulle-mesnage (C 76v): household upset.

Trop (S 1326, C 93v): very much.

Usure (F 1212): yield, profit.

Vague (S 1377): wandering, wild.

Vain (F 23): empty (Latinism).

Vif, d'un parler (S 723): *viva voce*.

Voise(nt) (F 762, N 127v, 131v): 3rd pers. pres. subjunct. of *aller*.

Volenté, à ma (F 719): I wish.

Ydoine (N 120): suitable.